作る特典 ペーパークラフト

駄菓子屋の店先アイテム

この本で作り方を解説する（P44～）
自動販売機やゲームを、
ペーパークックラフトに仕上げました。
制作したミニチュアを撮影したものですので、
大きさを実感していただき、
塗装の参考にもお使いください。

10円ゲーム
「ピカデリーサーカス」
P52

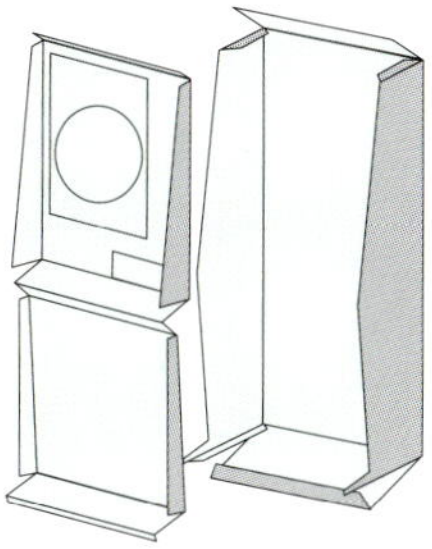

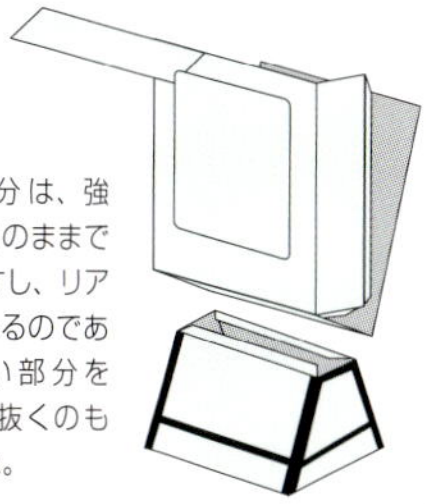

※脚の部分は、強度的にはこのままでもいいですし、リアルさを求めるのであれば、白い部分をカットして抜くのもいいですね。

「コスモス」自販機
P44

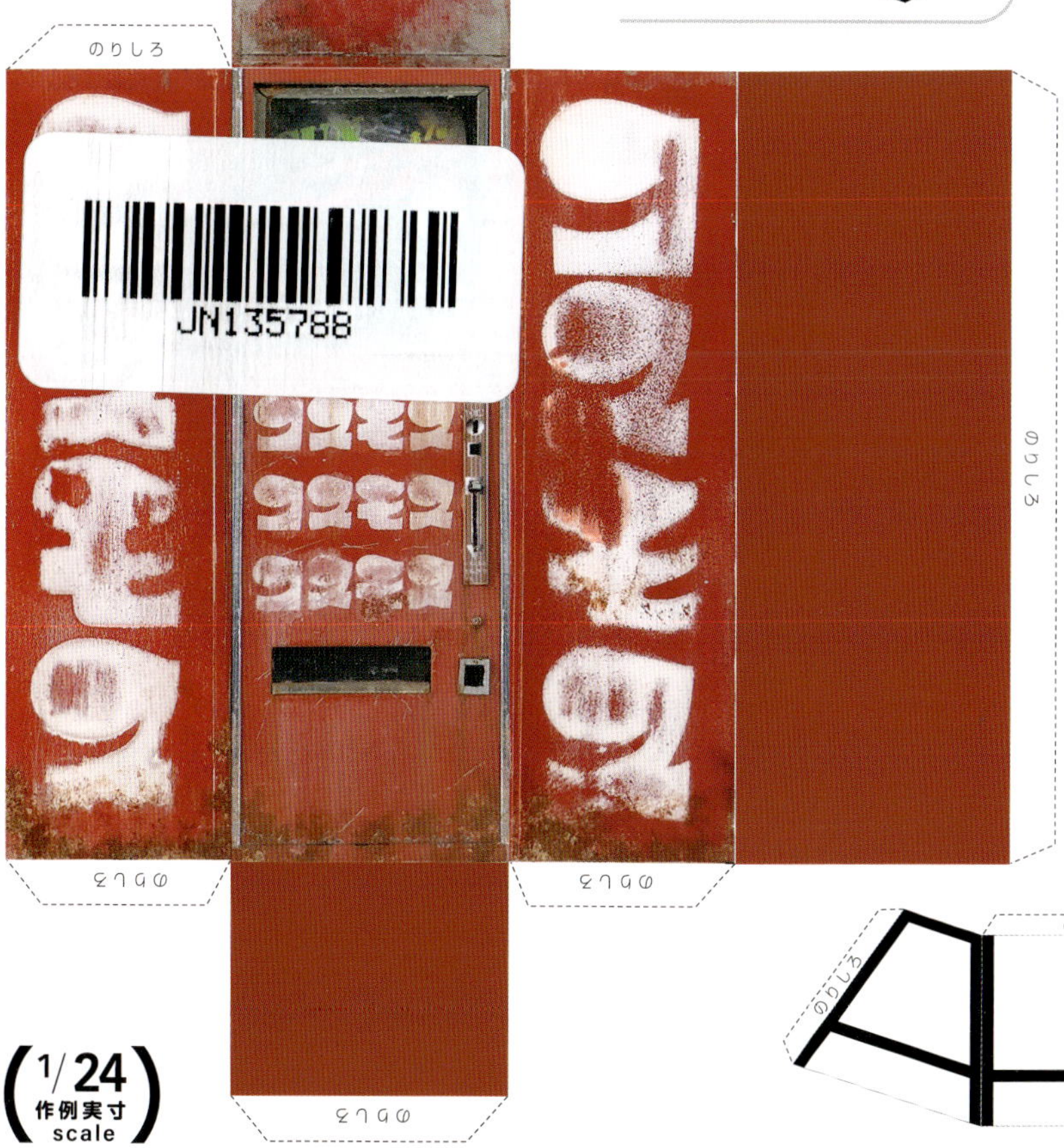

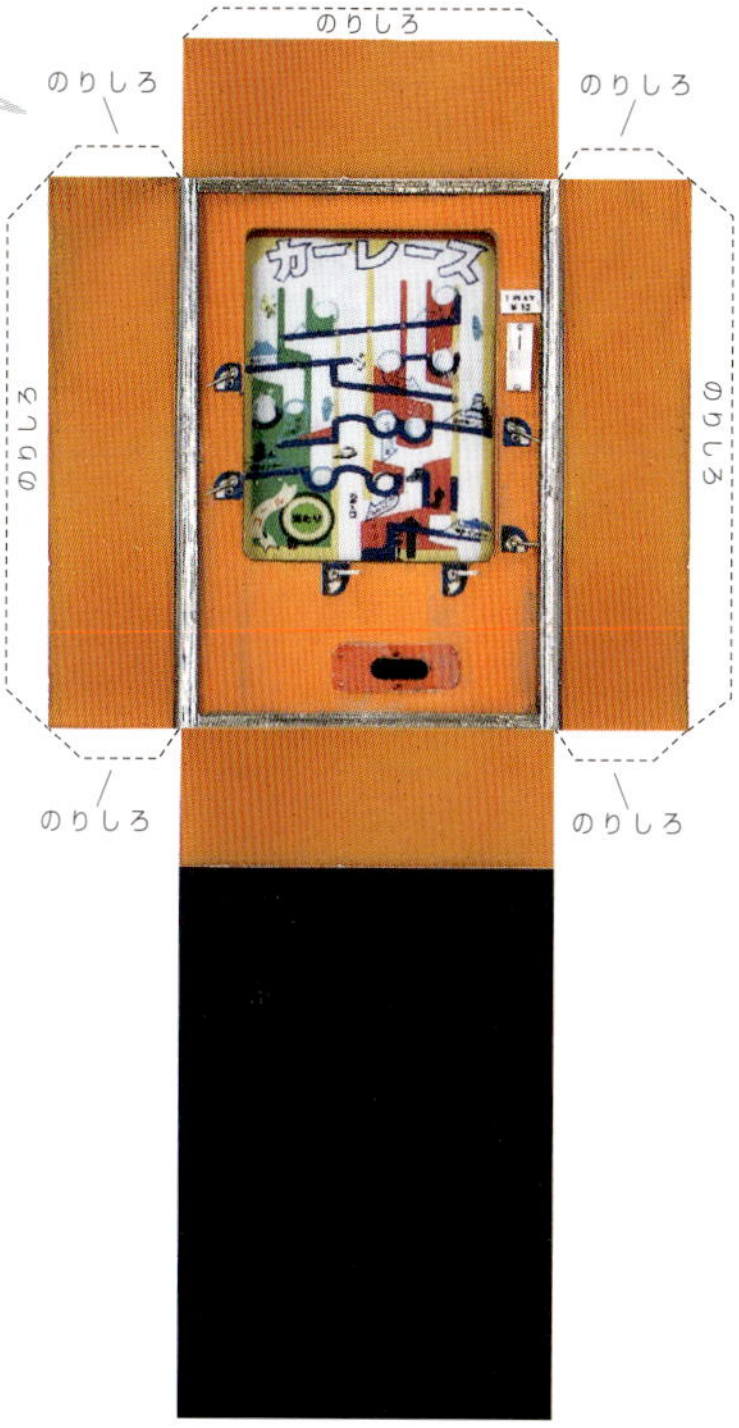

10円ゲーム「カーレース」
P54

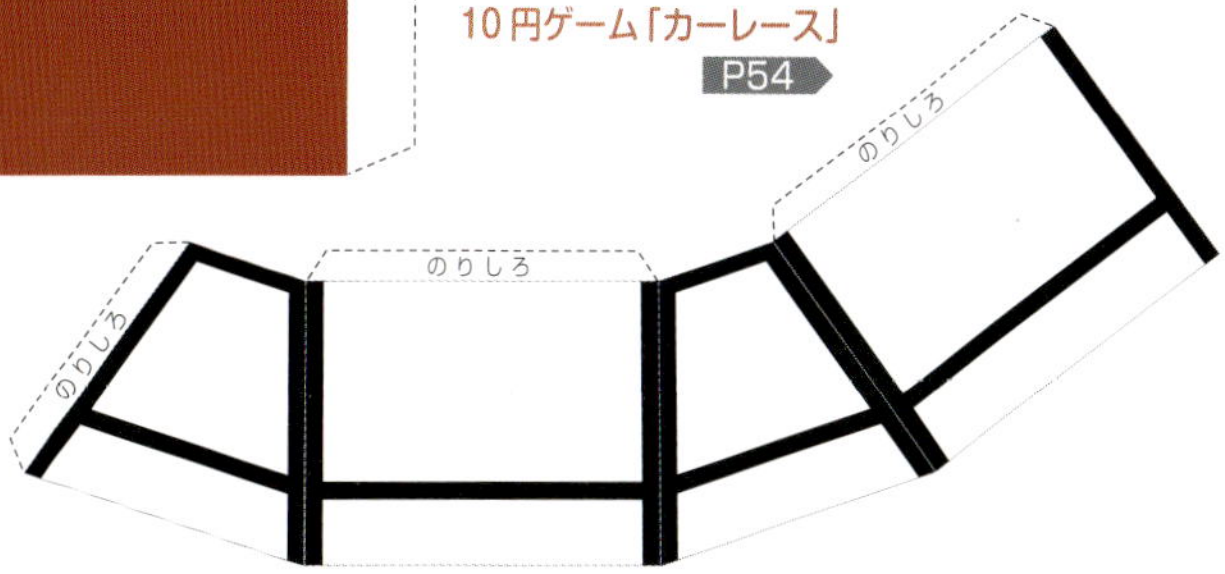

1/24
作例実寸
scale

情景師アラーキー

駄菓子屋の【超リアル】ジオラマ

懐かしアイテムと日本家屋の完全制作テクニック

誠文堂新光社

【はじめに】
まるで、子供のためのバーやスナックのような場所
駄菓子屋で学んだ、あの思い出

私が人生で初めてお金を使ったのは、今から46年前、3歳の頃。場所は、当時住んでいた秋田市内の家の近所、おばあちゃんが経営している、絵に描いたように典型的な昭和の駄菓子屋でした。そんな小さな子供の頃の記憶がなぜあるのか？　それは、私にとってあまりにも衝撃的な事件が起こったからです。

その当時、ＴＶ放映されていた「仮面ライダー」のヒットに伴い、タイアップ商品として「仮面ライダースナック」（カルビー／１９７１年発売）が発売されました。スナック菓子の中に、名刺サイズほどの仮面ライダーの撮影シーンの写真が入ったオマケ付きのもの。ＴＶコマーシャルを見てどうしても欲しくなりましたが、そこで、親におねだりすることを選ばずに、「自分で買ってみたい」と思った荒木少年。

　それは、私が3歳の時に弟が産まれ、もう親に頼ってはいけないという、兄としての自覚が芽生えたのがきっかけだったのでしょう。とりあえず手元にあった全財産10円（！）を握りしめ、さっそうと愛車の三輪車にまたがり駄菓子屋に急ぎます。お金を使ってみようという、生まれて初めての決心に、興奮が抑えきれませんでした。

　しかし……そこまでの決断と覚悟はよかったものの、いざ駄菓子屋に着くと、重い木製扉が3歳児にとってはなかなか開けられず、店内から出て来た駄菓子屋のおばあちゃんを見た瞬間に、こわくなってきたのです。急に、親に内緒で買物に来たことや、こんな子供に売ってもらえるのだろうか？　という不安が湧き上がり、「仮面ライダースナック1つください」がなかなか言えません。もじもじしている僕を見て、気持ちを察したおばあちゃんが「コレでしょ？」と渡してくれました。ほっとして10円を差し出そうとしたら……なんとスナックは20円だったのです！

「10円足りない……」という絶望感と、自分がたった10円しか持っていないという恥ずかしさで逃げるように帰宅しました。それでもこの「世紀の決断」をあきらめきれずに、今度は1円玉までなんとか10円分かき集めていざリベンジ！　ジャリ銭ばかりの20円を、シワが刻まれたおばあちゃん

の手のひらに乗せ、その代わりに渡されたライダースナック。

これが人生初めての対価交換！　しかし嬉しさはほんの一瞬で、直後には「親にみつかったらどうしよう……」という不安と後悔の念が湧き上がってきました。買ったばかりの仮面ライダースナックを、みつからないようにセーターのお腹のあたりに隠し、ひっそりと帰宅。さあて、母親にみつからず1人になれる場所として思いついたのはトイレです。忍び足で移動して入り、そこで初めて袋を眺めました。ここでようやく、安堵とともに、欲しいモノを手にした満足感がひたひたと。

「早くカードを見たい！」

スナックのビニール袋を破ろうとするも、当時の袋は今のように開けやすいパッケージになっていないうえに、3歳児の非力さではなかなか開きません。思いっきり力を入れてパッケージの袋を引っ張りました。すると、一気に破れた袋から、スナック菓子とシルバーのビニール袋に入ったカードが、空中に舞い上がりました。

「あ‼」

スローモーションで見えたのは、心から欲しかったライダーカードが落ちていくさま。地球の引力に引っ張られ、足元に大きく開いている薄暗い穴、ポットン便所の中に吸い込まれていったのです。驚きと絶望が入り混じりトイレの中で号泣してしまいました。

こうして私の小さな小さな大人の一歩があっけなく幕を下ろしたのです。

私のこの経験は決してトラウマになったわけではありません。お小遣いがちゃんともらえるようになった頃、限られた予算の中でどんな組み合わせで満足を得られるのか？　という計画を、駄菓子屋で学ぶことにつながっていきます。

学校から帰ってすぐに向かうのは、友だちと待ち合わせている「例の場所」。近所にあった小さな商店、駄菓子屋。なぜかどこの駄菓子屋にも、ちょっと口の悪い、しかし、ちゃんと子供を叱ってくれて悩みを聞いてもくれるおばちゃんがいる、そこはまるで、子供のためのバーやスナックのような場所。つまり、子供の成長を促す学校のようなものだったのだと思います。

そんな、どこにでもあった駄菓子屋は次第に姿を消していきました。街には、代わってコンビニが林立する現状を悲しみ、自分の心の中の理想的な駄菓子屋を、ジオラマで残すことを思いつきました。

駄菓子屋の店内はもちろんですが、典型的な日本の木造家屋の商店ということも重要視。そして、自分で作った気持ちになれる「参加型」を意識して、誰でもがわかりやすいジオラマ制作ノウハウとして本書をまとめました。

さあ、みなさんも、今から私と同じように、子供の頃に戻ってみましょう！

駄菓子屋の【超リアル】ジオラマ

CONTENTS

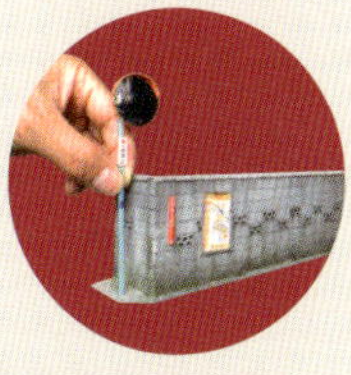

【駄菓子屋ジオラマ】のすべてを撮る

お口の恋人
ロッテ
Ghana
LOTTE MILK CHOCOLATE
ロッテ チョコレート ガーナミルク
プラ
神
TEL
33-4
TAMIYA
Hasegawa
Hobby kits
DOYUSHA

お口の恋人
ロッテ
Ghana
ロッテチョコレート ガーナミルク
プラモデル・玩具
神崎商店
TEL (38) 4186
TAMIYA
Hasegawa
Hobby kits
ロッテアイスクリーム
LOTTE
ICE CREAM
ロッテアイスクリーム
7up
神崎商店

ブラック
ロッテチョコレート
LOTTE
50-100円
ロッテ チョコレート
ガーナミルク
ロッテチョコレート
30-50-100円
ロッテ チョコレート
ガーナ セミスイート
ロッテチョコレート
30-50-100円
TOMCAT
COUNTACH LP 500S
EXPO'70
駄菓子屋
駄菓子屋
10円
30円
20円
10円
10円
100円
ヨーグル
50円
100円
コーラ
虫めがね
王将 セット
スーパーボール

ガーナミルク
ロッテチョコレート
30-50-100円
ロッテチョコレート
ガーナ セミスイート
ロッテチョコレート
30-50-100円
ロッテチョコレート
148 GRUMMAN F-14A TOM
RSO 01
JEDI
大吉 ガム
200円

LOTTE
50-100円
ロッテチョコレート
30-50-100円
GRUMMAN F-14A TOMCAT
プラビナ
RSO 01
JEDI
GOVERN MENT
10円
30円
大吉

KIRIN
アサヒビール
中びん・20本

ガーナミルク
ロッテチョコレート
30-50-100円
ロッテ
チョコレート
ガーナ セミスイート
ロッテチョコレート
30-50-100円
ロッテ
チョコレート
ロッテチョコレート
LOTTE
KIRIN

お口の恋人
ロッテ
Ghana
プラモデル・玩具
神崎商店
TEL(38)4186
ロッテアイスクリーム
ロッテアイスクリーム
LOTTE
ICE CREAM

玩具
崎商店
Mr.カラー
TAMIYA
Hasegawa
Hobby kits
FUJIMI
DOYUSHA
セブンアップ
チェリオ
KIRIN
ロッテアイス
7UP
PEPSI
LOTTE
ICE CREAM

Mr.カラー
TAMIYA
Hasegawa
DOYUSHA

TAMIYA
1

100円
KIRIN
ロッテアイスクリーム
ロッテアイスクリーム
防火用水

駄菓子屋ジオラマの全貌

ジオラマのレイアウトは、正面から見た時に建物がもっとも美しく見えて、かつ、建物を斜めに配置して奥行を演出するのがセオリーです。今回の作例では、店先の小物のアイテムや2階の物干し台など、この駄菓子屋の魅力が一度に目に飛び込んでくることを重要なポイントに置いて、バランスを取りながら全体を設計しました。

その目的のため、建物とベースの位置関係は、ドールハウスでは定番となっている、「正面で揃える配置」と異なり、「斜めの配置」としています。この手法によって、ジオラマそのものの空間だけで完結せず、周囲にも街並みが広がっているように思わせる副次的効果もあります。

建物と道路を隔てた左サイドには、撮影時に背景となるお隣のブロック塀や物置小屋を制作。右サイドには、木製の大和塀を境にしてお隣の月極駐車場を制作しています。この砂利の空き地は、この本を作り終えたあとでさらに、庭を作ったり、他の商店を作ったりと、まだまだこのジオラマの作り込みができる空間として、楽しみに残してあるのです。

[お隣の物置小屋]

市販の「波板状のプラ板」で作った納屋。断面から内部を見せる構造で、1/24の小物を配置し、ジオラマに遊びと緻密感を与えるアクセントに。

[駄菓子屋の裏側]

室内制作のページで紹介している階段（P100）、お風呂場（P102）が断面から見られるように制作してあります。1階の店舗から階段を登り、2階の和室へ。ここは、駄菓子屋一家の子供部屋という設定です。木造住宅の立体的な構造を鑑賞することができます。

ジオラマのベース＝台に使ったのは、昭和30年代あたりに使われていた商品輸送用の木箱です。金属プレートで角が補強された、味わい深い木箱をネットオークションで見つけて購入。まるで本当に駄菓子屋で使われていたかのような雰囲気が決め手でした。ちなみに、私のジオラマ作品は、ベースが見つかると共にイメージがより固まっていくことも多いのです。

[左側面]

[右側面]

[正面]

[H] 422mm

[W] 680mm

[上面]

[D] 415mm

「おばちゃーん、
またあしたねー！」

ジオラマで再現したい駄菓子屋。
自分が理想として思い描く店の中はどんな感じなのだろう。
私が住む東京では、
加速度的に駄菓子屋が店をたたんでしまっています。
今回、いまだに現役で営業している
「理想的な駄菓子屋3店舗」を巡り、
リアルな駄菓子屋の姿を学んできました。

【駄菓子屋】

DA GA SHI YA

を訪ねる

大都会の真ん中に創業240年の奇跡

東京・池袋がほど近い雑司ヶ谷に、現存する日本最古の駄菓子屋があります。鬼子母神《きしぼじん》の境内、赤い鳥居が連なるお稲荷さんの横に建つ、青いトタン屋根の平屋のお店。木彫りの看板には「上川口屋」の文字。

まるで映画のセットのような佇まいのこの駄菓子屋さんは、なんと240年近く前の、天明元年（1781年）に創業した和菓子屋を祖とする、長い歴史を持つ駄菓子屋です。

この建物は明治時代の建築で、軒裏《のきうら》の立派な造りや、梁《はり》の太い柱を見ただけでも、鬼子母神内にふさわしい造りとして普請《ふしん》したことがわかります。

最大の特徴は、店内が存在しない、駅ナカのキオスクのようなカウンタースタイル。そしてカウンターの奥に戸締まりの扉がある設計です。営業が終わるとすべての駄菓子を扉の中にしまい、翌朝、同じ場所に同じように並べて始めるという超面倒な方法で商いをしています。

店主の内山雅代さんと旦那さんは、この準備を毎日毎日くり返し、店に来る子供たちを迎えているのです。

いつまでもそこにあってほしいと願う駄菓子屋の理想的な姿が、大都会東京の真ん中に存在している奇跡なのです。

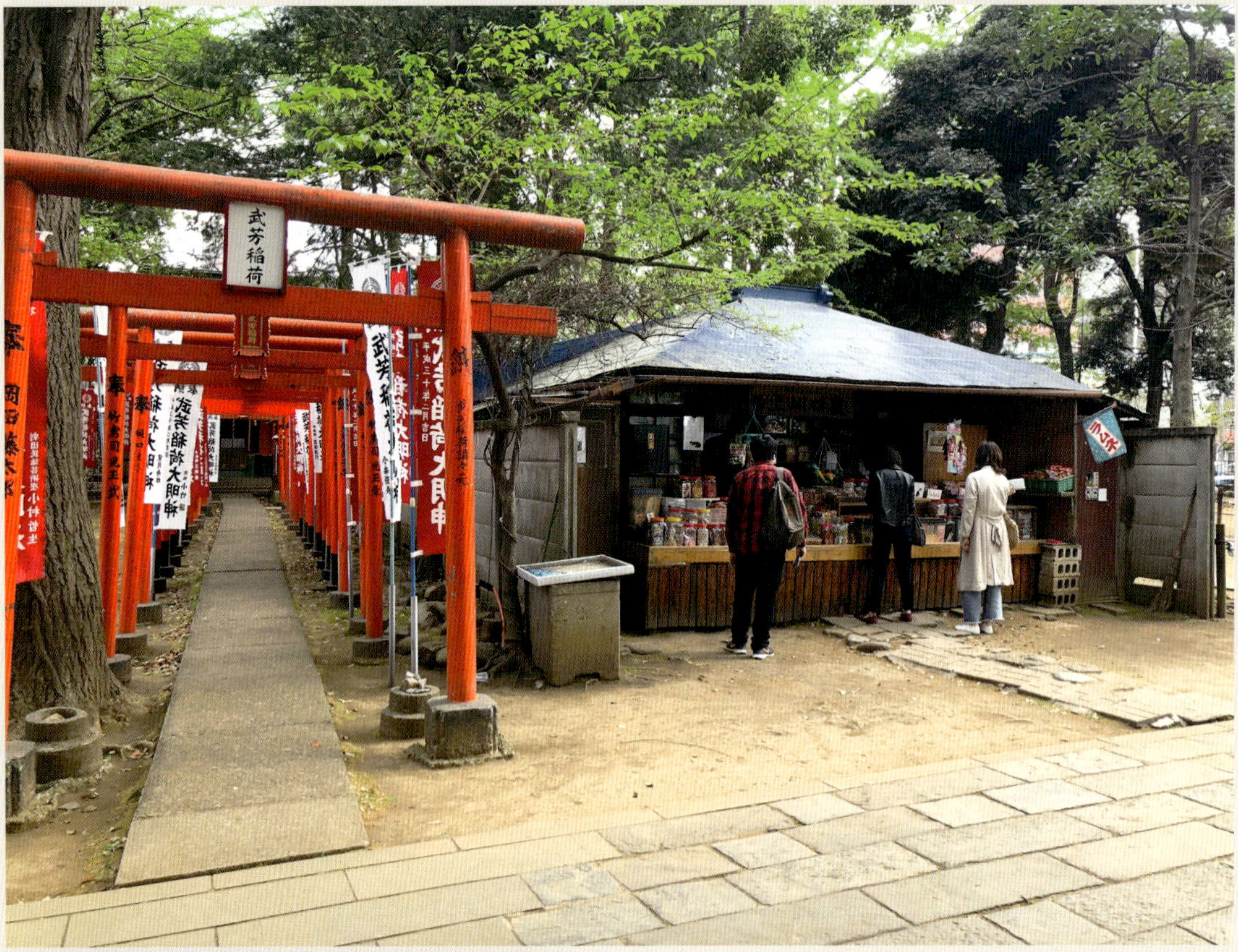

コンクリート塀に、懐かしの「相合い傘」の落書き。しかも、消し炭のようなもので描かれていて、昭和にタイムスリップしたような錯覚に。平成30年（取材時）に手つかずで残る、昭和の子供の痕跡。ここには不思議な時間が流れています。

上川口屋・雑司ヶ谷

［創業］天明元年（1781年）
［場所］東京都豊島区雑司が谷 3-15-20 鬼子母神境内
［営業］10：00～17：00頃
［休業］雨、雪、台風など悪天候の日

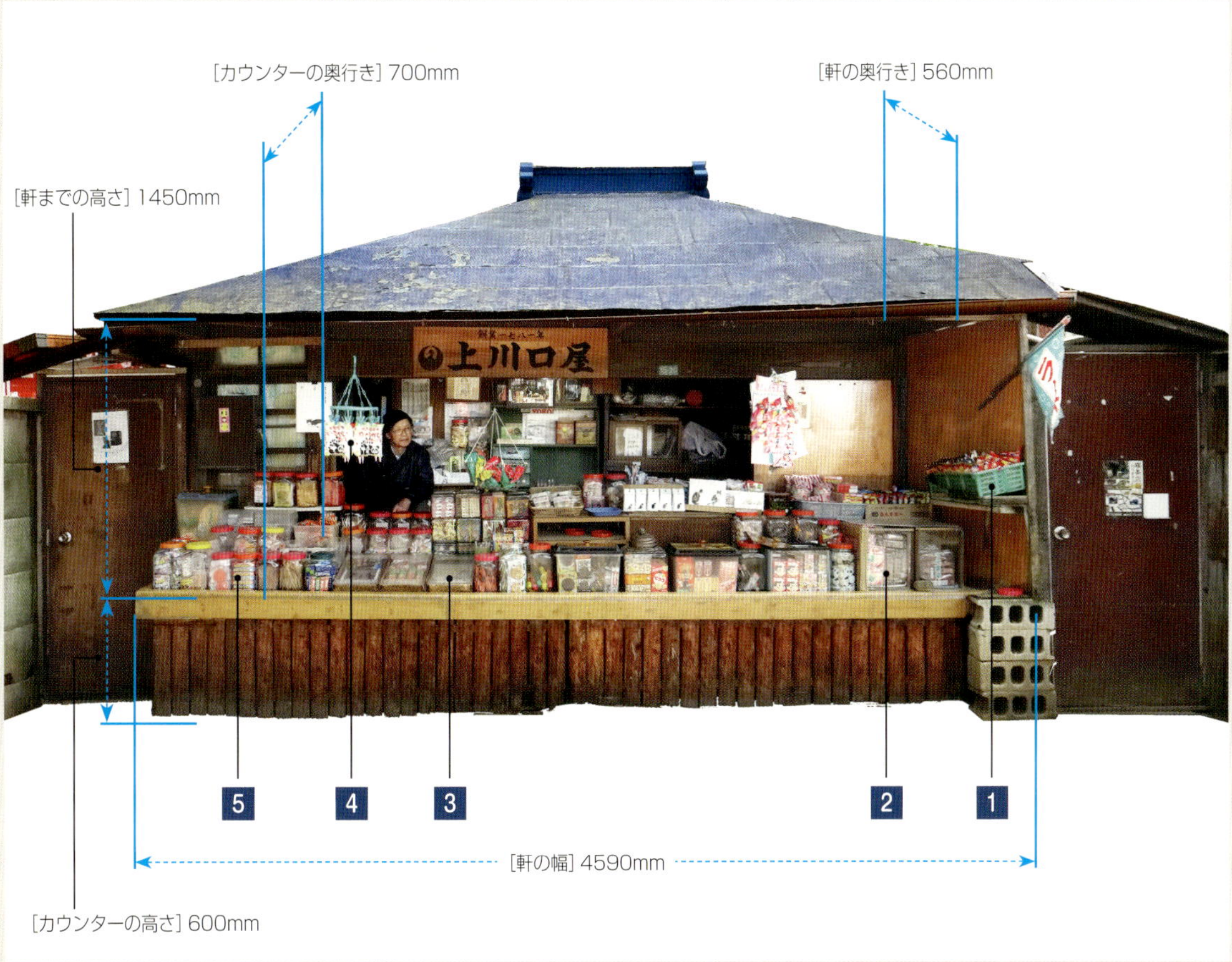

1袋物のお菓子の収納には、市販のプラスチックのカゴが使われていました。 2いちばん古参のガラスケース。細かい彫刻が施されていて気品を感じます。何度も修理された跡が見てとれ、長い間使われていることがわかります。 3これらのケースも、今や見なくなった昭和の駄菓子屋の定番品。子供が手を付く平置き部分は本来ガラスですが、安全を考慮してアクリル板に変えてあります。 4やわらかい綿あめは、市販の洗濯ハンガーに吊るして販売。主婦の知恵のようなこういう方法も駄菓子屋の魅力の1つ。写真は、店主の内山雅代さん（十三代目！）。 5路面店ゆえの悩み、ホコリ対策で、ほとんどの駄菓子が、市販のプラスチック製の菓子ケースに入っています。

映画「20世紀少年」はじめ様々なドラマに登場

東京・葛飾区は、拘置所の名で知られる小菅。荒川と綾瀬川に挟まれて岬のようになった三角地帯に、その駄菓子屋はあります。住居である母屋の庭に、独立した店舗として建てられた「高橋商店」。建築は昭和23年。終戦後3年、復興がようやく加速度を増してきた時代に建てられました。

お客さんは、川が近いので船員も多く、斜め前にある銭湯帰りの人、そして、なんといってもほぼ隣にある小学校の子供。とてもにぎわって繁盛したと、94歳になる店主の高橋さんが、しっかりとした記憶と話しぶりで語ってくれました。

十字路の角地という立地に店舗面が2面で、開口が広くて店の中にも入りやすい構造。下見板張《したみいたば》り（P62）の外壁、セメント瓦屋根、その下にトタンの庇《ひさし》、ビニールの日よけ。絵に描いたような理想的な昭和の駄菓子屋のイメージが凝縮された佇まいで、映画「20世紀少年」はじめ様々なドラマに登場しています。アニメのモチーフにもこの店を使いたくなる監督の気持ちがよくわかります。

亡くなったご主人が植えた柿の木は、秋には甘柿が成り、近所にお裾分けすることも。秋の赤い夕日の景色もよく似合う、昭和の光景がまだここにあります。

高橋商店の斜め向かいには、社寺デザイン「唐破風《からはふ》」の典型的な東京銭湯である「草津湯」さんがあり、この場所だけ昭和30年代のロケセットのような空気が漂っています！　銭湯からあがった火照った身体で、駄菓子屋の前でアイスを食べるという、夢のような体験ができてしまうのです。

高橋商店・小菅

［創業］昭和23年（1948年）
［場所］東京都葛飾区小菅1-24-9
［営業］昼～17：00頃
［休業］基本的に年中無休

今では珍しい琺瑯《ほうろう》看板の住所表示

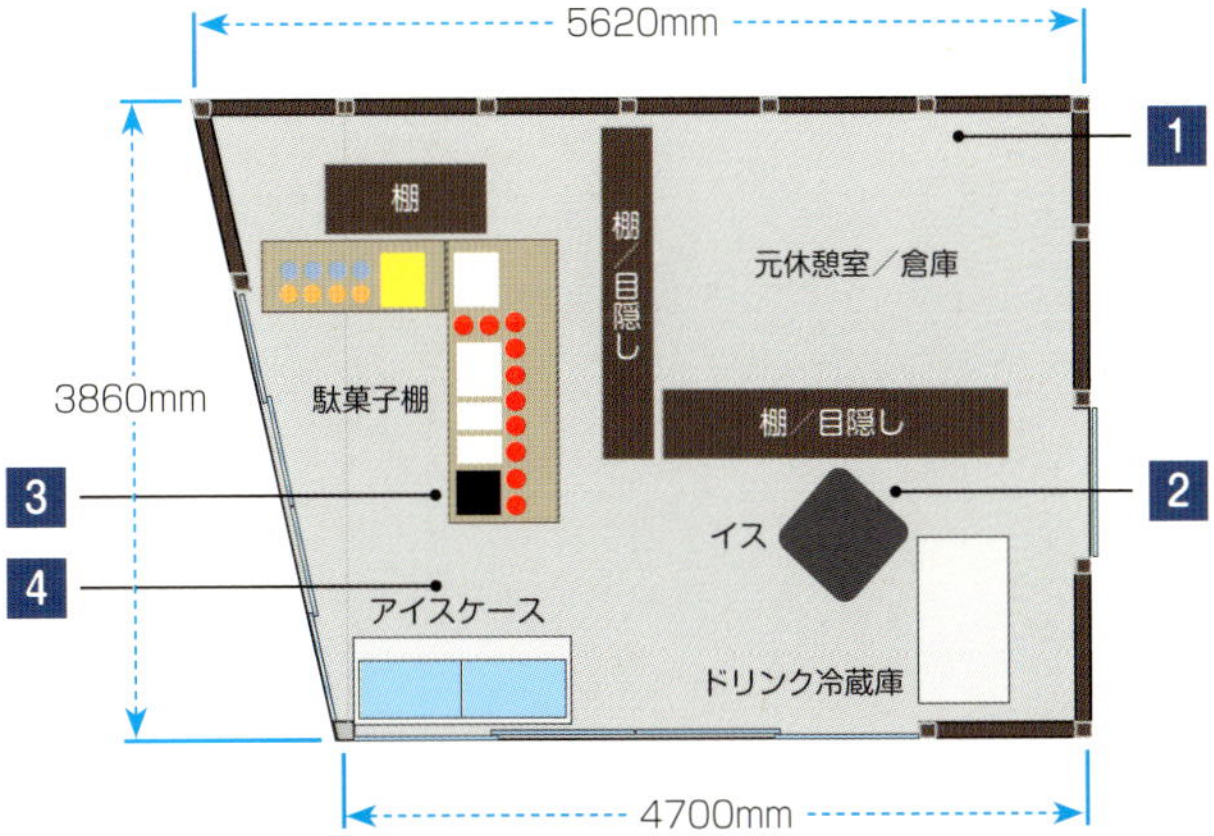

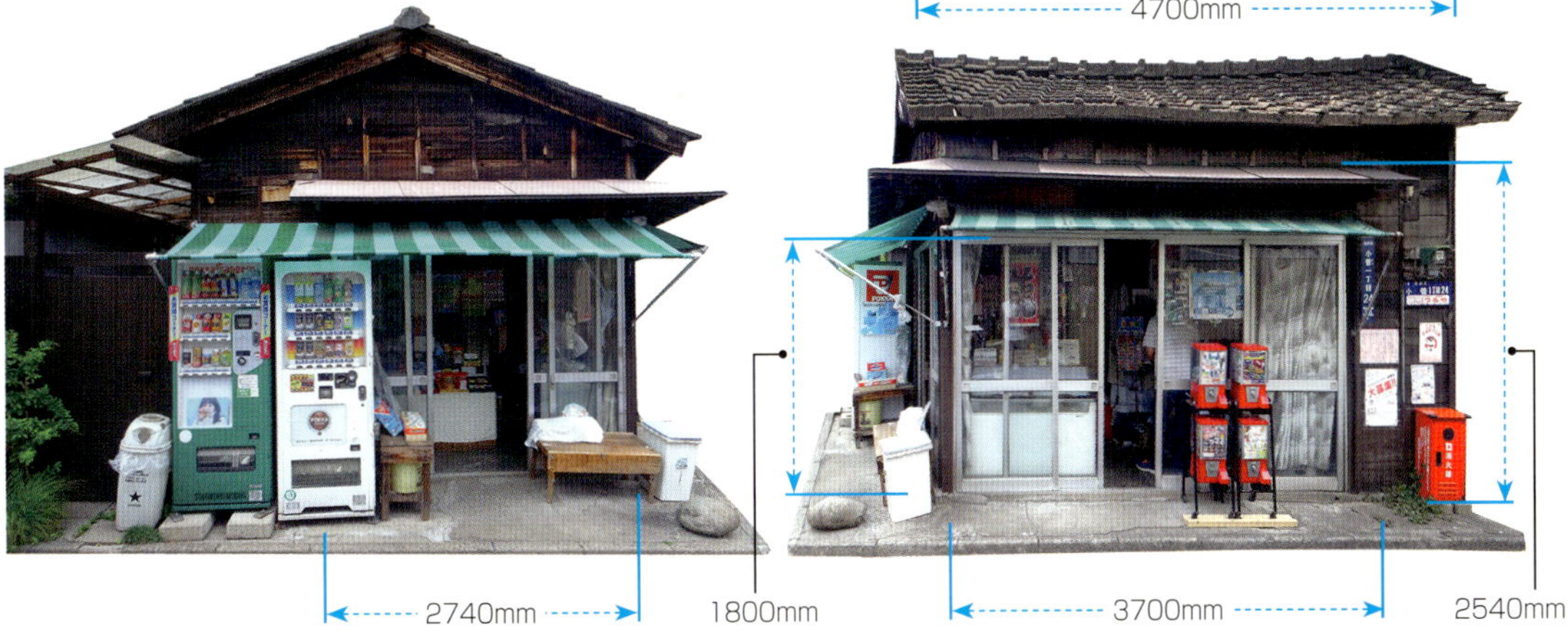

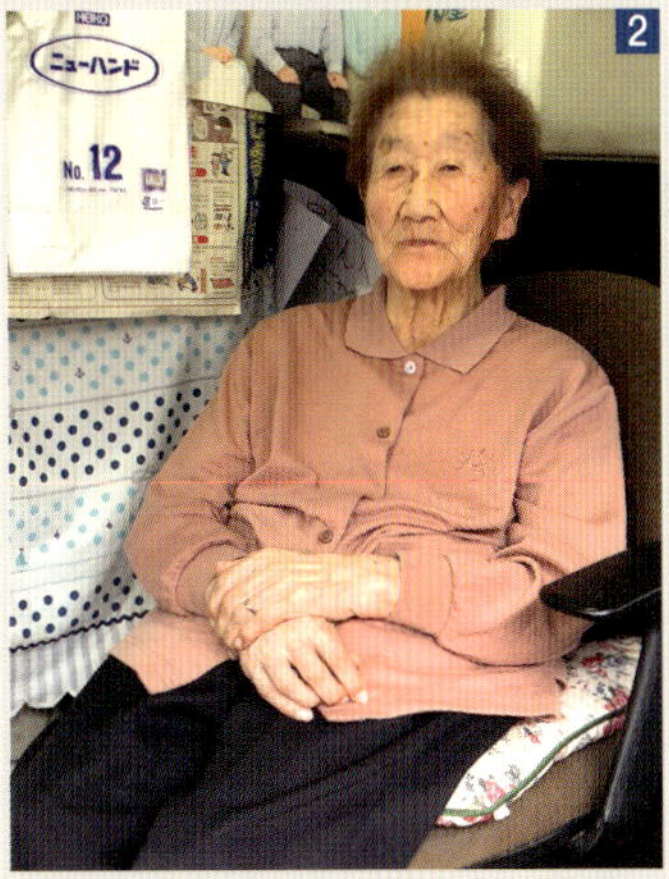

1 店のいちばん奥の壁にひっそりと貼られた、1970年の大阪万博のペナント！　店主の旦那さんが行かれた時のお土産だとか。この場所で店の歴史を見つめていた古参。 2 大正、昭和、平成を生きてきた、94歳の店主・高橋さん。 3 お菓子をディスプレイしている棚は、昔から使用している台に布をかぶせ、贈答品のお菓子の缶を中心に並べている。子供でも見やすい高さと、手書きの値段表がポイント。 4 玩具類は、洗濯ハンガーに吊るして販売。駄菓子屋の定番ディスプレイ方法。

脱サラして引き継いだ二代目のセンス溢れるディスプレイ

東京・中野区、西武線の新井薬師前駅から徒歩1分という好立地、目の前はバス通りで、とてもにぎやかな場所にある「ぎふ屋」。戦後復興期の活気づく東京に、その名の由来になった岐阜出身の先代夫婦は出てきました。借りた小さな土地に建物を建て、日用雑貨用品店を始めたのが基点です。タバコの販売権を獲得し、様々な商品を扱い、戦後復興の人々の暮らしを支えてきました。

20年ほど前のバブル景気の開発で、同じ並びの商店が次々と店をたたんでいきました。そんな中、先代が守り抜いたこの店を、二代目の息子さんがサラリーマンを辞めて店を継いだのです。そして、タバコ屋を主軸としたレトロ感溢れる駄菓子屋としてリニューアル。300種以上の国内外のタバコが売られ、それを上回る種類の駄菓子、レトロな玩具、人形、看板、レコード、ブロマイドなどが、センス溢れるディスプレイで並びます。

店の外にも店内にもある琺瑯看板や古いタバコの看板などは、ディスプレイ用に購入したものではなく、実際に店で使われていた現物。ノスタルジックな家電や生活道具も、ほとんどがご家族が使っていた道具という、「ぎふ屋一家の歴史博物館」のような店なのです。

入り口右の柱に付けられた、古いアルミ製の番地表示板。ちなみに、そのお店が建てられた年代や変遷などがわかる証として、商店会の会員証、水道の設置確認証、赤十字の会員証、NHKの支払い証明シールなどがあり、それらは、店を取材する際には必ずチェックする重要ポイントです。

ぎふ屋・新井薬師

［創業］昭和24年（1949年）
［場所］東京都中野区上高田5-44-3
［営業］平日/12:00～23:00
土日祝/10:00～23:00
［休業］毎週水曜日＋第一火曜日
［電話］03-3389-4281
［メール］gifuya@y6.dion.ne.jp

昭和24年築の「看板建築」。軒のラインと水平の目《め》地《じ》がリズミカルで、表層の洗い出し仕上げがとても上品なデザインと造作。

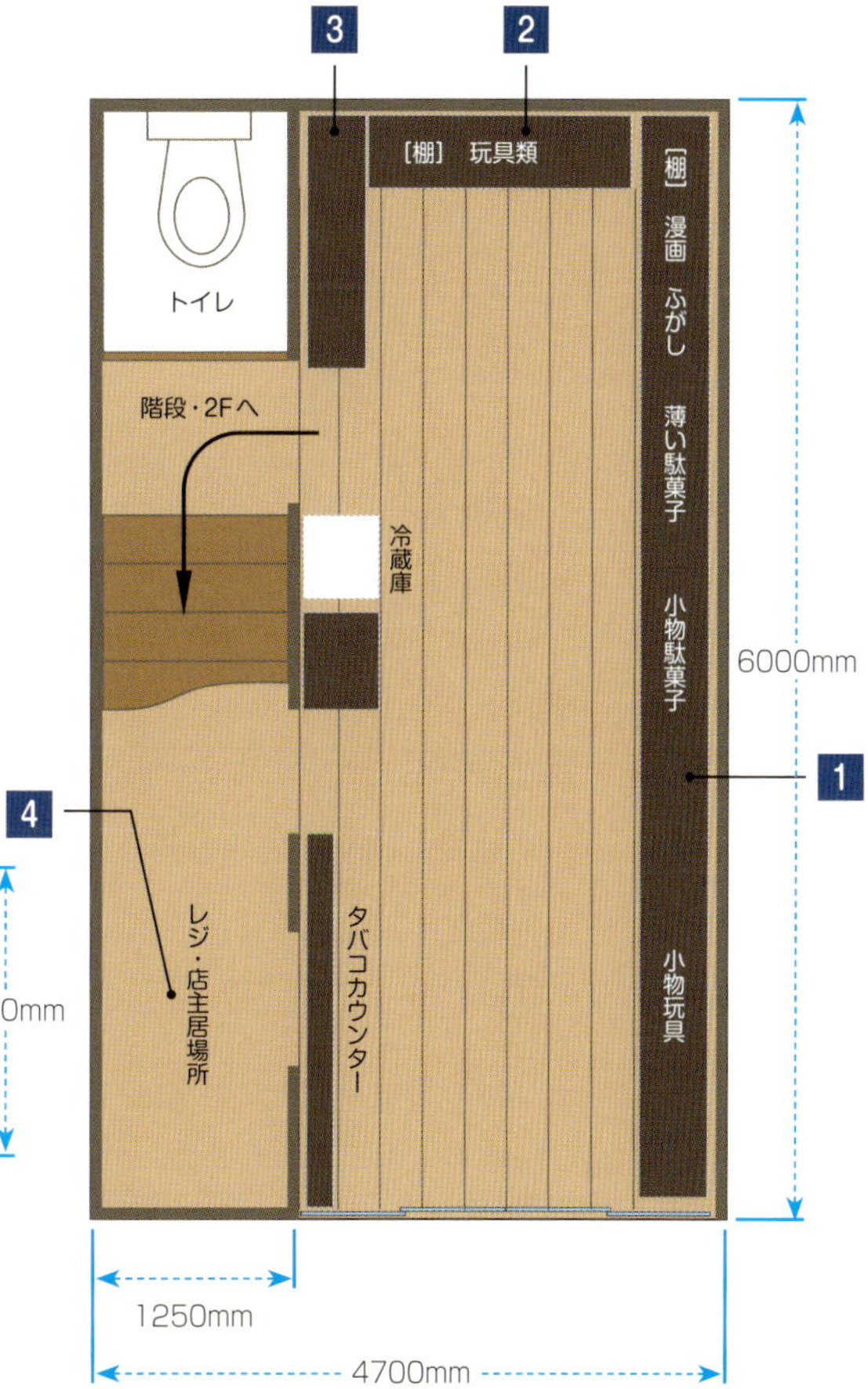

1子供が見やすい高さと角度、照明が計算された棚。店主のお母さまが使っていた和ダンスの引き出しを活用。 **2**店の奥にある、駄菓子屋ならではの小さな玩具がディスプレイされた棚。床に張られた木と共に、木材で統一されていて美しい。 **3**ダンボールを加工した引き出し式の収納。棚の木との調和を考えて、ガムテープで表層をデコレートしている気のつかいように、店主のこだわりを感じます。 **4**国内外のタバコが充実したタバコカウンター。周囲の駄菓子になじんでいる。二代目店主の土屋芳昭さん。

駄菓子屋を知るための本紹介

このジオラマを作り、本を書くにあたり、勉強のために買った書籍を紹介します。各分野のエキスパートの知識や「大好き！」が溢れている文章や写真イラストなど、大変参考になりました。この出会いを本書の読者にも！

家の写真集 東京ノスタルジック

崎山健一郎／著（岩波書店）
1600円

東京にある、戦前に建てられた看板建築、洋風建築ばかりの写真集。写真が極めて自然で、まるで街歩きしているような感覚に浸れ、その空気感がジオラマ作りの参考になります。

まだある。今でも買える"懐かしの昭和"カタログ ～駄菓子編 改訂版～

初見健一／著（大空ポケット文庫）
730円

いまだに現役で販売されている駄菓子を、見開き２ページで１商品、100種類を紹介。写真は真正面から撮影で、模型制作に役立つ！　製造会社や連絡先まである究極の駄菓子カタログ本。

図解 木造建築入門

尾上孝一／著（井上書院）2600円

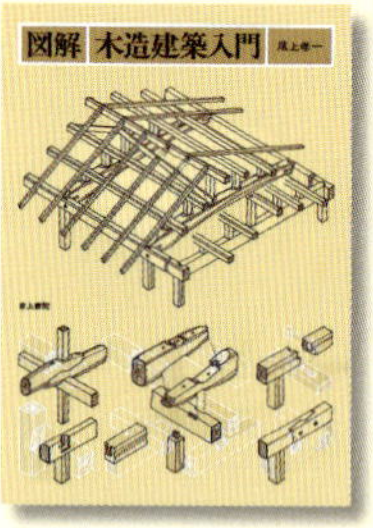

日本の伝統的な木造構造の基礎がしっかり学べる教科書的な本。シンプルな手描き線画のイラストのみで構成されており、写真での解説よりも頭に入りやすい！

日本懐かし10円ゲーム大全

岸 昭仁／著（辰巳出版）1200円

駄菓子屋の店先にある10円ゲームの詳細な写真と、内部構造、本体サイズ、誕生の歴史まで解説した、10円ゲームの究極のカタログ本。特にサイズが表記されているのがモデラーとしてはとてもありがたい！

日本懐かしお菓子大全

松林千宏／著（辰巳出版）1200円

日本を代表するお菓子を、歴史まで注目し、発売当初のパッケージや現在に至るまでの写真が掲載されたカタログ本。情報が多く、開発秘話まで取材されていて勉強になる良本！

街角図鑑

三土たつお／著（実業乃日本社）
1500円

ブロック塀、電柱、道路標識、マンホールなど、街中にあるアイテムのサイズから、メーカー、値段まで載っています！　ジオラマ作りには知りたい情報が余すところなく網羅された最強の図鑑。

駄菓子屋図鑑

奥成 達／著（ちくま文庫）760円

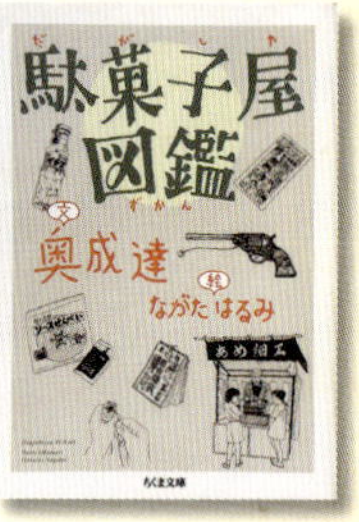

白黒の緻密なイラストと共に、駄菓子屋で売られているお菓子、玩具、遊び方まで、詳細な解説が書かれたエッセイ本。読み物としても堪能でき、ジオラマ作りの時代設定などの参考にもなる一冊。

看板建築 モダンビル・レトロアパート

伊藤隆之／著（グラフィック社）
2800円

戦前に建てられた、看板建築、商業ビル、銭湯など300件以上の建物の美しい写真が掲載された写真集。外観の汚れや配線などのディテールなど、ジオラマの仕上げに必要な資料として最適な本でもあります。建物の内部平面図や、場所、築年数が載ったリストも資料性が高い。

サツキとメイの家の作り方

スタジオジブリ責任編集（ぴあ）
1143円

「愛・地球博」の展示のために建設された、映画「となりのトトロ」に登場した主人公が住む草壁家の建築レポート本です。戦前の家の特徴を再現した室内や、各種ディテール、そして建築図が掲載されていて、ジオラマやドールハウスを作る人の最良の参考書になる本です。

日本懐かしプラモデル大全

岸川 靖／著（辰巳出版）1300円

懐かしいプラモデルの箱絵に特化したカタログ本。当時は手に入れることができなかったプラモデルを懐かしんで思わず涙。箱の正面だけの写真しかないので、側面写真はこれをもとにヤフオク等で箱の現物を入手して写真を撮るなどしました（箱だけが売られていたりもします）。

駄菓子大全

角田 武、鳥飼新市、武居智子／著
（新潮社）1600円

駄菓子、玩具、縁日文化、インタビューまで網羅した本。東京都内にある駄菓子屋のリストまであり、大変参考になりました。ただし、1998年の本で、残念ながらそのほとんどの店が現存しておりませんでした。「ジオラマで残さないと！」と決心させてくれた本です！

駄菓子屋の主人公は「駄菓子」。
わずか10円で売られている小さな菓子から
大きな箱のプラモデルまで、
これらを生み出すプロセスは極めて緻密な工作のオンパレード。
骨の折れる地道な作業が続きますが、
ミニチュアを棚に並べて俯瞰した時の
達成感と愛しさは格別なのです。

【駄菓子】
DA GA SHI
を作る

吊るし玩具

駄菓子屋の壁一面をひときわ華やかにしている「吊るし玩具」の存在。商品名が大きく描かれた台紙に、ビニールの袋で小分けされた商品がホッチキス留めされています。狭い日本家屋の空間を考慮し、壁に注目した販売方法として独特の文化を形成しました。

スーパーボール、将棋、ピストル玩具など、けっして出来がいいとは言えませんが、つい買ってしまう憎めない存在。これらを再現するのはとても骨の折れる作業になります。ドールハウスの標準スケールである1／12の場合は、中身の玩具からビニール袋までしっかり再現する必要があります。しかし、1／24なら、実物の写真をうまく活用することで、立体的でとてもリアルでありながら、簡単に再現できる方法を紹介いたします。

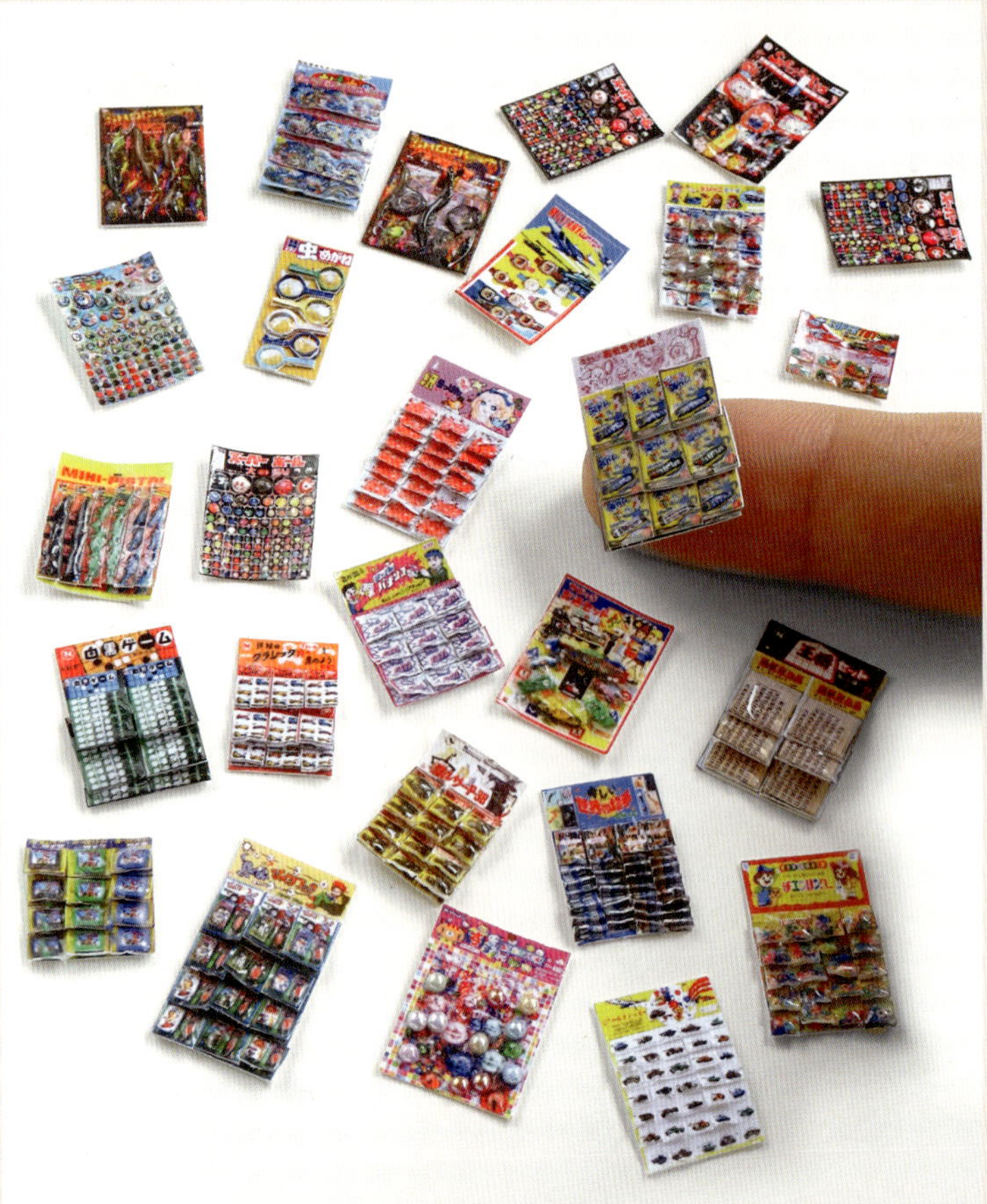

1

■MR.スーパークリアー UVカット（クレオス）

吊るし玩具を正面から撮影し、歪みの修正、色合い調整を、画像ソフト「Photoshop」で加工。1/24になるように縮小して並べ、家庭用インクジェットプリンターで写真光沢紙に2枚プリント。退色の対策で、UVカットクリアースプレーを塗布し、よく乾燥させます。

2

画像の周囲を切り取ります。このままではスケール的に紙の厚みがあり過ぎるので、印刷する紙の断面に慎重にカッターの刃先を差し込み、半分の薄さに割きます。2枚印刷したうちの1枚は、小分けされた商品別にカットし、台紙に対して各袋が斜めに浮くように、木工ボンドで接着。

3

■スーパーXG（セメダイン）

乾燥後に、乾いても透明度が保たれる接着剤を爪楊枝の先にのせ、商品1つ1つに、表面張力で盛り上がるように置きます。この作業で、まるで商品が透明の袋に入っているような雰囲気を演出できるのです。ビニールやブリスターの表現に使えるテクニックです。

4

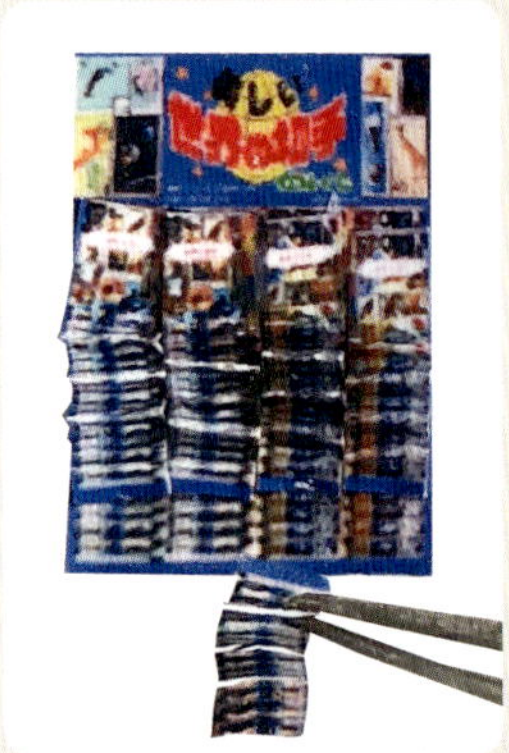

紙の小袋が大量に吊るされた商品の場合は、印刷した写真を列ごとにカットし、それを、山折り谷折りのくり返しで折り目を入れて台紙に貼ることで、袋がいくつも重なっている状態を再現します。本物をよく観察して、できるだけシンプルな工作方法を見つけます。

［オセロゲーム］

［将棋盤］

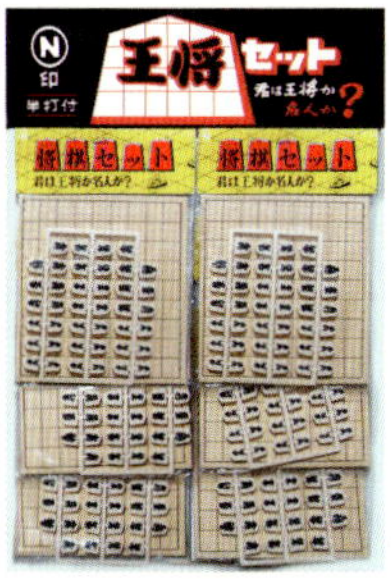

［虫めがね］

［チェンリング］

ジオラマに使用した吊るし玩具

(1/12 scale)

実際にジオラマで制作したのはこの半分の大きさの1/24です

［スーパーボール］

［音が鳴るシール］

［世界の切手袋詰め］

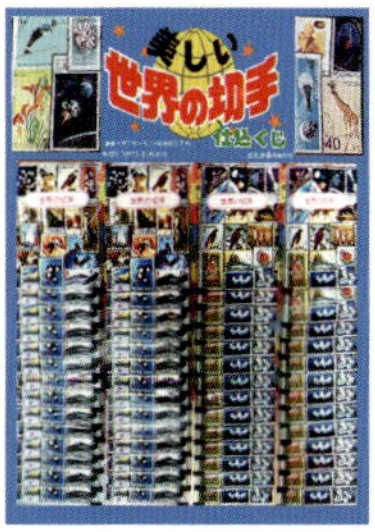

［プラスチック玉発射銃］

［立体的戦車シール］

［鈴のキーホルダー］

［ソフトビニール製爬虫類フィギュア］

［アイドルごっこ紙テープ］

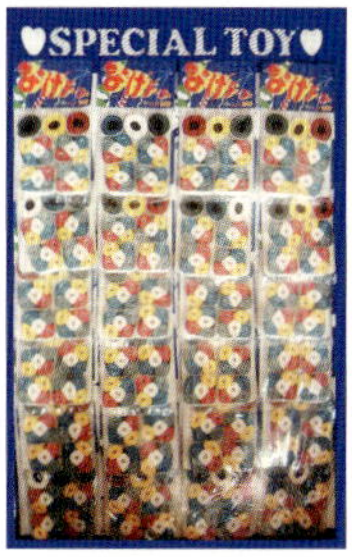

［メンコ］

［吊るしプラモデル］

［火薬玉を入れて落下させ破裂音を出すロケット玩具］

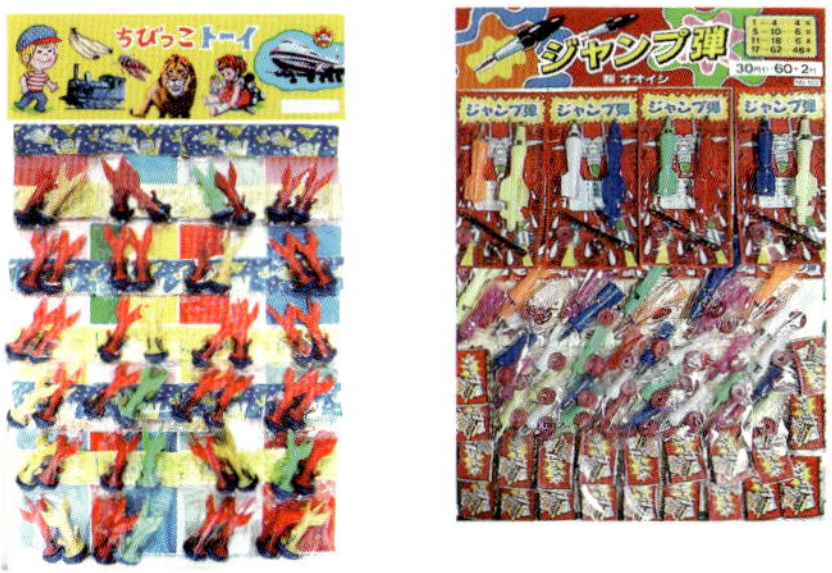

［なんちゃって腕時計］

［恐竜消しゴム］

［いたずら指パッチン］ガムタイプ

［いたずら指パッチン］
ミニ漫画タイプ

［ペーパータイプ石けん］

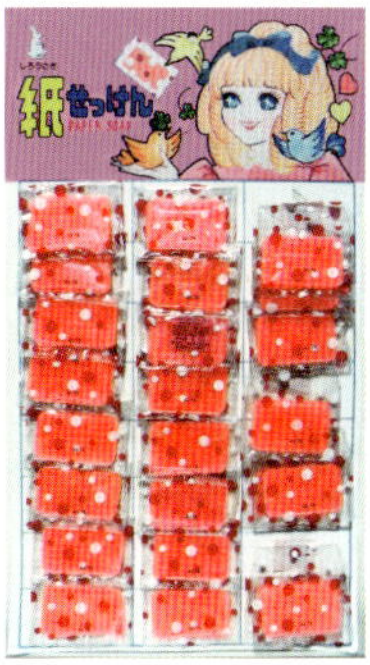

［プラスチックミニカー］

箱菓子／袋菓子

極小の駄菓子の制作は、まず本物の駄菓子を購入するところから。それを撮影したデータを、家庭用インクジェットプリンターで写真光沢紙に印刷してから組み立てるペーパークラフト！　ちょっとした工夫で、小さいながらも緻密でリアルな造形物になるポイントを解説します。

袋菓子や、ごく小さな箱の菓子は、プラモデル商品の下箱に使われているグレーのクラフト紙を使い小箱を作り、そこに入れていきます。紙はカッターで薄く削いで厚みをなくすのがポイントです。

袋菓子系は、光沢紙に印刷したものを切り取り、指やピンセットで立体的にシワを付けただけで、リアルな袋入りの雰囲気に。

ジオラマに使用した駄菓子の箱の展開図

(1/12 scale)

実際にジオラマで制作したのは
この半分の大きさの1/24です

ポテトフライ（東豊製菓）

ベビースターラーメン　ブタメン
（おやつカンパニー）

マルカワガムシリーズ（丸川製菓）

元祖梅ジャム
（梅の花本舗）

キャベツ太郎　甘いか太郎
やきそば太郎　ビックカツ（菓道）

ソフトグライダー（ツバメ玩具製作所）

⬆ソフトグライダーは駄菓子屋トイの王様！　展開写真を光沢紙にインクジェットプリンターで印刷。紙を薄く削いで表裏貼り合わせた本体に、主翼や尾翼は実際の製品同様に付けていきます。プロペラは、プラペーパーからカッターでていねいに切り出して接着。

➡カップ麺のお菓子も、上記同様、プリントしてから組み立てる。

1

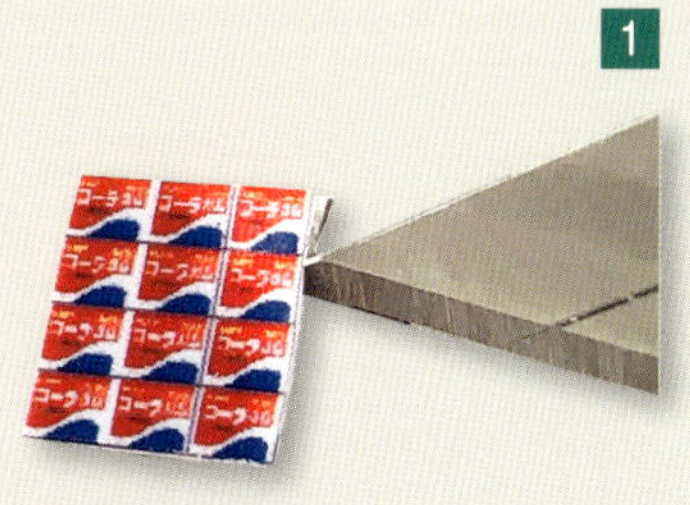

右ページの写真を、インクジェットプリンターで光沢紙に印刷。切り取ったあとに、紙を薄く削いで厚みをなくします。

2

スチレンボード1mm厚に、印刷紙をゼリー状瞬間接着剤で接着します。

3

乾燥後に、印刷した紙の表面にカッターで切れ目を入れ、バラバラに見えるようにします。スチレンボードの下まで切らずに寸止めして、個々は離さずに。個別にピンセットで押して凹凸を付ければ立体感が出ます。1つだけ切り離して単体にすることも可能。

モロッコフルーツヨーグル
（サンヨー製菓）

ココアシガレット（オリオン）

ふーちゃん（敷島産業）

うまい棒　梅ジャムせんべい　きなこ飴
（やおきん）

ヤッター！めん（ジャック製菓）

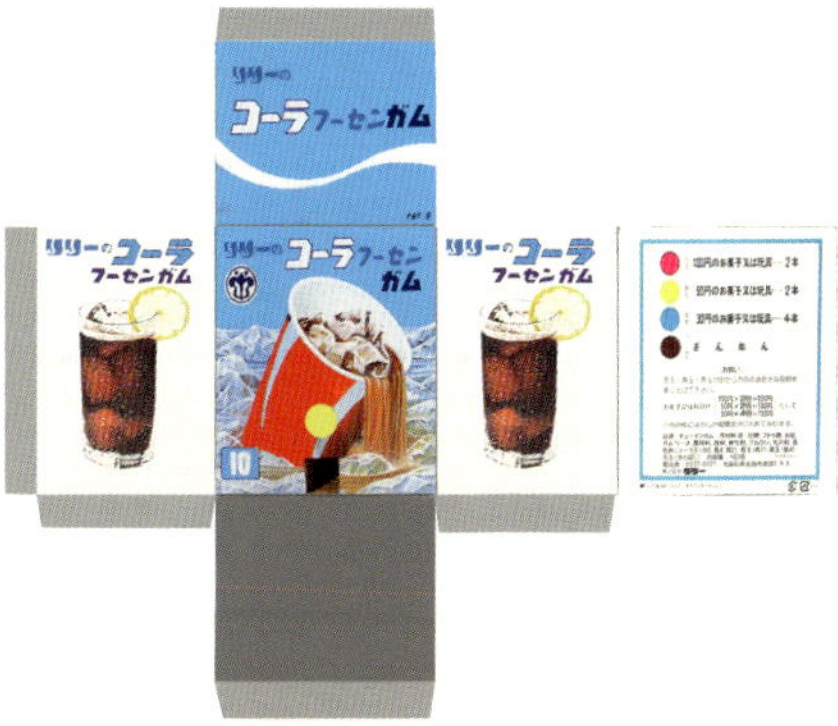

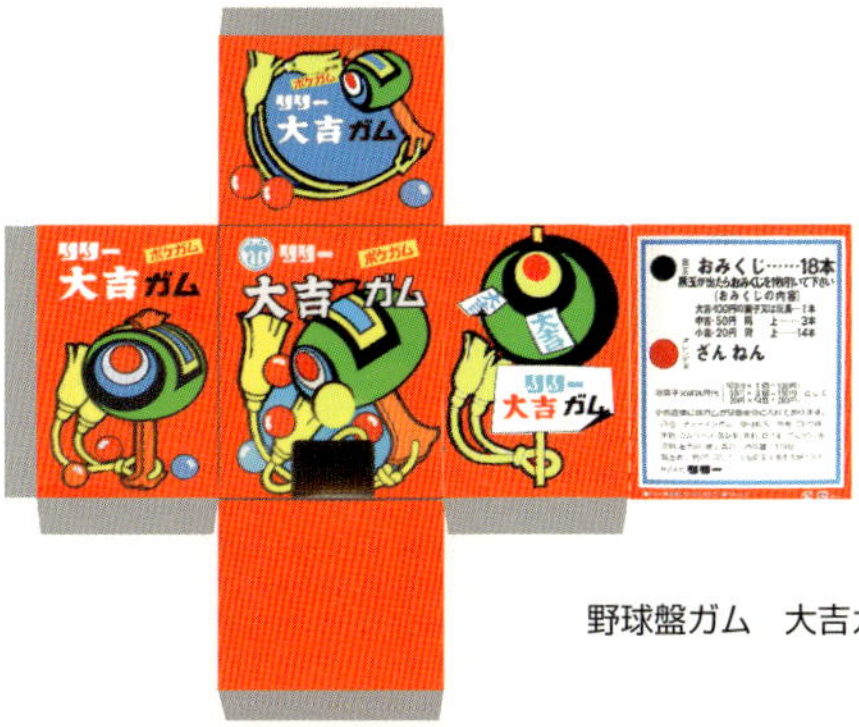

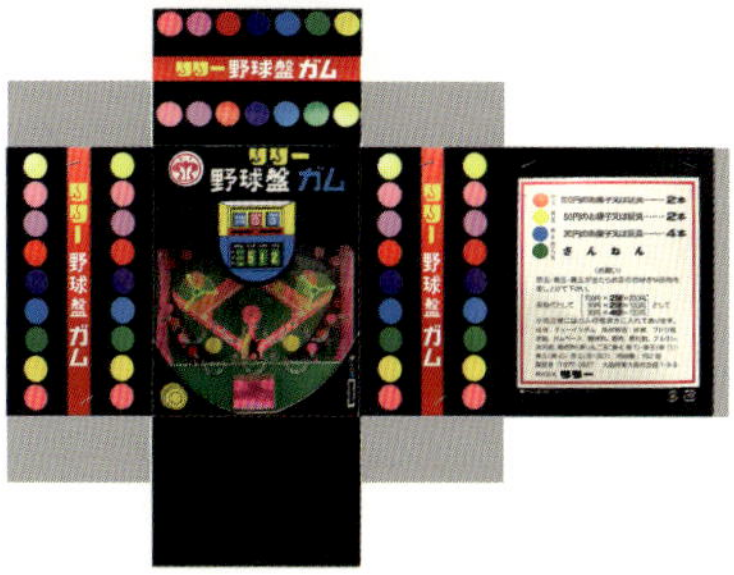

野球盤ガム　大吉ガム　ソーダフーセンガム　コーラフーセンガム（リリー）

プラモデル

私が初めて自分でお金を出してプラモデルを購入したのは、小学校に入ったばかりの頃。熊本で近所にあった駄菓子屋のようなプラモデル屋で買いました。昭和50年代初頭は、ゴム動力やゼンマイで動く「遊べるプラモデル」が100円で買えた時代。限られた少ないお小遣いを、本、文房具、駄菓子系プラモデルにと、どれにいくら予算を割こうか思案を巡らせながら、店先で「買おうか、やめようか」をくり返していたのを昨日のことのように思い出せます。

地方では模型専門店は少なく、プラモデルは、駄菓子屋、文房具屋、本屋のレジ横の棚にある販売形態が多く、子供が通う店の店主の仕入れセンスが、その後の子供の模型趣味に大きな影響を与えたかもしれません。

1

プラモデルの箱を、表面、側面と各面ごとに撮影し、「Photoshop」で合成して展開図を作成。プリンターで光沢紙にプリント。退色対策として、クレオスのUVカットクリアースプレーを表面に塗装してから、よく乾燥させます。

2

光沢紙から箱を切り取ります。このままではスケール的に厚みがあり過ぎるので、カッターで紙断面に切れ込みを入れ、半分ほどに割いて裏面の紙をはぎ取ります。この作業で、小さく薄くても丈夫でリアルなプラモデルの箱が作れます。

3

箱の表面に折れ線を入れます。カッターで「撫でるほどの強さ」で傷を付けます。のりしろを残して切れ込みを入れて箱の形に組み立てます。この作業で、小さくても角がしっかり再現された箱ができて、細密度がアップする大切な作業です。

4

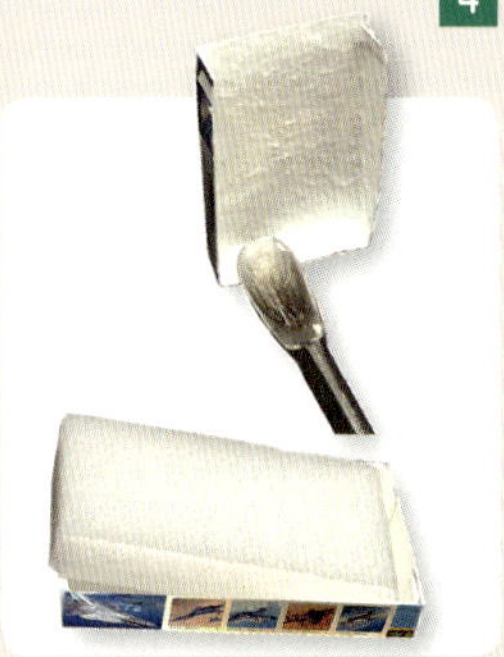

箱の組み立てには、作業時間の早さを考慮してゼリー状の瞬間接着剤を使いました（木工ボンドでも可能）。裏面には、スチレンボードを箱の内側にピッタリの大きさにカットして詰めて接着すると、積み重ねられるプラモデルの箱が完成。

紙芝居（河合商会）

船宿（河合商会）

駄菓子屋（河合商会）

ジオラマに使用したプラモデルの箱の展開図

(1/12 scale)

実際にジオラマで制作したのはこの半分の大きさの1/24です

ホンダ耕耘機F190（三和模型）

ランボルギーニ・チータ（大滝製作所）

ストラトスターボ（フジミ模型）

アタックシリーズボクサー（中村産業）

スバルR2（山田模型）

エコー７（緑商会）

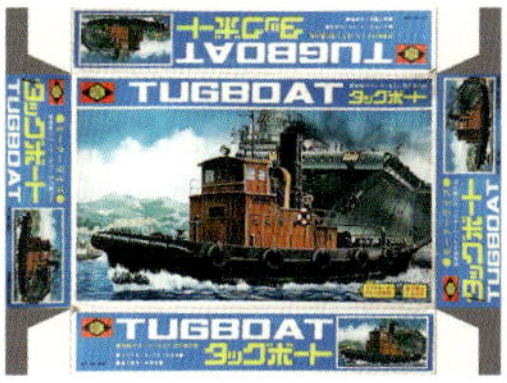

タッグボート（尾高産業）

大浦天主堂（フジミ模型）

バモスホンダ（日本模型）

メルセデス・ベンツ（緑商会）

松山城（童友社）

2式水戦（エルエス）

グラマンF-14A トムキャット（フジミ模型）

プラビナ（フジミ模型）

おでん屋（ヨーデル）

カウンタックLP500S（大滝製作所）

13トントラクターM-5（今井科学）

五重ノ塔（フジミ模型）

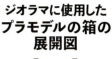

玩具

駄菓子屋で売られている玩具には、木製のけん玉や凧、羽子板、ブリキ製のミニカーや飛行機、派手な成形色のプラスチック製の鉄砲など、見るだけで懐かしくなる定番のモノがあります。
極小の立体物の工作は手間がかかりますから、ここでは、時短で緻密さを演出する工作法を紹介します。

⦿プラモデルやカプセルトイを使って作る玩具

駄菓子屋で売られているブリキ製のゼンマイで動くチープトイの再現として、小スケールのプラモデルの部品、カプセルトイ、食玩などのパーツを利用します。日頃からマメにチェックして、米粒ほどのミニチュア部品をストックしています。また、それを紙の箱に入れるだけで駄菓子屋トイに見えてくるから不思議なものです。

私が小学生の頃に販売されていた100円の極小プラモ「マイクロ」(青島文化教材社製/廃番)。

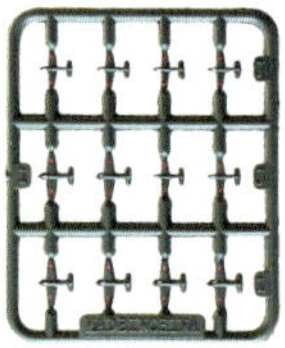

零戦は、1/2000のカプセルトイ(タカラトミー製)で、空母のパーツです。

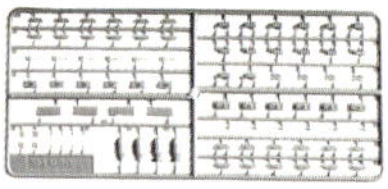

1/700の艦船模型のパーツの戦車、トラック。現在でも買えます(SkyWave製)。

⦿原型を作って型取りして作る玩具

駄菓子屋トイの王様、銀玉鉄砲および水鉄砲などの玩具は、原型を作って型取りしたものを、シルバーやクリア系のラッカー塗料で塗り分けただけの簡単工作です。お湯でやわらかくして型取りする材料「おゆプラ」とUVレジンは、共に100円ショップで手に入ります。型取り法は、色変えでバリエーションを作れるのが利点。

[水鉄砲]

[銀玉鉄砲]

プラ板による原型制作

「おゆプラ」で型取り

UVレジン(透明)で複製

⦿爪楊枝を使って再現する玩具

日本の伝統的な玩具として、けん玉は欠かせません。ツヤのある玉の部分と、マットなけんの部分の差が、造形的にもいいアクセントになります。このスケールでもしっかりと作れば、まるで本当に遊べるかと思えるほどリアルなミニチュアを作ることができます。

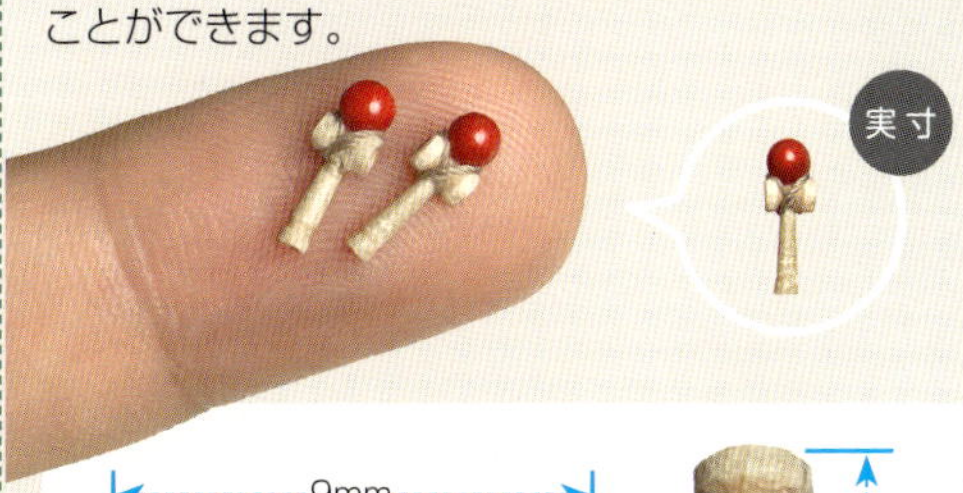

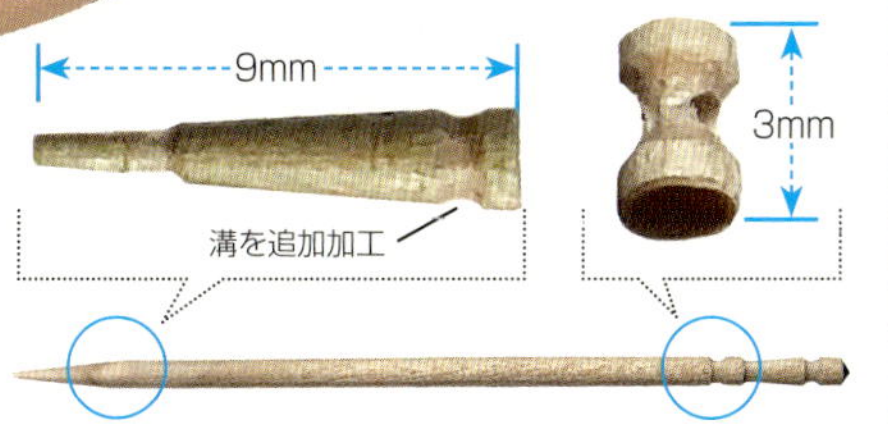

爪楊枝の化粧彫刻の溝を利用して、けん玉の先端部分を工作。軸は爪楊枝の先を利用して再現します。先端の玉は、100円ショップで入手したネイル用のビーズ（半円）を２個接着し、赤く塗装しています。手芸糸を巻いて完成です。

⦿接着剤を使って再現するビニール袋入りの玩具

ビニール入りの伝統的玩具は、実際に売られている商品を撮影した画像に、透明で硬化する塩ビ系の接着剤を塗って透明の膜を作り、袋に入っているような状態にする、簡単工作法で。

接着剤を爪楊枝の先に付けて、表面張力で盛り上がるように塗布します。乾燥後には、ビニールに入ったような雰囲気に。

■ スーパーXG
（セメダイン）

［ 制作した大きさの倍寸 ］

⦿トレーシングペーパーを使って再現する玩具

袋入りの組立て式ゴム動力飛行機は、戦前からある男の子向け玩具の定番アイテムで、駄菓子屋にも置いてありました。小型でカラフルな布張り翼の完成形タイプも販売されていて、その機種を半透明なトレーシングペーパーで再現します。

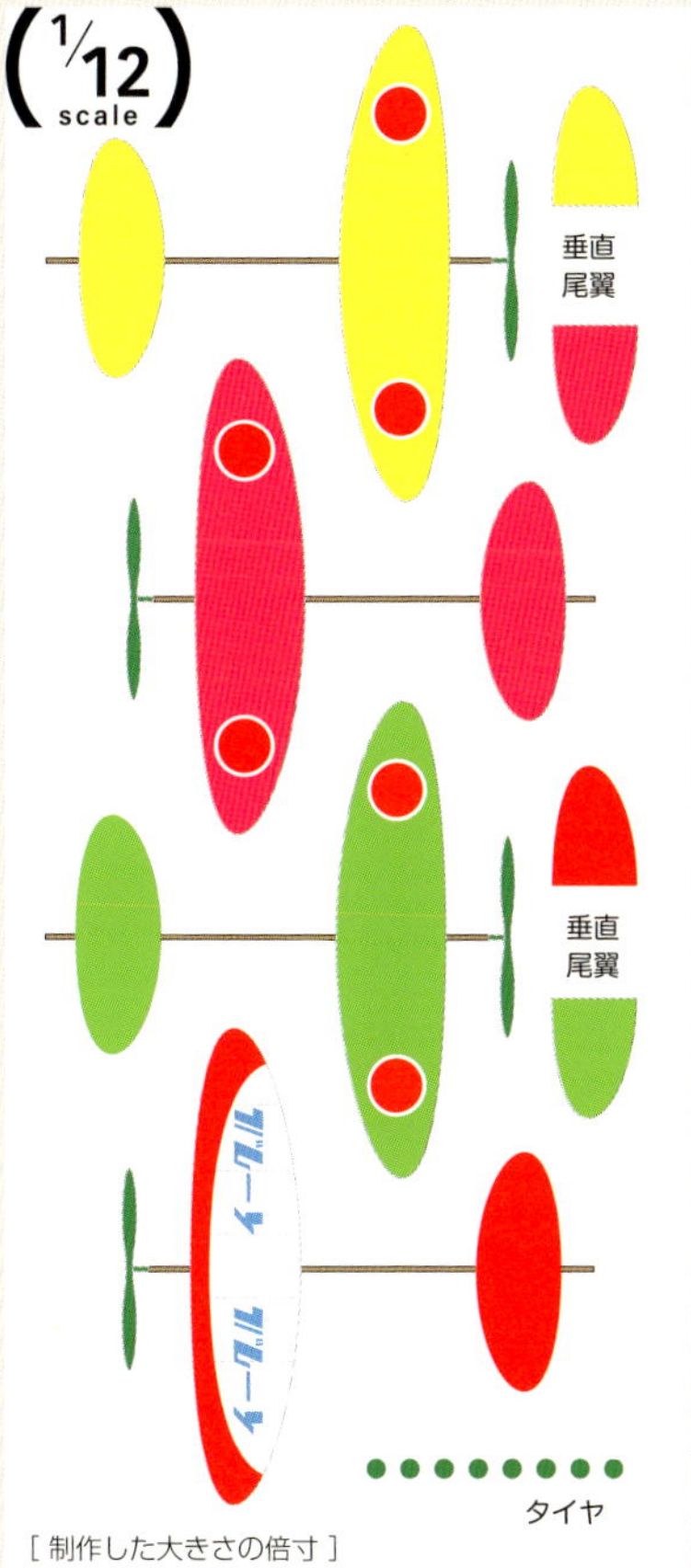

［ 制作した大きさの倍寸 ］

2

3

1

1「Illustrator」で描いた展開図を、インクジェット用の厚口のトレーシングペーパーに印刷します。薄いプラ板のようなしっかりした素材で、汎用性があります。 **2**ヒノキ材を、断面が0.5×0.5mmに加工。その先端に、V字に曲げた金属棒0.3mmΦを瞬間接着剤で固定。帆船模型用の糸（手芸用よりも毛羽立ちがない）を軽く撚ってヒノキ材の両端に接着します。 **3**トレーシングペーパーから切り出した翼を、ゼリータイプの瞬間接着剤で固定。主翼の表面が曲面になるように曲げるとリアルになります。プロペラとタイヤを接着し、蛍光グリーンで塗装して完成です。

ダンボール箱

駄菓子を仕入れた際に入ってくる商品ダンボール箱の存在も見逃せません。商品ストック用に陳列台の下や店の裏側に置いてあったり、カットして駄菓子の陳列用ケースとして使われている例もあります。細かい文字が書かれたミニチュアのダンボール箱は、ジオラマがより緻密に見えるアクセントです。たたまれた状態で壁の隙間に立てかけたり、店の外にゴミとして出された状態を演出するのも面白い使い方だと思います。ゴミ回収場で置かれたものとか、八百屋の店先に積まれたダンボールなど、日頃から撮影しておき、画像を撮り溜めておくといいでしょう！

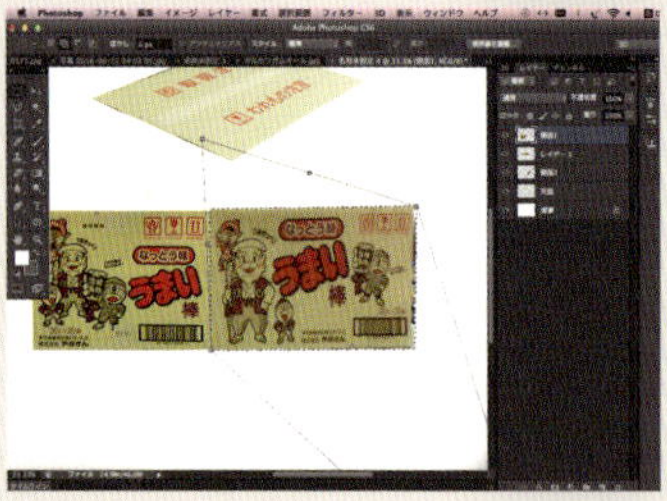

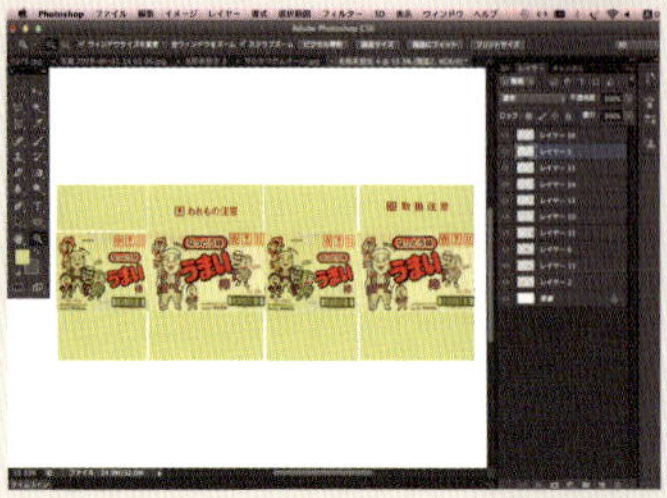

1

駄菓子屋を直接取材してダンボールを撮影する方法もあるのですが、今回はWebで見つけた画像を加工して、箱を作る作業を説明します。駄菓子問屋「龍也」さんのブログ「松屋町玩具問屋 まいど！タツヤブログです♪」より画像をお借りしました。Webにアップされている画像は著作権があることがほとんどなので、掲載元に許可取りで使用することに留意しています。

「Photoshop」に画像を取り込み、側面、天面ごとに画像を切り取り、「変形」ツールを使ってパースを修正していきます。不鮮明な写真や解像度が足りない写真は、「フィルター」⇨「スマートシャープ」を駆使して、箱に書かれた文字や絵をくっきりとさせます。ダンボール箱のように展開図に配置すれば、印刷用画像の完成です。

3

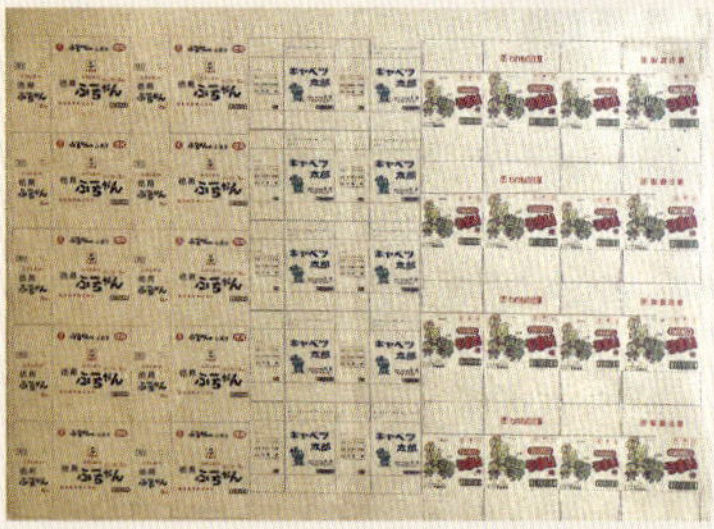

1で制作したダンボールの展開図を制作スケールに縮小し、「Photoshop」の画面上に並べた画像を作り、プリンターで印刷します。左ページに配置した展開図では、ダンボール素材の色を付けた絵で仕上げてありますが、ダンボールに直接プリントする際には、データの色を「ダンボール素材色を削除した画像」にしてからプリントすると、より自然でリアルなダンボールが作れます。

2

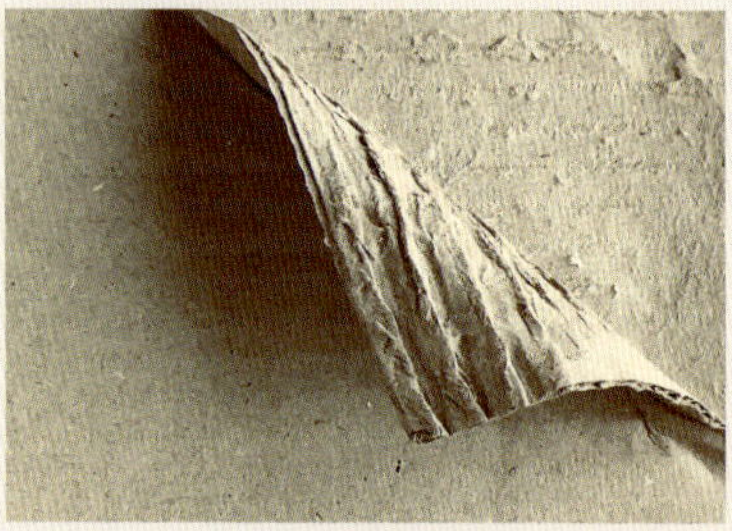

ダンボールの素材として、本物のダンボールの材料を使います。できるだけ平らな（表面に凹凸の線がない）素材を選び、裏面を剥いで、まずは薄いダンボール紙1枚にします。剥ぎ取り毛羽立った面は紙ヤスリ（400番ぐらい）で整えます。仕上げにアイロンで表面を整える場合も。インクジェットプリント対応可能な、ダンボール同様の紙質のクラフト紙（特厚）を使う手もあります。

※松屋町玩具問屋
まいど！タツヤブログです♪
http://tatsuyatoys.osakazine.net/

ジオラマに使用したお菓子のダンボール展開図

(1/12 scale)

実際にジオラマで制作したのはこの半分の大きさの1/24です

キャベツ太郎（菓道）

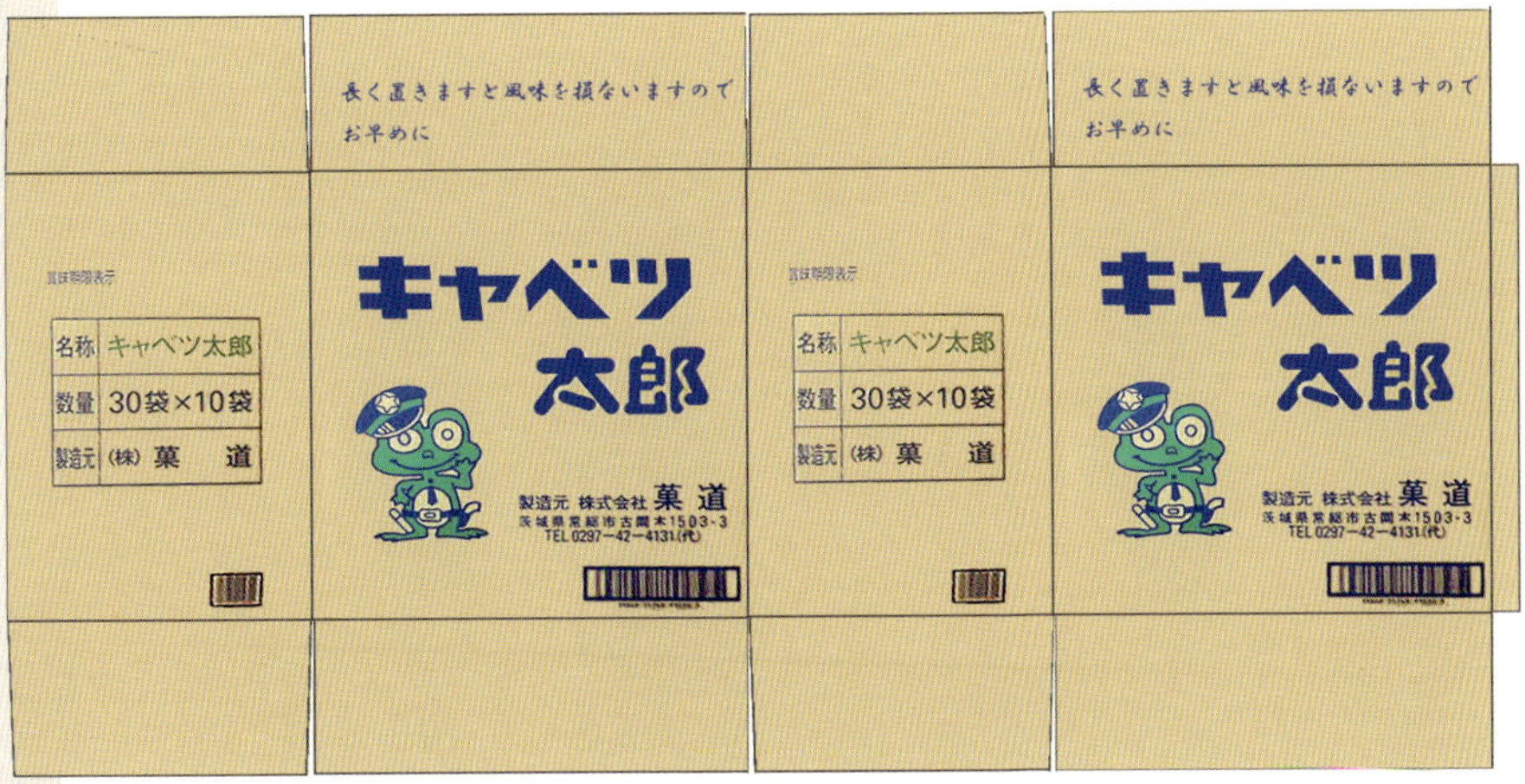

たたまれて捨てられたダンボールのくたっとした感じの演出。

ふーちゃん（敷島産業）

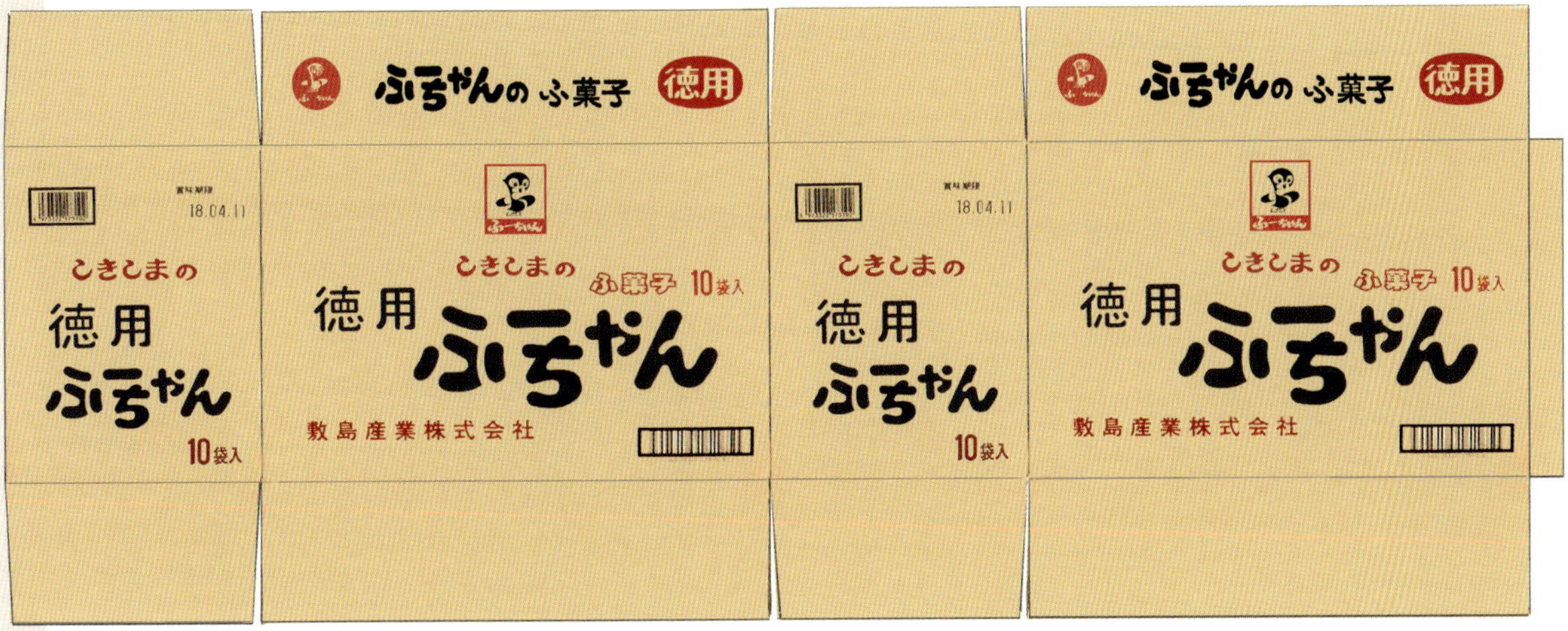

うまい棒 なっとう味（やおきん）

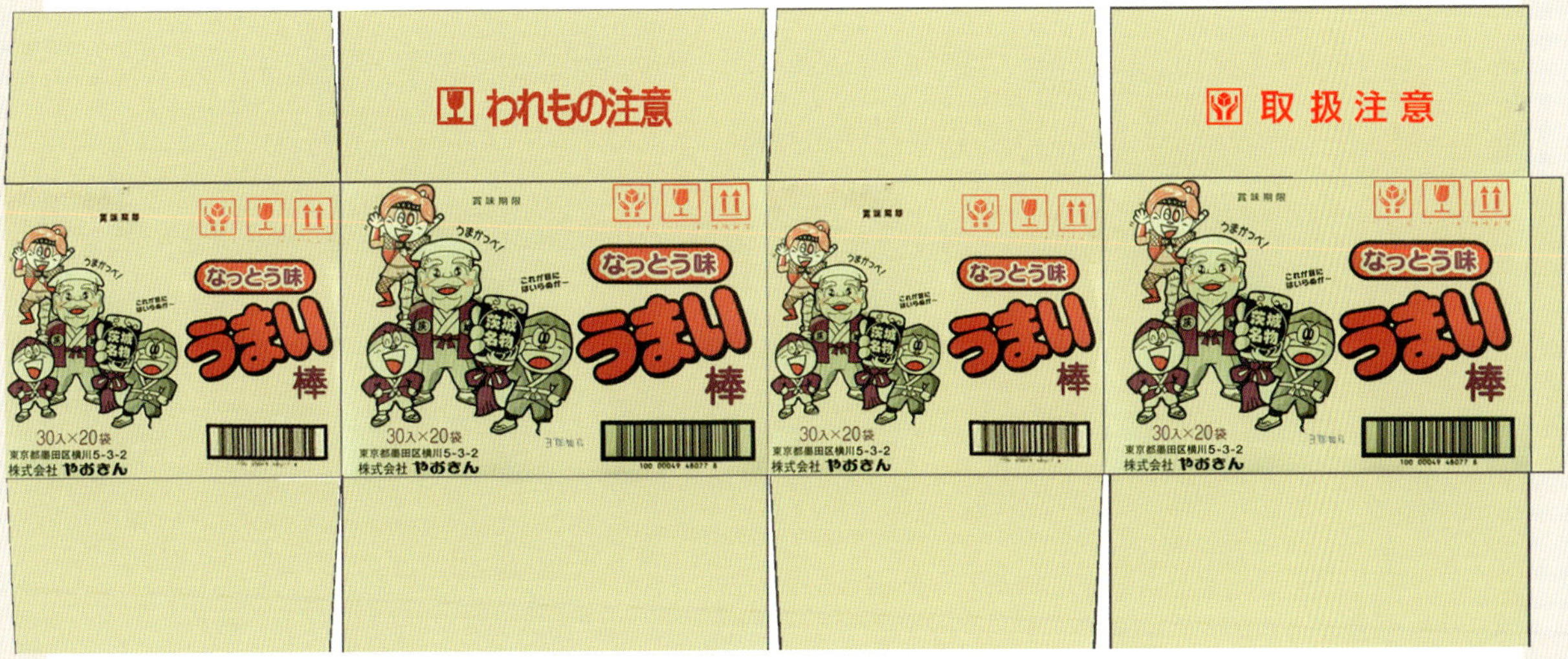

※ダンボール箱のサイズや比率は、雰囲気重視で、実際のものに準じてはいません。

棚に並んだお菓子や玩具

ここまで解説してきた駄菓子屋のお菓子や玩具を組み立てて、棚に配置した完成形です（棚の制作解説はP104）。リアルな配置の演出は、実際にある駄菓子屋さんを参考にしています。子供が選びやすい各アイテムの置き場所がポイントになります。駄菓子屋の建物を作らなくても、これだけで十分鑑賞に堪えられる作品になります！

値札は、10円単位でいくつも刻んだ数字をコピー用紙に書いて撮影し、それを縮小コピーしたもの。
子供にもわかりやすいように値段を書いた、駄菓子屋のおばちゃんのやさしさまでも再現したいのです。

1

飴などが入ったプラスチック製の商品ケースの再現には、かつて海洋堂の超緻密なオマケとして大流行した「タイムスリップグリコ」の、駄菓子屋を再現したオマケの部品を利用しました。今でも、オークションサイトやフリーマーケットアプリなどで手に入ります。自作する場合は、ケースの原型を作り、透明プラ板を熱して型に押し付ける「ヒートプレス」という方法で量産するやり方があります（今回は時間短縮用なので割愛）。

2

ケースの中身は、100円ショップで売られている、スイーツデコレーションやネイルのパーツを利用します。カラフルなプラスチックで、いかにも駄菓子のような雰囲気が簡単に再現可能です。

駄菓子屋の店先を彩る10円ゲーム、
ガチャガチャ、アイスケース……。
「店の顔」と言ってもいいこれらのアイテムを
しっかりと作り込めば、
駄菓子屋ジオラマの緻密感が何倍にもふくらみます。
どれもが基本的な「箱組み」の集合体と捉えれば、
制作へのハードルはぐっと低く感じられるはずです。

【店先アイテム】
MISE SAKI ITEM
を作る

コスモス自販機タイプ

20円や50円の安いカプセル用のベンダーマシン（ガチャガチャ）に対して、当時は高額だった１００円の箱入り玩具が入っていたコスモスの販売機タイプ。地方の商店の店先に、経年変化が激しい機体が置かれていることがあります。

正面と左右に書かれた「コスモス」の社名ロゴ。野外に設置してある販売機は、よく、このロゴが日光による退色で薄くなった状態になっていて、その様子も含めて、レトロ感が魅力だと思っています。

お金を投入し直下のレバーを下げると、取り出し口には、プラモデルの箱のようなグラフィックの箱が出てきます。販売機正面の窓にはしっかりした商品説明が貼られていますが、出てきたモノはなんともチープで、子供ながらに「失敗した」と感じてしまうのもまた、いい思い出として残っています。

1

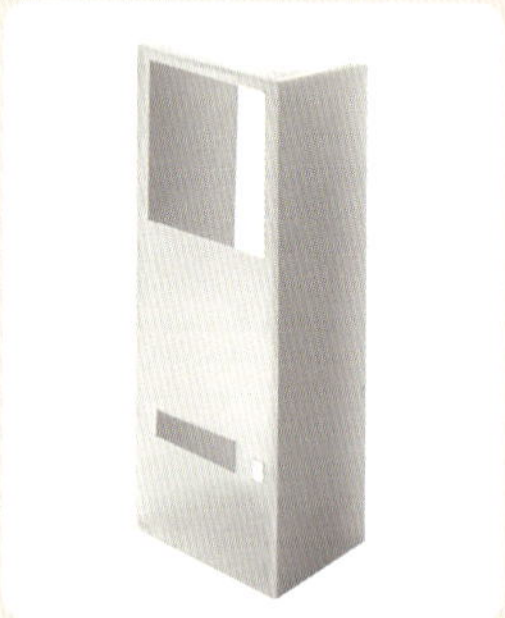

図面をもとにプラ板1mm厚を使い、水平・垂直に注意しながら接着剤を流し込みつつ組立てます。塗装は、ラッカー系で退色してくすんだ赤色を調色し、エアブラシで塗装。

2

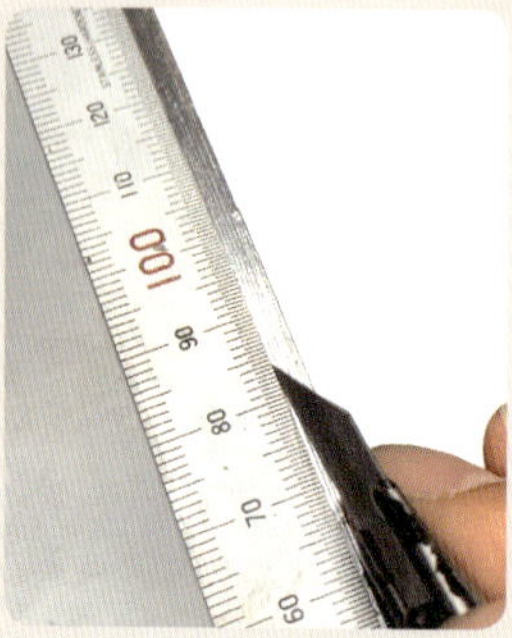

本体正面左右両端のメッキの飾りモールは、重要なアクセント。まず、プラ板0.3mm厚にアルミテープを貼る。そして、実物にある数本の筋を0.3mm間隔で切り込んで再現。最後に幅1mmの細長いパーツとして切り離してから貼ります。

3

左右と正面の「コスモス」のロゴマークは、ネットで見つけたロゴデータをもとに「Illustrator」で制作し、カッティングプロッターで切り出したシールをマスキングに使い、エナメル塗料で塗装。乾燥後に、専用溶剤を綿棒に含ませて拭き取るように擦り、退色した様子を再現しました。

4

商品の取り出し口や釣り銭の返却口などには、細かい使用傷ができます。この使用感を演出するために、下地のプラ板がうっすらと出るぐらいにカッターで、擦ります。また、子供のいたずらの、鍵で付けられた横傷を加え、さらにリアルな演出を。

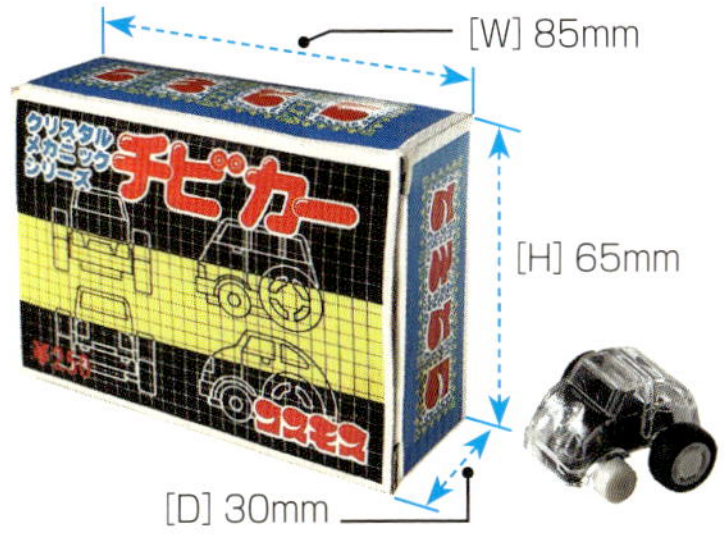

どんなものが売られていたのかという、本書制作用のサンプルとしてオークションサイトで入手した、昔の玩具。箱のサイズに比べ、ビックリするほど小さくてチープなプルバックカー（ゼンマイ駆動のミニカー）が入っていました。当時の子供は、さぞがっかりしたことでしょう。

5

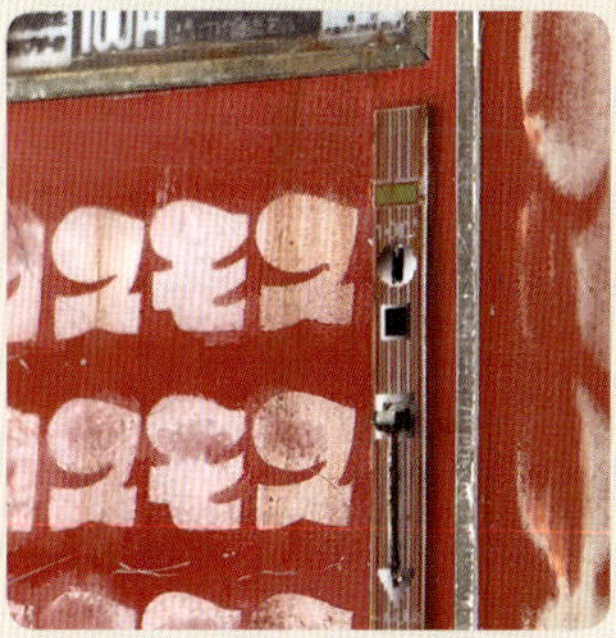

お金の投入口と商品レバーの部品は、左図のイラストをコピーし、厚みのある光沢紙に家庭用のインクジェットプリンターで印刷したものを使います。レバーは、プラ板を削りゼリー状接着剤で固定してから塗装。仕上げに、アクリル塗料の「ハルレッド」を使い、日本画用の「ボカシ刷り筆」でトントンと叩く用にしてサビを加えます。

カプセルマシンの実物構造

緑色のボディーの左右に「コスモス」のロゴが入った100円タイプのカプセルマシン。本書での解説用として、ヤフオクで当時の「実物」を購入！ 分解して調べたら、まるでプラモデルのような構造と、アナログなメカを熟知することができました。

上ブタの中央に、鍵を差し込んで回転させる金属製シリンダーがあり（この実物では欠品）、フタを引き上げてカプセルを補充します。

前面＆側面の３カ所が透明部品で、裏の１面は本体と同じ緑色。外側にトレイが出っ張っているような構造で、ケース四隅に立った金属の柱の溝づたいに、上から差し込み固定。
※今回の作例では窓のこの出っ張り形状は割愛しました。1/12スケールでは再現できるかもしれません。

集金する場合は、カプセルのケースごと引き抜いて集金ボックスを取り出すダイナミックな構造！

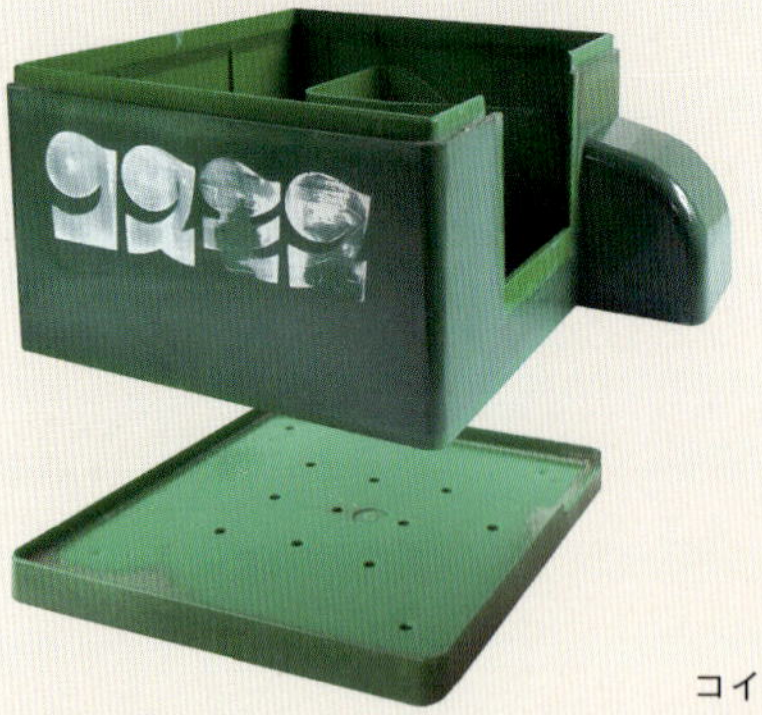

コイン投入口

コイン投入口は、鋳物にメッキ加工された部品。表面の、高級感を演出した革風のシボ彫刻がとても怪しげ。

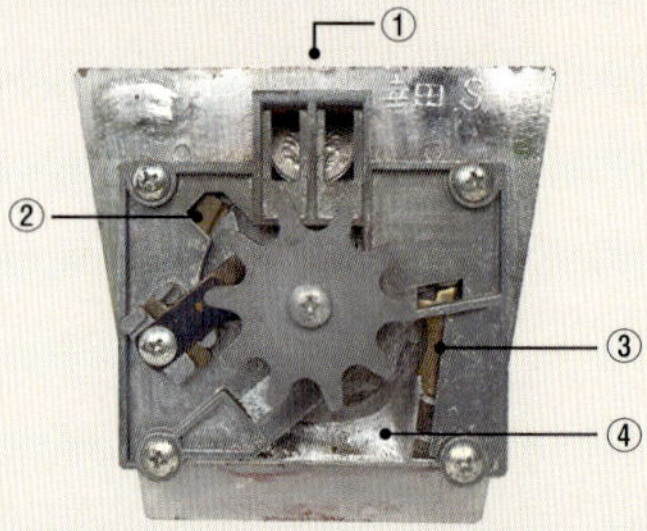

①投入されたコインは、U型の凹みに入り左に回転。②コインが入ることで上がって外れる、ロック機構。③ハンドルの逆回転機構（ラチェット）。回している時に鳴るガチャガチャという軽快な音はこのバネから。④コインが下に落下して集金ボックスへ。

カプセル仕分け部品

ケースの底にある仕分け用の部品。上に伸びた３本のバネでカプセルをかき混ぜ、5つの凹みに誘い込み、カプセル投下穴へと導く。穴の上には、他のカプセルが上方から落ちてこないようにガードする大きなバネがあり。裏面を見ると、ハンドル連動のギアが、仕分け部品の底に刻まれた歯を回転させる構造になっているのがわかります。

集金ボックス

ブロー成形された集金ボックス。赤いボックスの「Uの字」の取っ手を動かし、スライドさせて取り出す構造。

カプセルマシンの台紙

◉自販機タイプの台紙

野外に設置されているので、本体の塗装が退色する以外にも、ガラス内の台紙が丸まってくるのが特徴です。1986〜1998年頃のもの。

コスモス
自販機タイプ

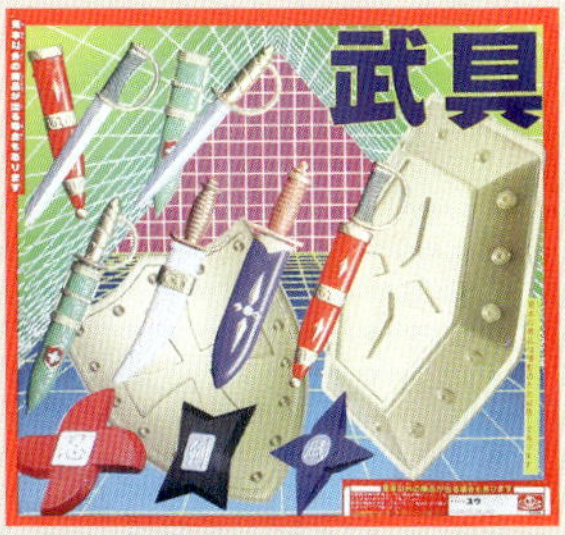

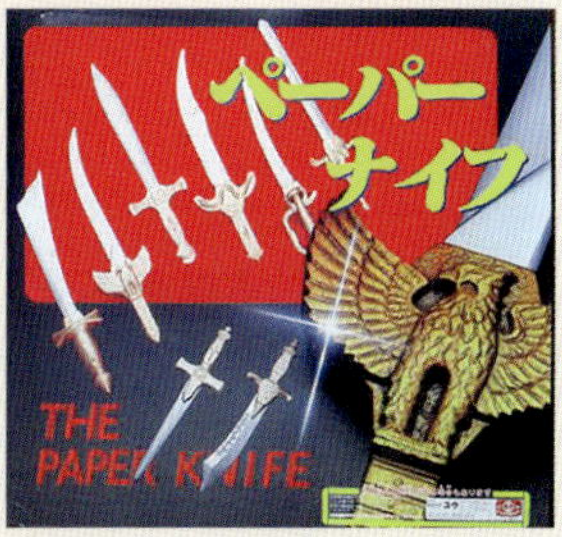

◉100円タイプの台紙のバリエーション

実際に私が購入した、右のページの緑のコスモス機の台紙が、上段の2枚「金庫」「武具」。それ以外は、本体が赤い、コスモス以外の汎用マシン（次ページ）用です。1990年代のもの。

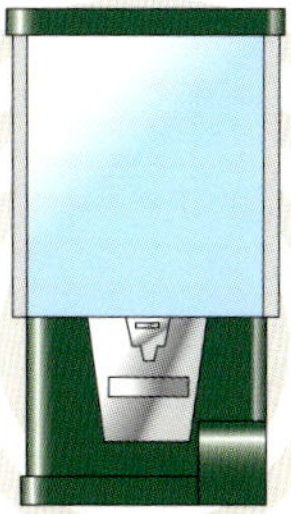

コスモス
カプセルタイプ

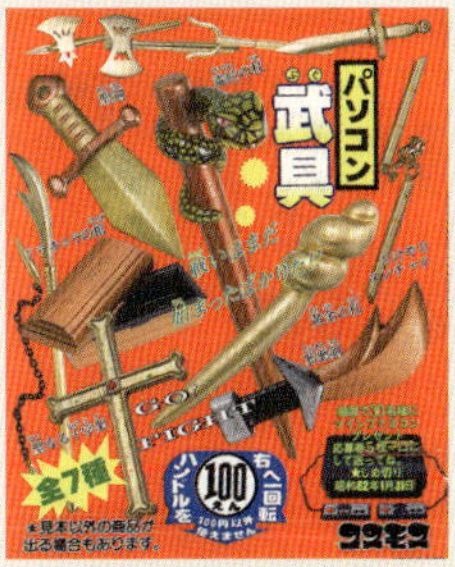

※貴重な台紙の資料をご提供頂いたのは、元・コスモス社員で、宮城でカプセル機の販売業をされている、「古川トーイ」の阿部さん。

100円カプセルベンダー

駄菓子屋の店頭の主役と言っても過言ではないカプセルマシン。ガチャポン、ガチャガチャ、様々な愛称で呼ばれるこの機械に、僕は今までの人生でどれだけのお金をつぎ込んできたことか！　当時のカプセルトイで出てくるオモチャは、今思い返せばトホホなチープトイがほとんどでしたが、何が出てくるかわからないそのギャンブル性が、たまらない魅力でした。赤い本体のはコスモス以外のカプセルトイメーカーの物が入った汎用マシン。緑は、46ページのコスモス製です。

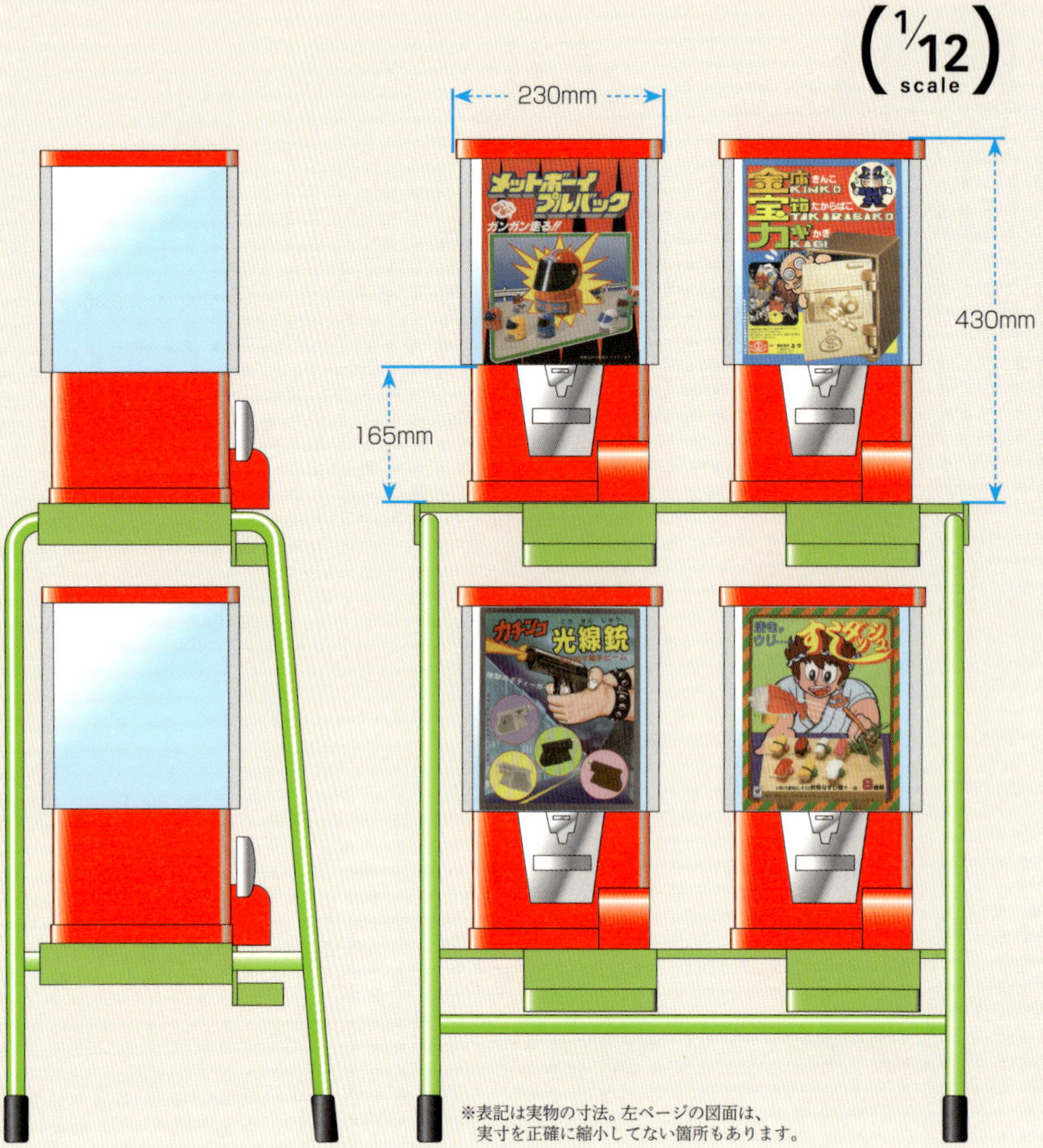

※表記は実物の寸法。左ページの図面は、実寸を正確に縮小してない箇所もあります。

1

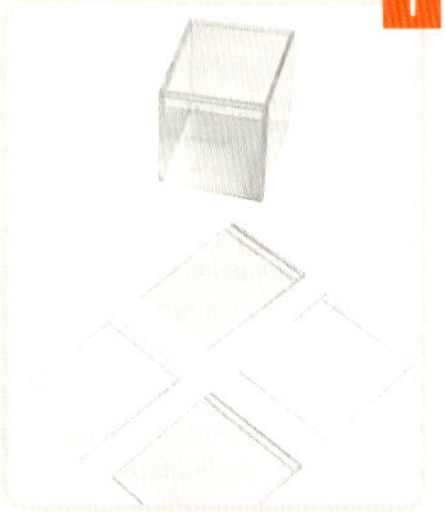

あまり流通していない、0.5mm厚の透明アクリル板は、Amazonの検索で購入。ガラスのような印象の硬質さで、精度の高いカッチリとした透明部品が作れます。

■ 透明アクリル板 0.5mm厚（光栄堂）

2

フタパーツは、タミヤのプラ板0.3mm厚で制作。その角を丸めた板のフチに、1.5mm幅のプラ板を、指でしごいて角丸に合わせつつ、ゼリー状接着剤で固定。

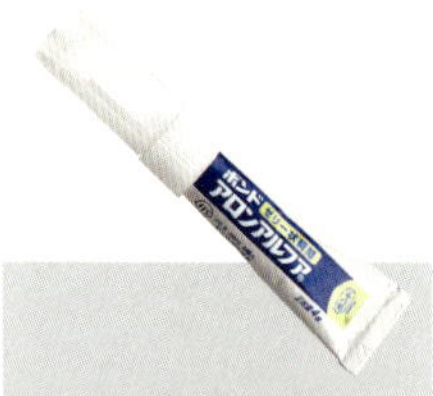

■ ゼリー状瞬間接着剤 アロンアルファ（ボンド）

3

「WAVE」のプラ板0.5mm厚は、メモリが入っているので寸法が取りやすく、プラ材料もやわらかいので切り出しも簡単です。接着にはタミヤセメントを。

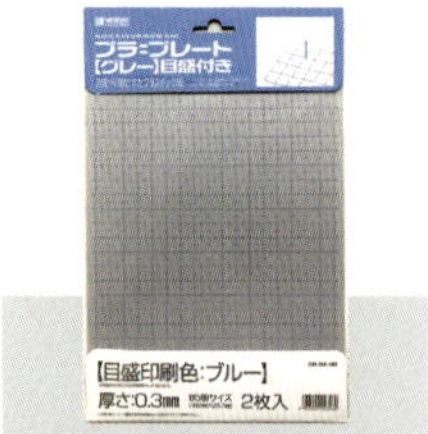

■ プラ=プレート【グレー】目盛付き（WAVE）

4

お金の投入口の台座のパーツは、タミヤのプラ板0.3mm厚から切り出します。ダイヤルとカプセル取り出し口は、タミヤのプラ棒を削って作ります。

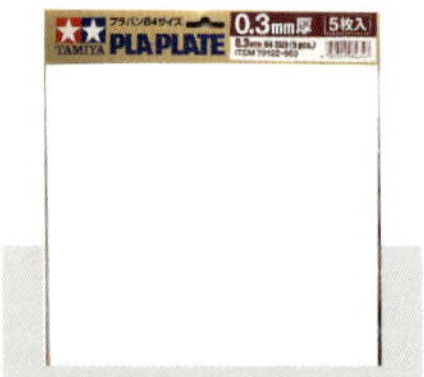

■ プラ板 0.3mm厚（タミヤ）

5

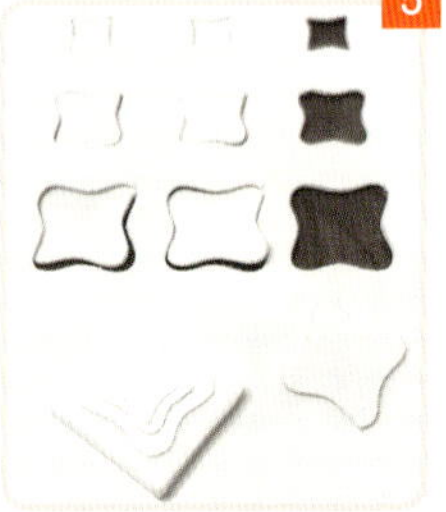

コスモスのマシンの特徴、フタにある花びら状の造形。「Illustrator」でラインデータを書き、厚紙をカッティングプロッターで3サイズ切り、それを積層接着。

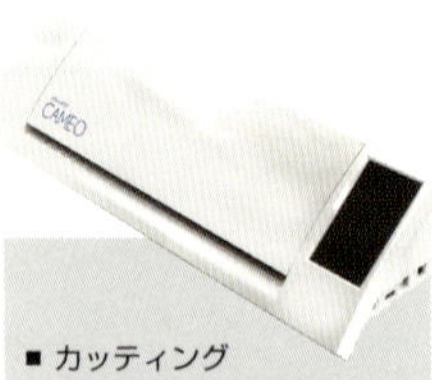

■ カッティングプロッターCAMEO（グラフテック）

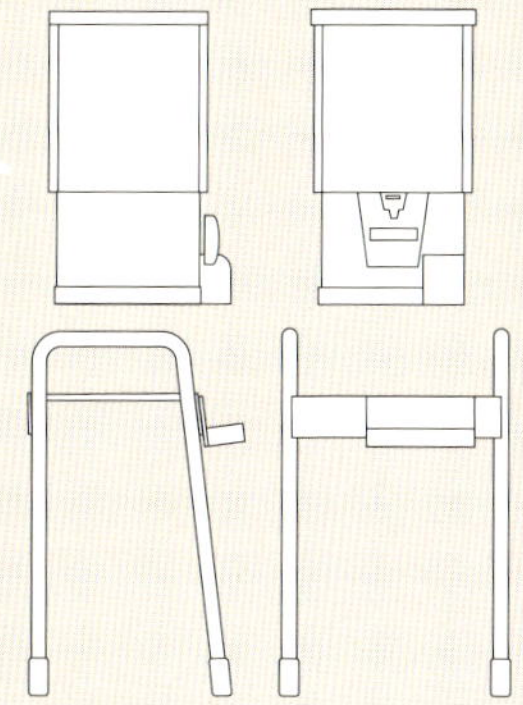

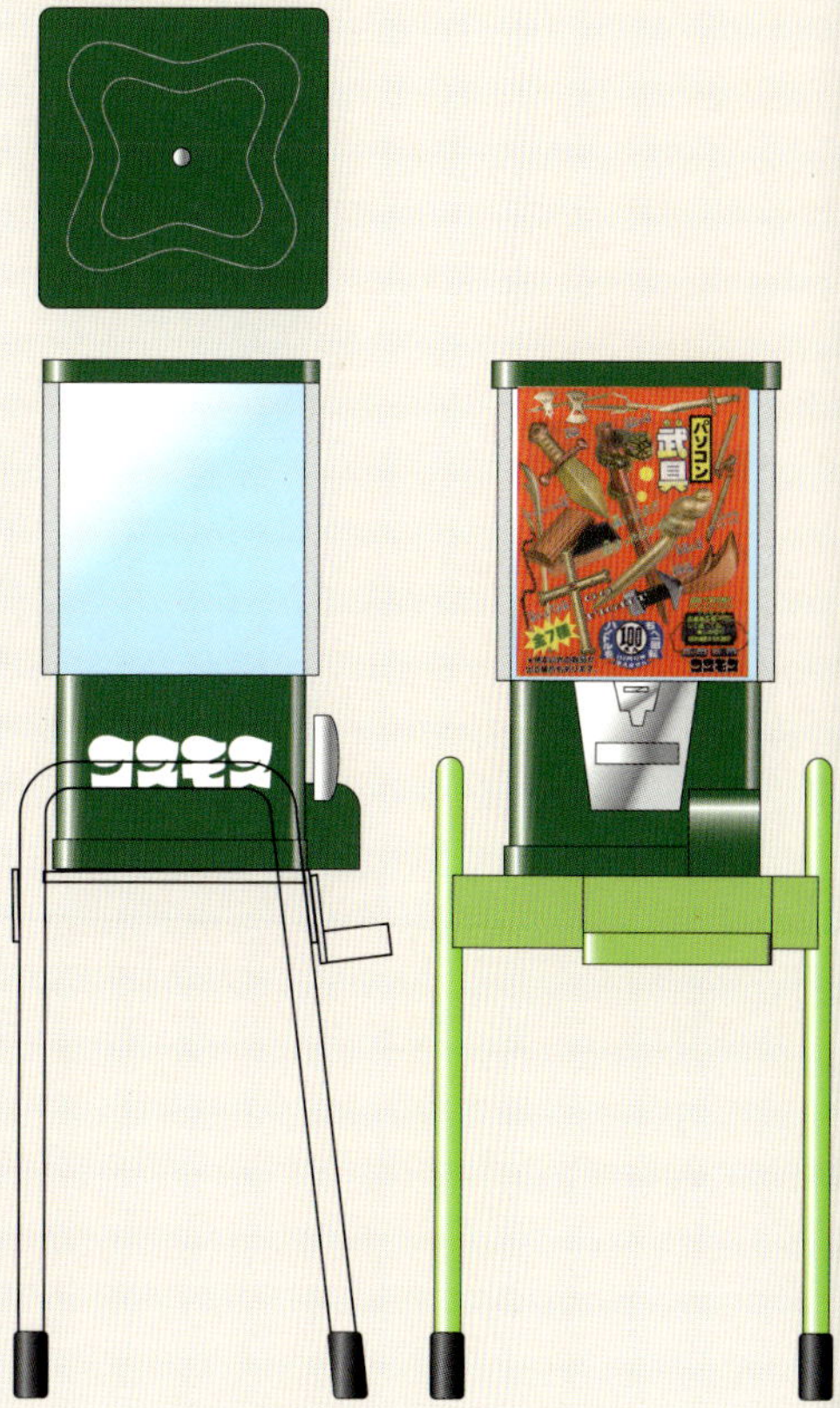

工作の際のポイント

×1 底面	×2 側面	×2 正面＆背面

透明のカプセルケースの図面事例。透明アクリル板0.5mm厚を使用。側面は、正面のサイズから、左右各0.5mmの板厚分を差し引くことを忘れないように！

(1/24 scale)

6

各部品の塗装。赤色の本体色は、ラッカー系塗料にてエアブラシ塗装。金属部品であるダイヤルパーツは、メッキ調の塗装ができるペイントマーカーで塗装。

■ 4 ARTIST MARKER
(Pebeo)

7

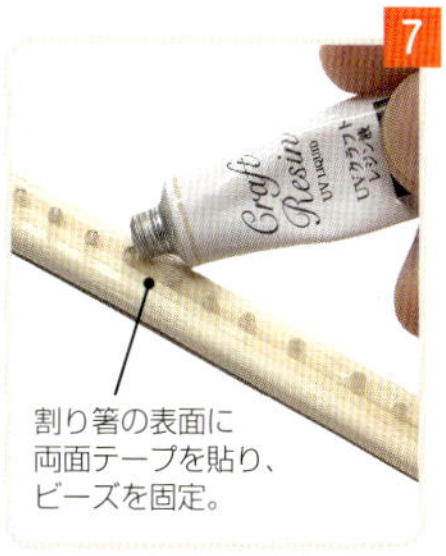

カプセルマシン内部のカプセルは、直系2mmのビーズで。穴はUVレジンで埋めます。表面張力で盛り上がるように注入するのがコツです。

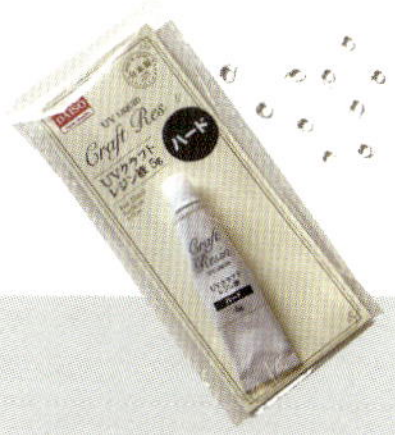

■ UVレジン/ハード
(ダイソー)

8

ビーズのUVレジンが硬化したら、ラッカー塗料で塗装。透明なカプセル部分と着色されたケース部分を再現するために、赤、青、黄、緑の原色で、半円分を塗装。

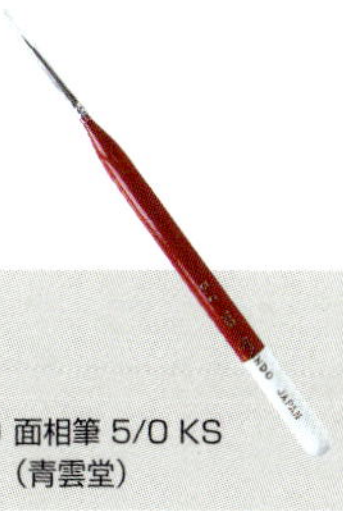

■ 面相筆 5/0 KS
(青雲堂)

9

ビーズの塗料が十分に乾燥したら、カプセルマシーン内に4色が均等になるように混ぜて入れます。透明用の接着剤でフタを接着して本体は完成です。

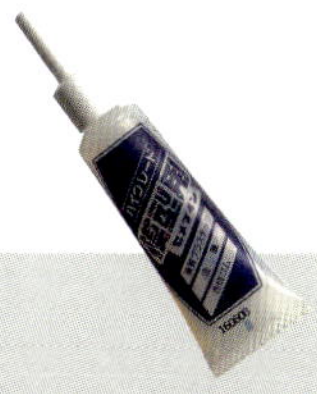

■ 模型用ハイグレード
(セメダイン)

10

スタンドは、図面をもとに真鍮線1mmφをコの字に曲げて「ロックタイト」で接着。ハンダ付け同様の強度があるので、ハンダ工作が苦手な人にはオススメ！

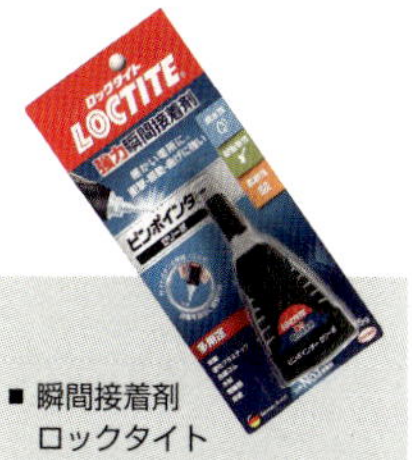

■ 瞬間接着剤
ロックタイト
(ヘンケルジャパン)

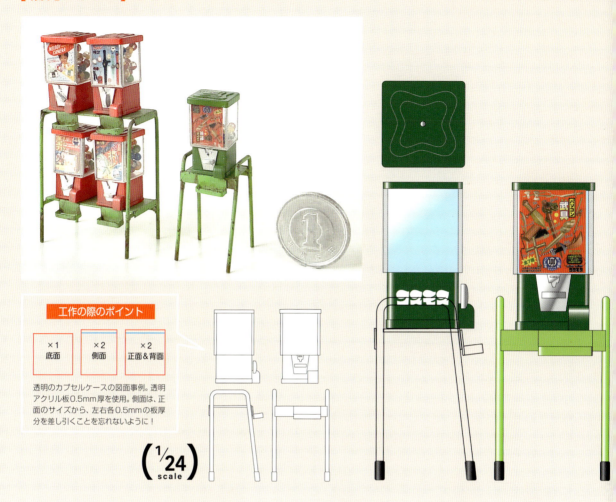

ロッテアイスケース

駄菓子屋の店頭で、常に最高に冷えた状態で僕らを迎えてくれたアイスケース。どれにしようかフタを開けっ放しにして迷っていると、駄菓子屋のおばちゃんに怒られた思い出が……。

メーカーのロゴが大きく入ったアイス専用冷蔵庫は、看板(P88)にも採用した「ロッテ」のタイプを選びました。「ロッテの営業の人が、アイスケースの設置と共に看板に広告を入れることをお店に提案した」という想定としたわけです。

実物で見かける、貼り紙隅のテープ跡や、子供がいたずらで貼った駄菓子のおまけのシールなどを再現すると、さらにリアルに。

1/12 scale

※表記は実物の寸法

1 本体は、図面をもとに部品を切り出して箱組みします。作例では、他の制作部品と同様に「Illustrator」で設計し、そのデータをレーザーカッターで切り出しています。

2 ガラスのフタ周囲のステンレス金具は、プラ板0.3mm厚にアルミテープを貼り、1mm幅で切り出して、本体に貼ります。本体左右の飾りモールは、1.5mm幅のアルミテープで同様に。表面に、カッターで傷を付けるようにして2～3本の筋を刻みます。

3 本体前面の窓、天面のガラス扉（実物は奥にスライドさせて開ける）は、透明アクリル板0.5mm厚の周囲に、2で制作した飾りモールを接着。透明部品専用の接着剤を使います。

4 本体内部には保冷ケースが入っています。タミヤのスチレンボード2mm厚を箱組みします。内側には、モデリングペーストを叩くようにして塗布して霜を再現。

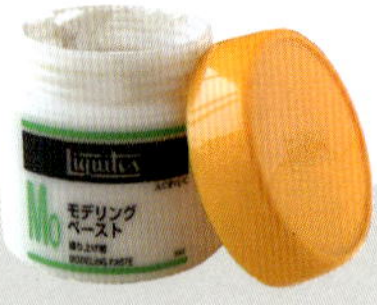

■ モデリングペースト（リキテックス）

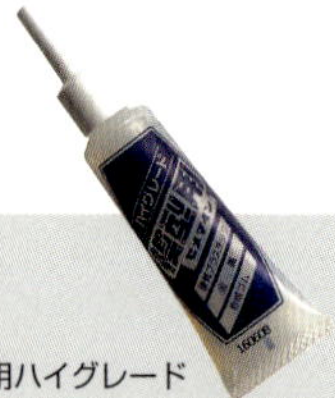

■ 模型用ハイグレード（セメダイン）

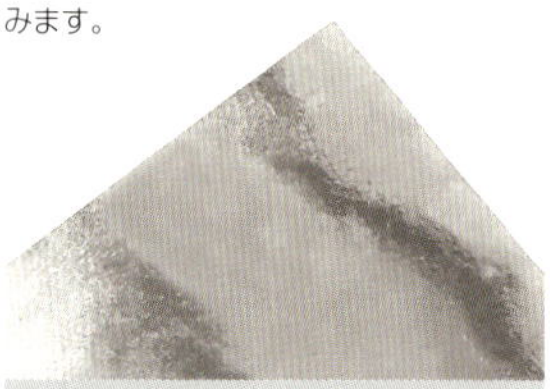

■ アルミ箔テープ（3M）

■ 透明アクリル板 0.5mm厚（光栄堂）

【店先アイテム】を作る

(1/24 scale)

駄菓子屋を取材中、実際にアイスケースに貼られていた、いい味わいの「おばちゃんの注意書き」。写真を撮ってきて、縮小コピーして貼りました。

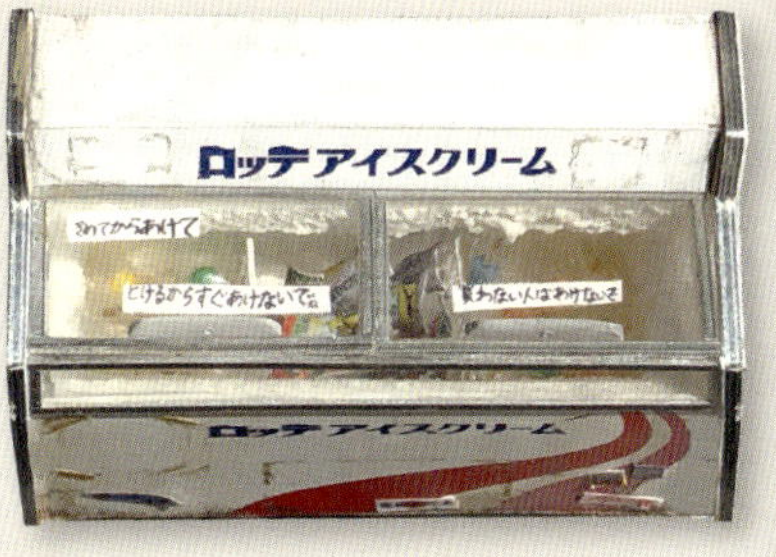

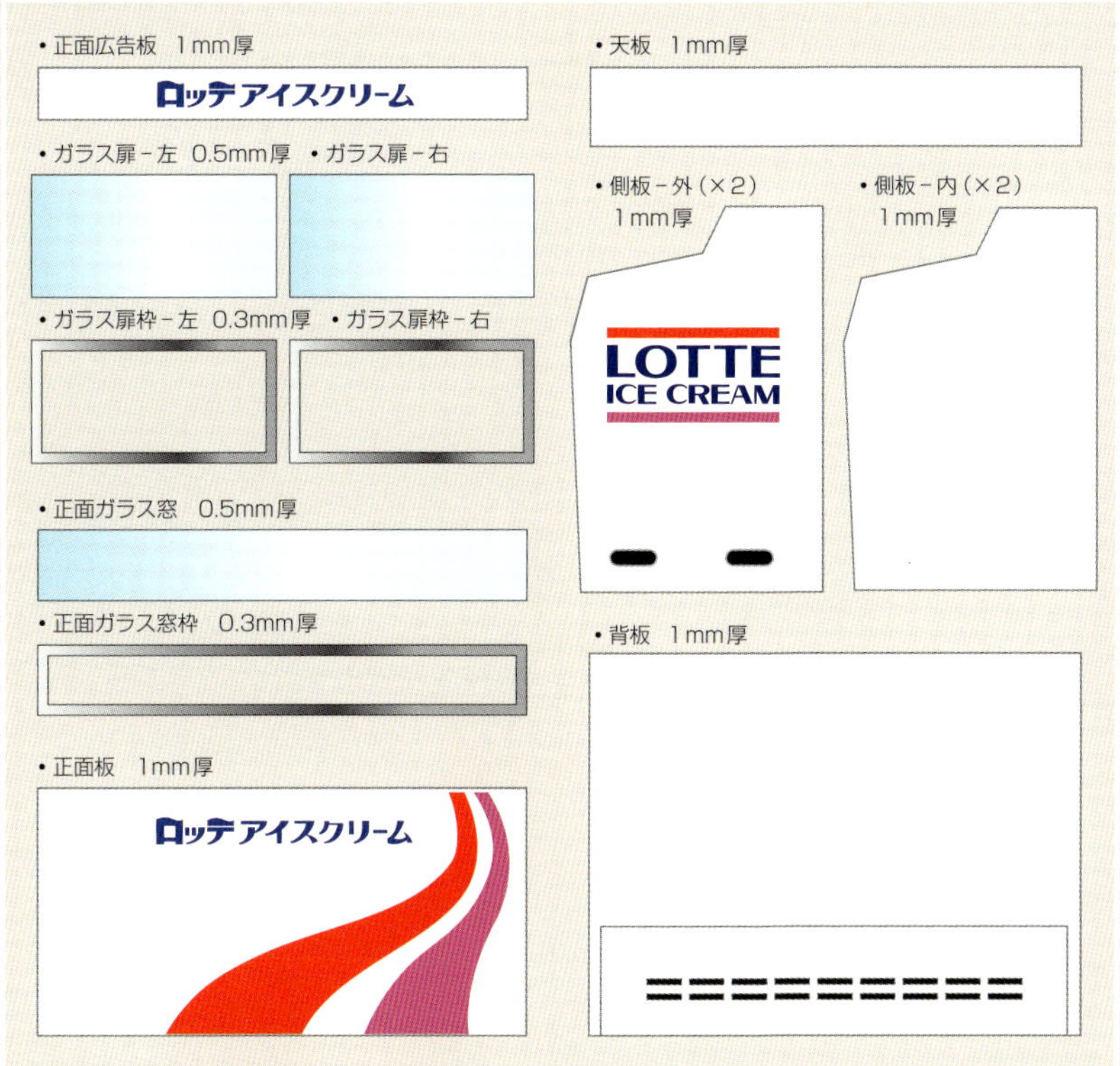

※底板の図面はありません

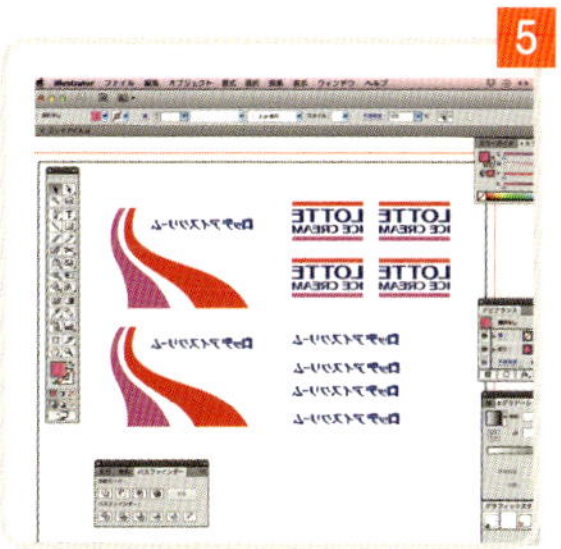

ロッテのロゴマークは、ネット検索で得たロゴを下敷きに、「Illustrator」を使って制作。それを左右反転させて、家庭用インクジェットプリンターで水転写シールを制作（詳しくはP88）。

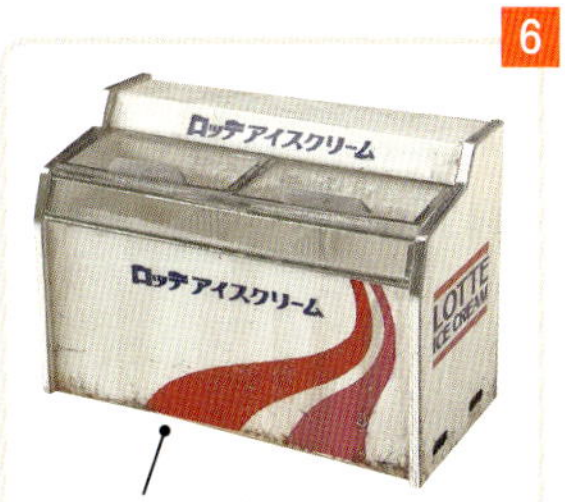

底板と足（丸棒）を最後に付けます

店先に置かれているアイスケースなので、汚し塗装は派手目に。足がぶつかったできたケース下の傷、地面からの湿気によるサビなど。タミヤのエナメル塗料の、フラットブラック、フラットブラウンを使用。

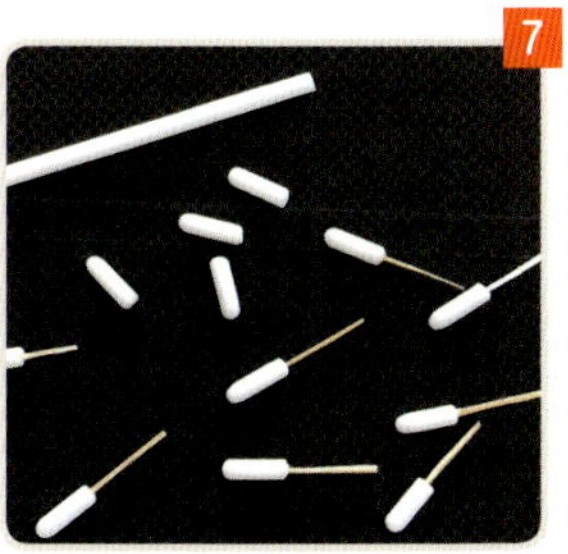

ケース内に入るアイスの制作。タミヤのプラ棒2mmΦの先端を丸く削り、長さ3mmで切断。その芯にピンバイスで穴を開け、0.3mm角に削ったヒノキを差してアイスの持ち棒まで再現します。

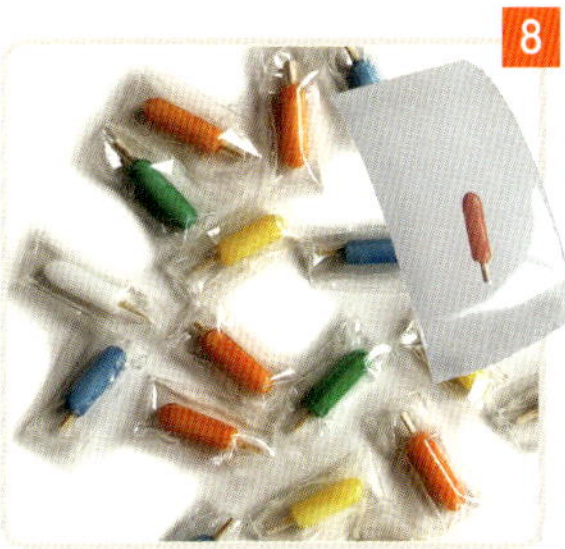

アイスの塗装は、ラッカー塗料のクリアー系（赤、青、緑、黄）を調色して。パッケージとして、セロハンテープの中央にアイスを置き、接着面を合わせて閉じ込めます。周囲を小さくカットして完成です。

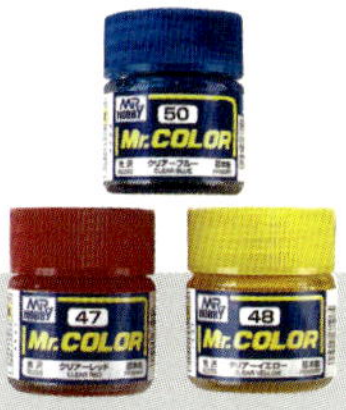

■ クリアー系ラッカー塗料（クレオス）

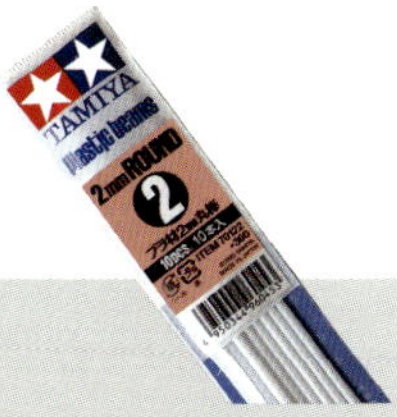

■ プラ丸棒2mmΦ（タミヤ）

■ エナメル塗料（タミヤ）

■ 自分で作る！デカールシール透明タイプ（A-one）

10円ゲーム「ピカデリーサーカス」

僕が人生初の「ギャンブル」に挑んだのは、熊本武道館の近くの商店前にあった、この「ピカデリーサーカス」でした。店に導入されたばかりのピカピカの最新鋭電子ゲーム機。それまでは、「投入した10円玉自体をバネで弾きながら遊ぶゲーム機」しかなかった駄菓子屋の店先に、さっそうと登場してきたブルーの筐体。ピカピカと光りが回転しながら電子音が鳴り響く最新のゲーム機に目が釘付けになりました。

遊び方がよくわからなかったのですが、10円玉を投入し、いちばん数が大きい「30」を押していざチャレンジ！ ピッピッという電子音が次第にゆっくりとなり止まるまでの時間は、それまで味わったことのないドキドキ感がありました。

結局、何度挑戦しても当たる気配がなくお金が吸い込まれていくこのゲームは、私に「ギャンブルは無駄にお金がなくなる」ことを教えてくれました。と言いつつも、今でも現役のこのゲーム機を見ると、あの頃の昂揚が蘇ります。

作例では、ルーレットの裏を黒い紙で遮光して、数字部分を切り抜き、LEDの光を透過させて光るようにしています。

1

左ページの図面をもとに、タミヤのプラ板1mm厚で制作。水平・直角に注意しながらタミヤの流し込み接着剤で組み立てます。塗装はラッカー系を使用して、エアブラシで。少しだけ退色したような色に調色するといいでしょう。

2

ルーレット部分は、左ページの図面の画像データを、インクジェットプリンターで光沢紙にプリント。内部に電飾を施した際に透けて見えるように、カッターで裏面を薄く剥いでおく。そして1の本体の内側から貼る。本体とこのプリントの間に透明塩ビ板0.5mm厚を挟むと、さらにリアルに！

3

正面左右の飾りモールは、プラ板0.3mm厚にアルミテープを貼り付け、表面に0.3mm間隔で軽く筋を入れたパーツを切り出し、それを貼って再現しました。この時代のゲーム機には、アクセントとしてこれがよく使われていました。

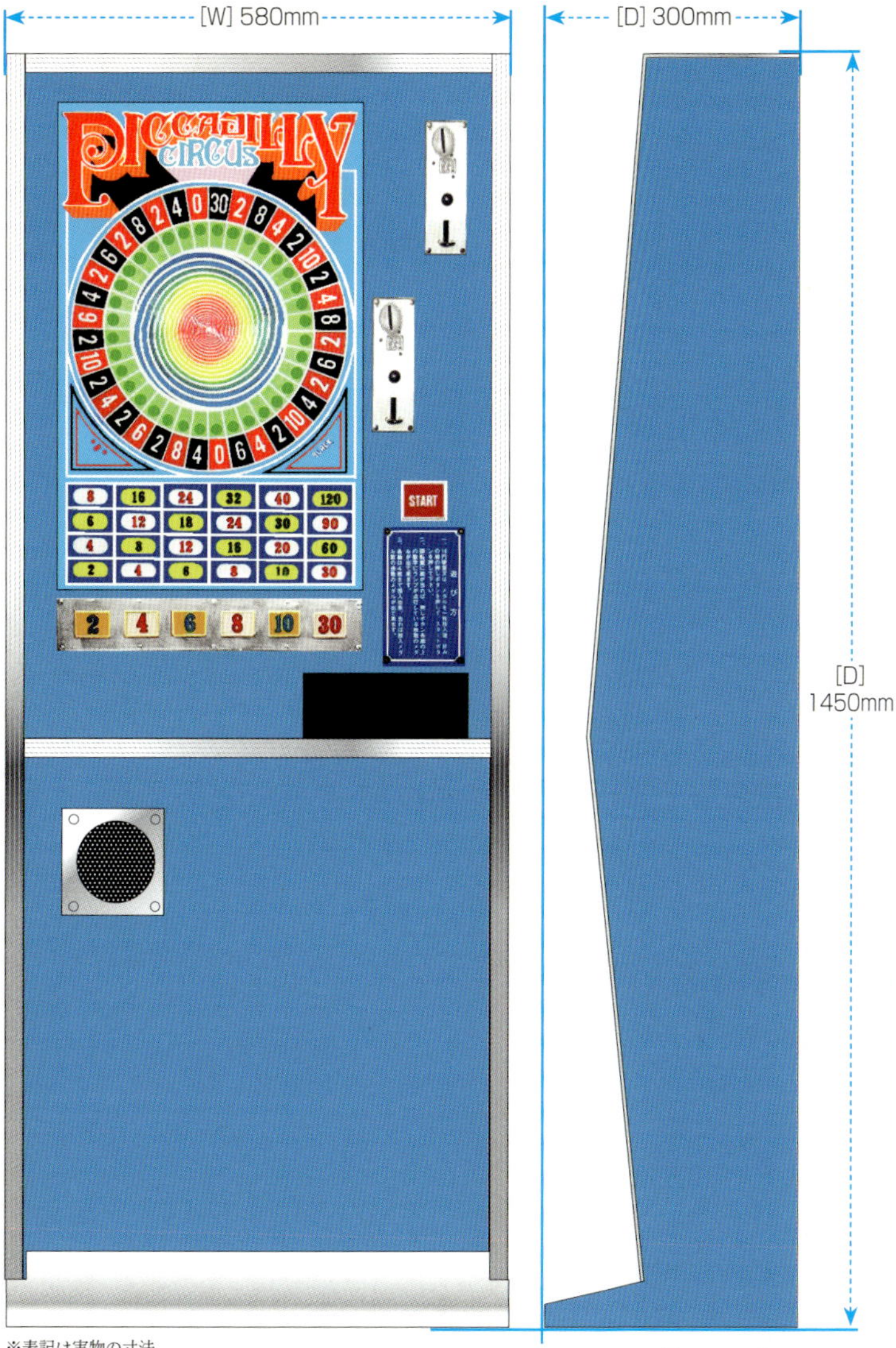

※表記は実物の寸法

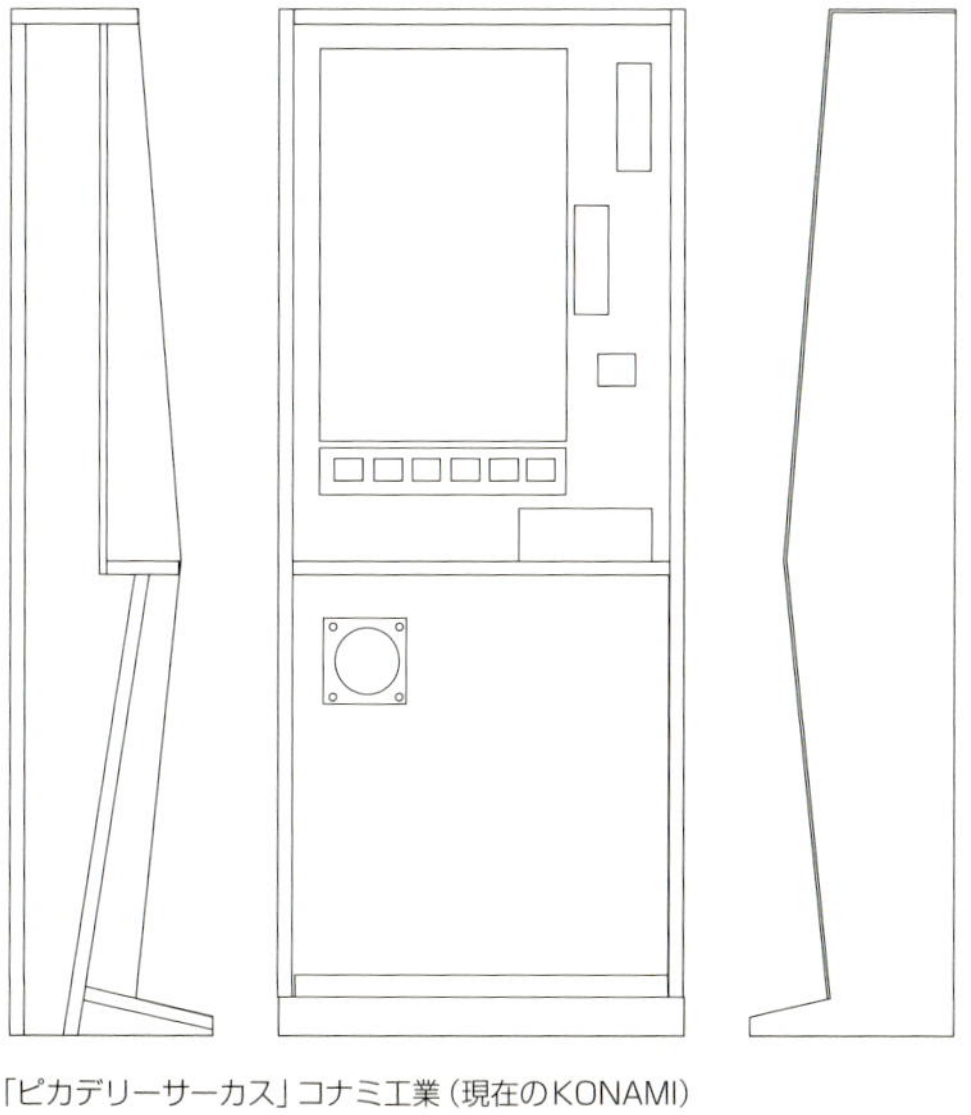

(1/12 scale)

(1/24 scale)

「ピカデリーサーカス」コナミ工業(現在のKONAMI)

スピーカー部分は、市販のエッチングパーツを丸く切り取ったものと、プラ板を丸く抜いたものを組み合わせて制作。四隅のネジを表現するため、シャープペンの先端を押し付けて彫刻。

ゲーム機の本体が合板でできているため、室外で置かれていると、雨水の影響や足がぶつかった傷などで板の下がめくれてくる状態が多く見られます。踏み板を取り付ける前に、前面板の下部表面を剥ぐようにしてカッターで傷を入れ、めくれた部分をベニヤ板の色(タミヤアクリル/タン色)で塗ると経年変化を再現できます。

4

ボタンやコイン投入口は、左の図面の画像データをインクジェットプリンターで写真光沢紙に数枚プリントして重ね立体的にしたものを貼っただけ。簡単にリアルな部品が作れます。

10円ゲーム「カーレース」

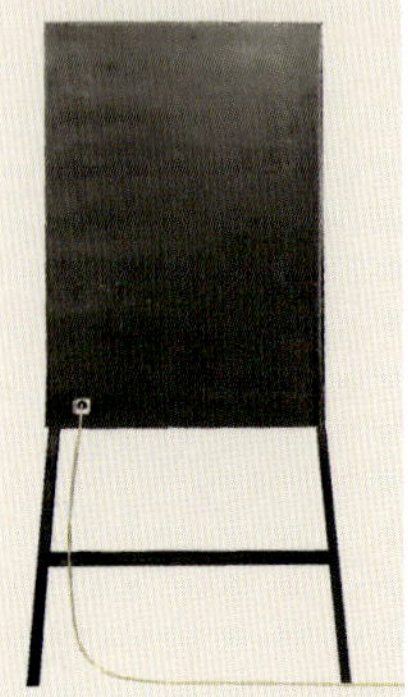

実際のゲーム機の裏面写真

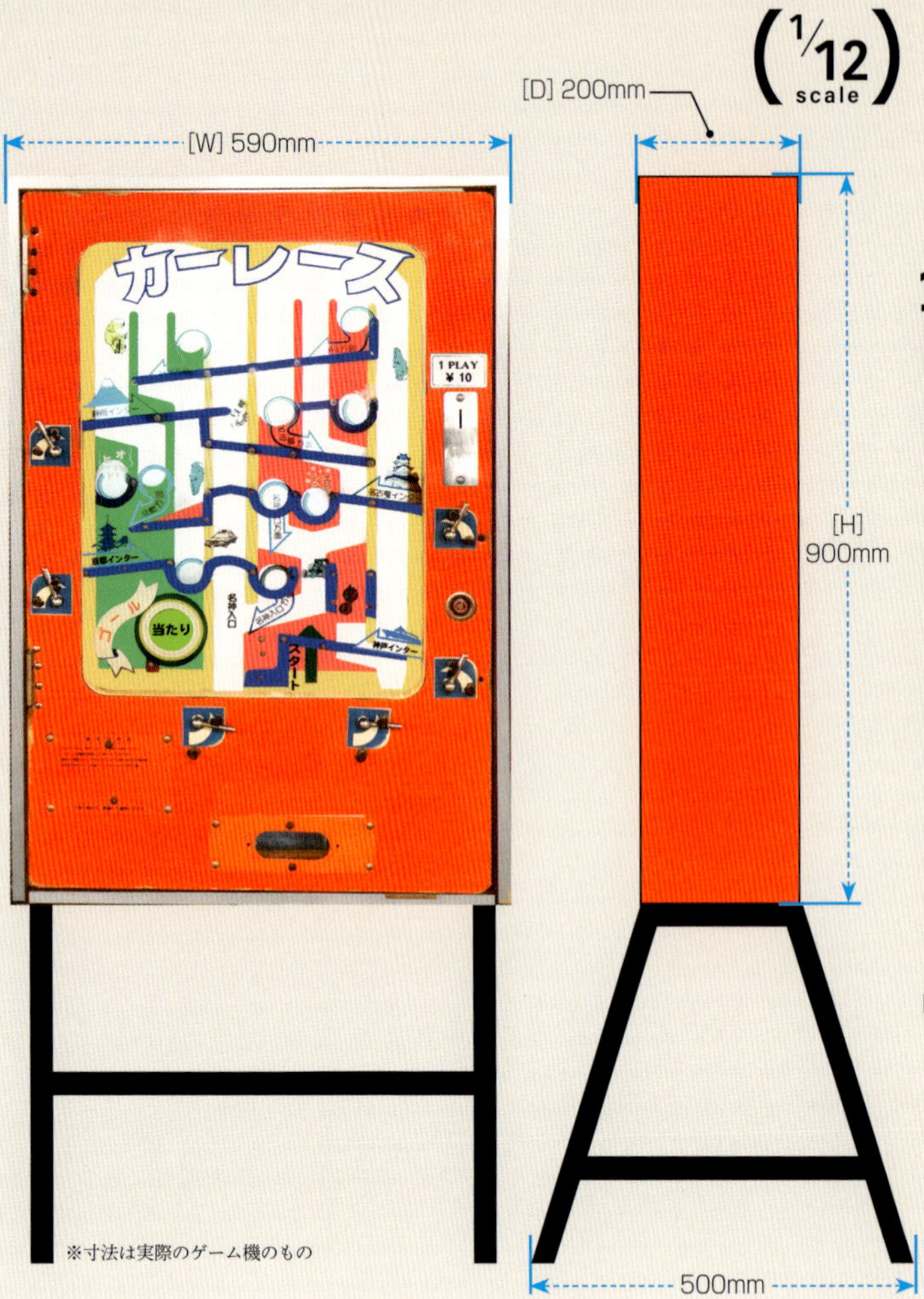

1 上記の図面をもとに本体を箱組みします。今回は、コーナーにRがついた窓はレーザーカッターで切り出しています。足は断面がL型になったプラ棒を使って組み立てます。

2 エアブラシを使って塗装。本体はラッカー塗料のオレンジ。野外に置かれていた想定で退色感を出したく、彩度を抑えたオレンジを選びました。足はツヤ消しブラックで。

3 ゲーム板部分は、上の絵を家庭用インクジェットプリンターで光沢紙にプリント。実際のゲーム機は内部に蛍光管が入っていて、ジオラマではLEDの電飾をします。その際の透過性をアップするため、紙を薄く削いで使用。

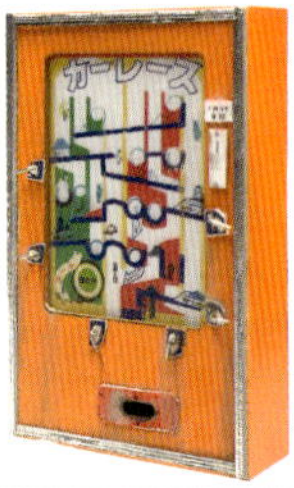

4 窓は、透明アクリル板0.5mmを使用し、裏面＝内側にゲームの絵を貼り付けます。コイン投入口やコインを弾くレバーの台紙は、印刷したものを貼って。ハンドルは、真鍮線0.3mm Φを L 字に曲げ差し込み接着しています。

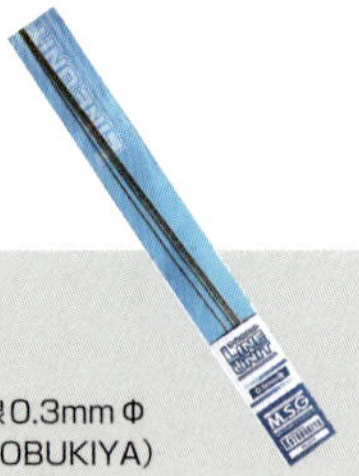

■ 真鍮線0.3mm Φ（KOTOBUKIYA）

■ インクジェット用光沢紙（富士フイルム）

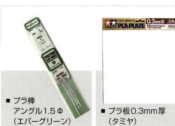

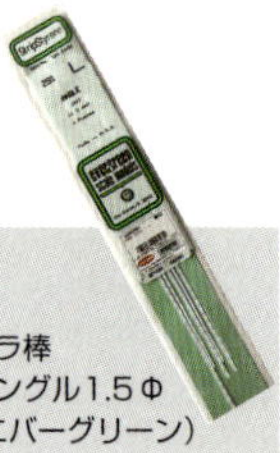

■ プラ棒 アングル1.5 Φ（エバーグリーン）

■ プラ板0.3mm厚（タミヤ）

■ 透明アクリル板 0.5mm厚（光栄堂）

いよいよ駄菓子屋の建物を作る準備に。
本格的な建築模型を作るわけではないにせよ、
日本の木造家屋には、
構造の一部が外部に見えているとか、
知ることでさらにリアルに仕上がる知識は重要です。
かみ砕いて「これだけは知っておこう！」を解説します。

【図 面】 ZU MEN を引く

アイデア展開

どんな駄菓子屋を作るかの構想を進める際、私の人生に影響を与えた思い出の駄菓子屋を振り返りながら、ヒントを探ってみました。こうやって記憶をひもといてみると、案外しっかりと覚えているもので、その地域にあった駄菓子屋は、私の成長に欠かせないものだったんだなぁと、あらためて気付きました。

⊙幼稚園の頃に通った駄菓子屋

［1970年代初頭／秋田市・中通り］

本書の「はじめに」で書いた、仮面ライダースナックを買った駄菓子屋。3～4歳の記憶なので、外観や内装は雰囲気でしか覚えていませんが、2階建ての典型的な商店建築で、入り口は重い木の扉。やさしいおばあちゃんが1人で経営していて、小学校も近かったので賑わっていました。

⊙小学校低学年の頃に通った駄菓子屋

［1970年代中盤／熊本市・水前寺町］

小学校1～3年生の頃に通った駄菓子屋で、うっすら覚えています。角地にあって、特に特徴のないモルタルの外観。横の街路樹が夏の日射しを遮り心地のいい場所でした。周囲に配置された10円ゲーム機が印象に残っています。よく、コスモスの20円ガチャガチャを回してチープトイを集めていました。

⊙小学校高学年の頃に通った駄菓子屋

［1970年代後半／鹿児島市・常盤町］

時代はスーパーカーブーム、ガンプラブームの頃で、駄菓子屋は悪友たちのたまり場でした。屋根が歪んだ平屋で、友人の間では「へもい駄菓子屋＝へもや」と呼んでいました（へもい＝へボい）。口のうるさいおばあさんがいて、いつも文句を言っているのが印象的でした。台紙に玩具が貼り付いた「吊るし玩具」が、天井からいくつもぶら下がっていたのが印象に残っています。

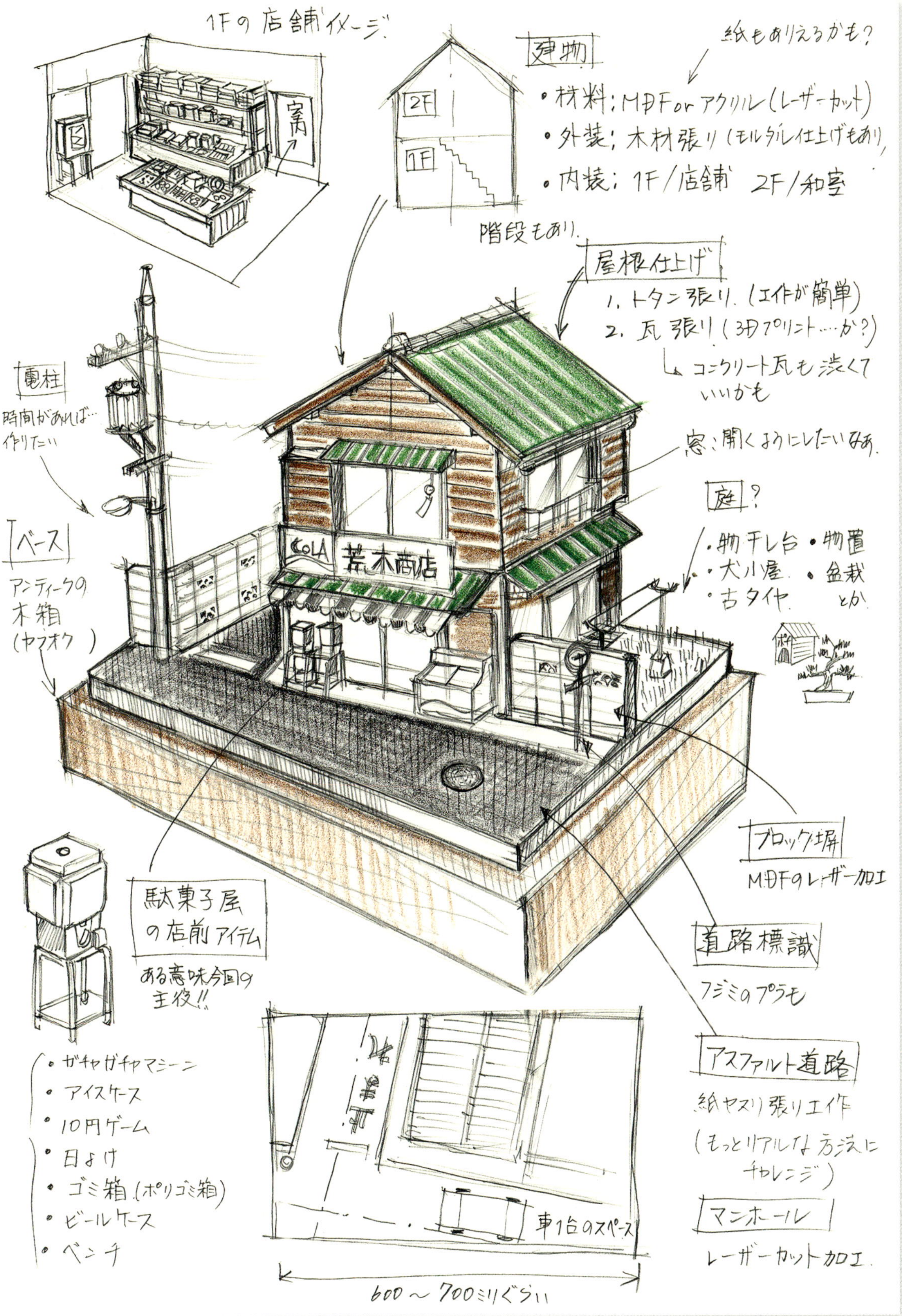
1Fの店舗イメージ
建物
紙もありえるかも？
・材料：MDF or アクリル（レーザーカット）
・外装：木材張り（モルタル仕上げもあり）
・内装：1F／店舗　2F／和室
2F
1F
階段もあり。
屋根仕上げ
1. トタン張り（工作が簡単）
2. 瓦張り（3Dプリント…か？）
コンクリート瓦も渋くていいかも
電柱
時間があれば…作りたい
窓：開くようにしたいなあ。
庭？
・物干し台　・物置
・犬小屋　・盆栽
・古タイヤ　とか
ベース
アンティークの木箱（ヤフオク）
COLA
荒木商店
ブロック塀
MDFのレーザー加工
駄菓子屋の店前アイテム
ある意味今回の主役!!
道路標識
フジミのプラモ
アスファルト道路
紙ヤスリ張り工作
（もっとリアルな方法にチャレンジ）
マンホール
レーザーカット加工
・ガチャガチャマシーン
・アイスケース
・10円ゲーム
・日よけ
・ゴミ箱（ポリゴミ箱）
・ビールケース
・ベンチ
車1台のスペース
600〜700ミリぐらい

基本寸法

駄菓子屋のジオラマを作る作業の最初の一歩、それは図面です。主役の建物＝どこにでもありそうな和風の商店建築をリアルに作るためには、日本の木造家屋の基礎を知らねばなりません！　ハリウッド映画に登場する日本の建物には、何かおかしな寸法比の屋根や内装に違和感を感じることが多々あります。それは、日本の木造家屋の長年の伝統技法により定まった基本寸法を無視しているからなのです。

そうならないように、寸法の基礎知識を押さえておけば、よりリアルな建物を作り出すことができます。ここでは、そのハードルを少しでも低くするために私がまとめた「簡単設計スケール」を使って、建物の外観設計図を書く方法を解説します。

日本家屋の平面の基準は畳のサイズ。そして高さの標準的な寸法は、左図のスケールをもとに作図していきます。コピーして厚紙に貼るなどしてお使いください。

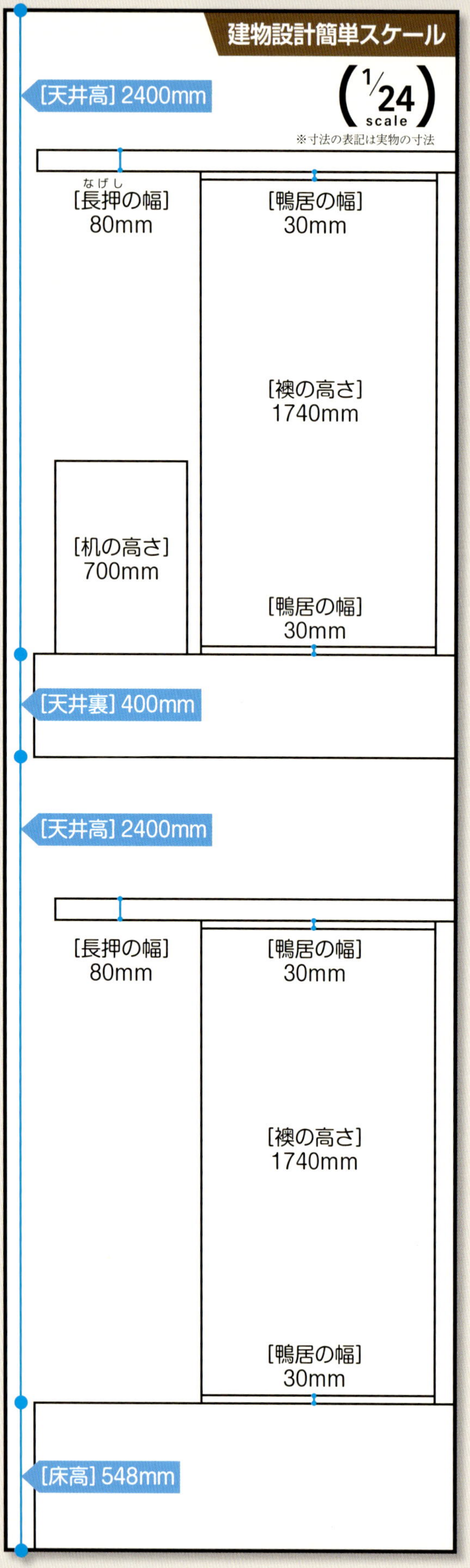

(1/24 scale)

※この図の大きさ

畳のサイズ

[W] 910mm

[D] 1820mm

※関東間、関西間、団地サイズ、などサイズにバラつきはあります。

床高の詳細（理想値）

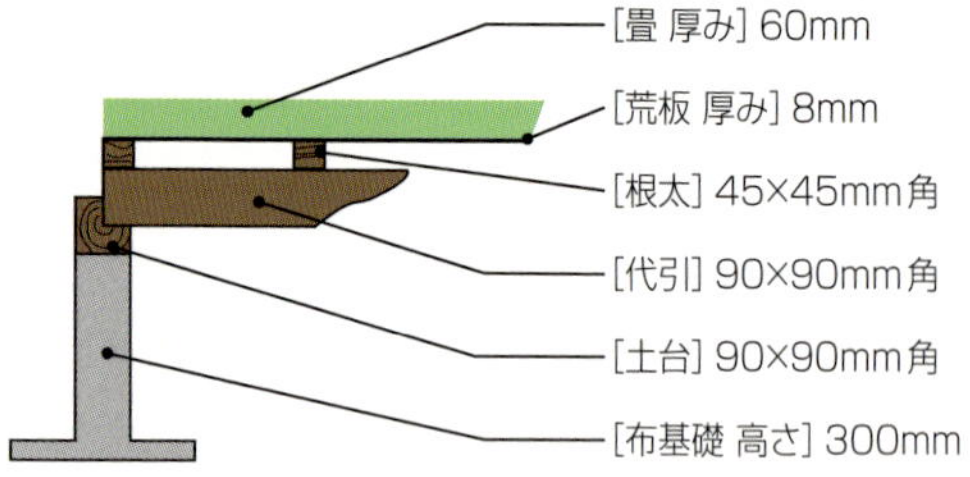

※基礎が低い事例もあります。

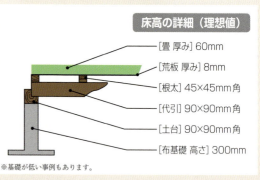

1

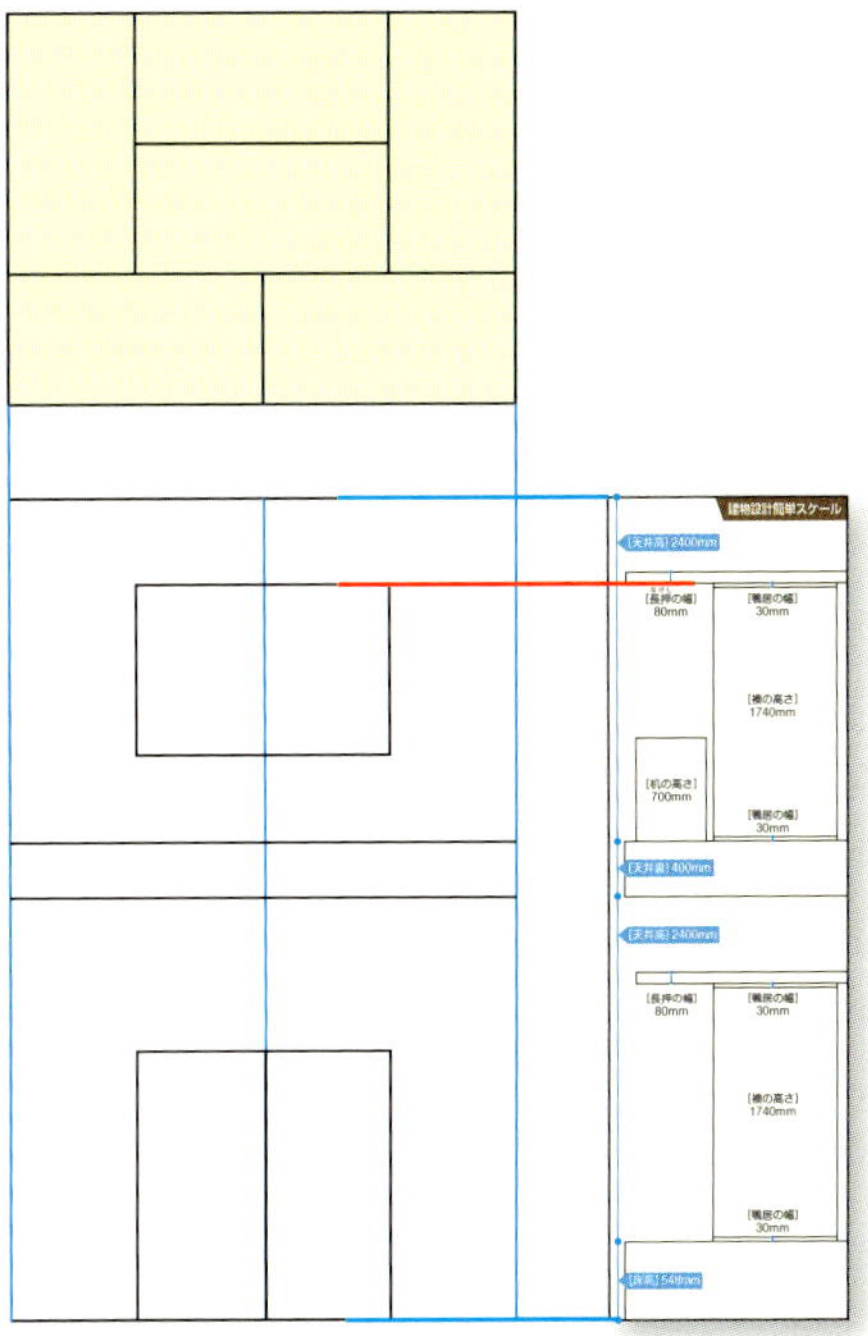

右ページの「建物設計簡単スケール」を使い、正面から作図を始めます。平面の大きさは六畳の寸法を基準に。窓の高さは長《なげ》押《し》の高さで。商店の入り口高さは、襖サイズの長手寸法と同じ1740mm。

2

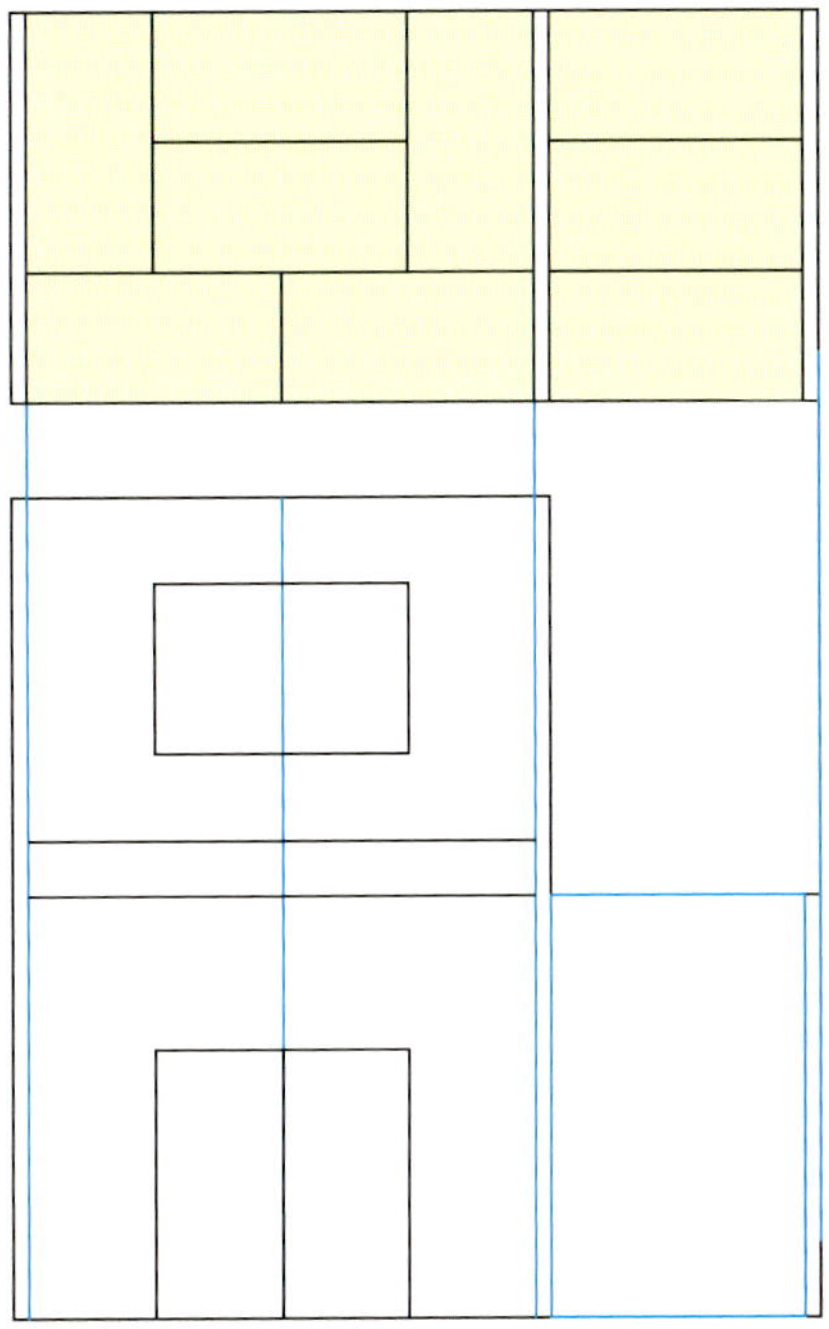

簡素な木造住宅に使用される柱は105×105mmの角材。1/24では4.6mm角。柱の厚みを設定し書き加えます。外観に変化をつけるために、1階店舗スペースに、関東の駄菓子屋ではよくある「もんじゃ焼き」用のテーブルが置ける、三畳の部屋も配置。

3

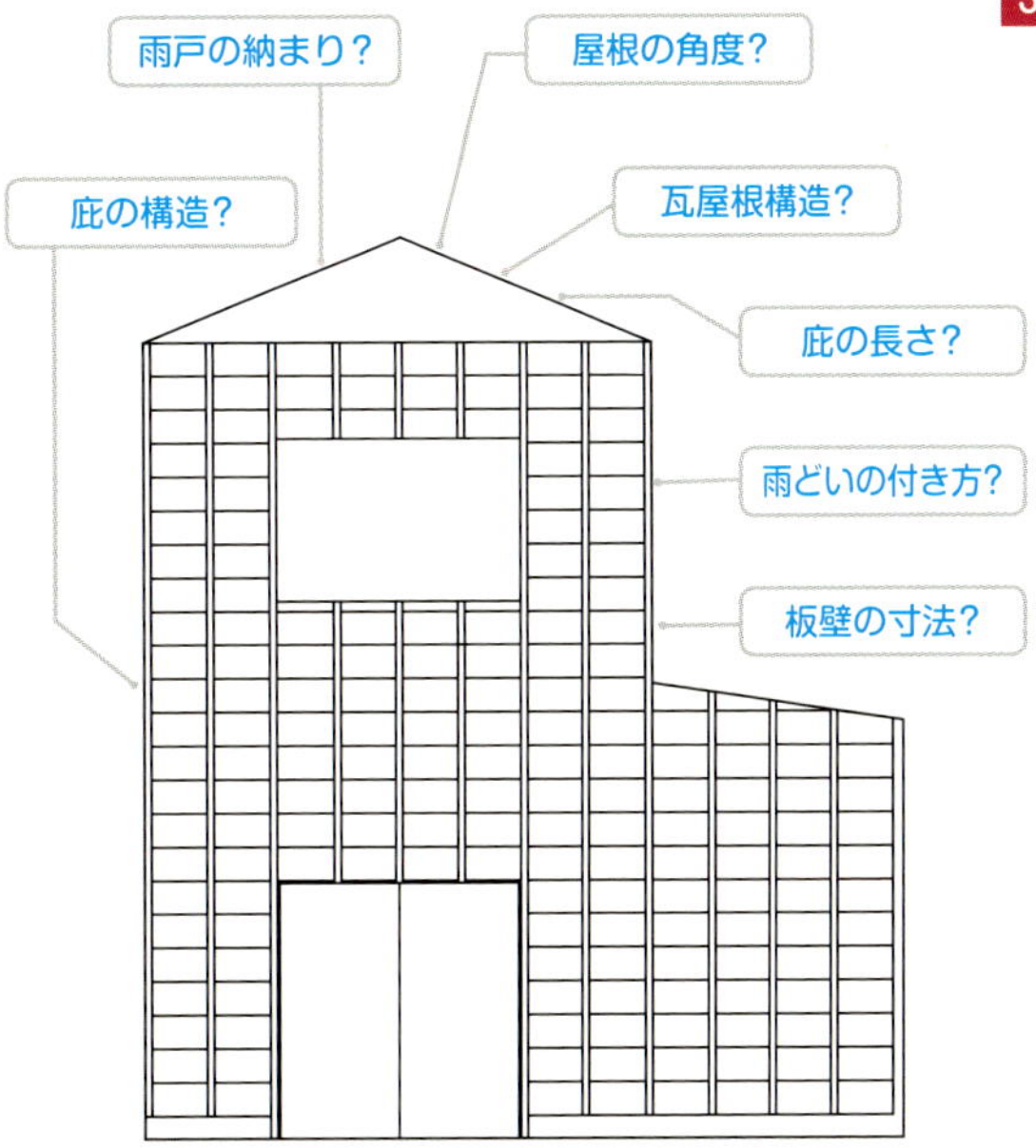

基本の外形図ができると、いよいよ外観の詳細の図面を書く行程です。しかし、日本家屋の基本的なルールを理解していないと、屋根の角度、軒の深さなどちょっとした寸法の設定だけでも手が止まってしまいます。この項目を書くきっかけになったのが上に挙げた疑問点。図面を書くために重要なポイントを、あとのページで詳細に解説していきます。

4

私は、図面を書くのに「Illustrator」を使っています。着色してから色の検討もできますし、あとで解説するレーザーカッター加工にも便利です。ちなみに、「Illustrator」がない場合でも、フリーソフトの「inkscape」が同様の機能を持っていることがわかりました。ウィンドウズでもMacでも使えます。↓ダウンロードサイト
https://freesoft-100.com/review/inkscape.php

屋根の知識

外観に大きな影響を及ぼす「屋根の話」

最近の住宅は、屋根の仕上げをシンプルにした「スレート仕上げ」と、天井高を確保するための「肩流れ屋根」が多くなりました。しかし、昭和の香りが素敵な木造建築では、三角屋根の瓦屋根を選びたい。屋根の仕上げ1つにしてもしっかりとした法則がありますので、ここでは知識メモとして様々な屋根の話を記しておきます。

屋根の角度には、雪が多い地方、台風が多い地方など、その土地特有の環境による仕様があります。もちろんそこには、建築家や工務店が選んだ「デザインの好み」や、できるだけ建築費を安く抑えたいなどの理由も加わります。場所や時代背景などジオラマの設定を深掘りすることで、さらにリアルな風景を産み出すことができます。

模型作りという視点で考えた場合、反復した造形が連続し、精度が求められる瓦屋根を作るのはとても時間がかかり、ハードルが高いのです。そこで、シンプルなトタン仕上げ屋根を選ぶのもクレバーな選択肢でしょう。自分のスキルに合わせて屋根の仕様を決めればOKです。

屋根の角度による雰囲気の違い

屋根の角度は4種類あり、[3寸・4寸・5寸・6寸]となっています。作例ジオラマでは、もっともポピュラーな5寸屋根を採用しました。角度がゆるいものは、雪の少ない地方の住宅やアパートで採用される角度で、仕上げ事例としては、トタンやコンクリートの屋根瓦が多いです。

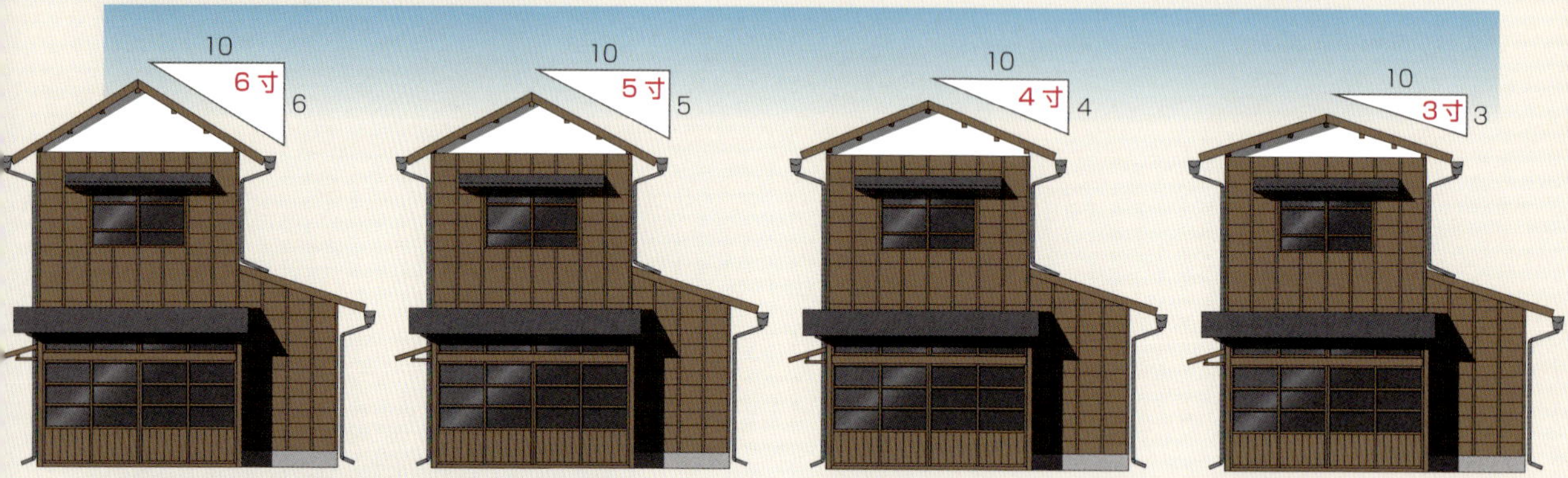

[上] 瓦の代用として使われたコンクリートの屋根瓦。ゴツゴツとした表面、経年変化が激しい様子が、模型映えしそうな題材。
[下] トタン仕上げの屋根。時間経過でサビが浮くので、塗装によるサビ表現の腕をふるうことができます。

◉屋根裏の換気口いろいろ

屋根裏の換気のために開けられた穴のカバーには様々な形状があります。戦前の住宅にはないことも多く、上記写真にもあるように、たんなるデザインとして付いている場合もあり、模型的にもいいアクセントとなる部分です。

1

[下《した》見《み》板《いた》張《ば》り]

横張りした板の上下をわずかに重ねて、垂直方向にわたした細い棒「押縁《おしぶち》」で押さえて固定する施工方法。薄くて安価な板材の組み合わせで防水の外壁を作れます。経年変化で退色した板や雨だれなどをエイジング塗装したくなる、模型映えする仕上げ。

2

[下見張り＋漆喰《しっくい》仕上げ]

屋根が設置される三角の外壁部分を漆喰で仕上げた施工パターン。1の茶色い木だけよりも軽くてさわやかな印象でまとまります。戦前から昭和30年頃まで長きにわたりポピュラーだった仕上げ方法。今回の作例では、これを採用しました。

3

[木張り＋漆喰]

戦後の木造建築で普及していった仕上げ方法です。製材された均一な木材が手に入りやすくなったことと、施工の際、外壁の板材の下に防水紙を張る工法ができたことから、安価で作れるようになり普及しました。

4

[モルタル仕上げ]

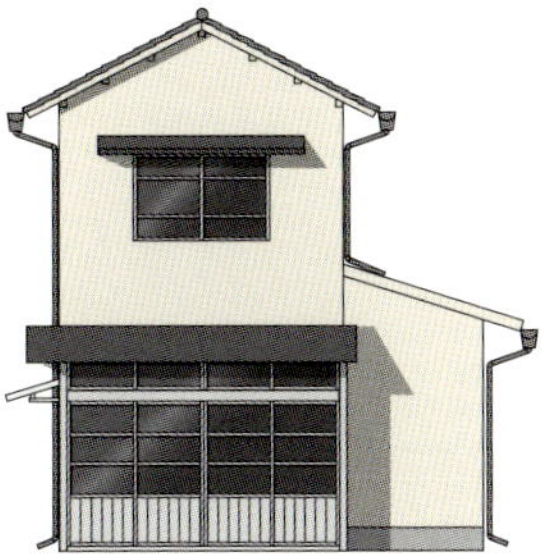

昭和初期から一部使われていたモルタル材による外観仕上げは、昭和40年代に急速に広まりました。現在、街に存在する木造住宅・アパート・商店で、もっともポピュラーな仕上げに。模型では、壁の素材に塗装すればいいだけなので、気楽にチャレンジ可能。

下《した》見《み》板《いた》張《ば》り

伝統的な日本建築の外観仕上げとして普及した「下見板張り」。鎧《よろい》の表面に似ていることから「鎧張り」の別名もあります。戦国時代の日本の城の外壁としても使われた歴史ある工法です。うろこ状に張られた板の凹凸によって美しい陰影ができ、とてもいい感じの壁の表情となります。

木を薄くスライスした板材を横方向に配置し、上下の板をわずかに重ねる「羽《は》重《がさ》ね」は、気温や湿気の変化が大きい日本の気候による木の収縮に柔軟に対応しながら、しっかり雨水の浸透を防ぎます。板の裏側はすぐに室内の漆喰の壁になります。

下見板張りにおける、押縁の間隔や板の寸法が知りたくて様々な建物を実測したのですが、寸法はまちまちで（同じ建物内でも！）、特に厳密な寸法のルールはないことがわかってきました。

▶城の外壁の下見板張りの例
（島根県／松江城）

▼戦前に立てられた長屋で
使われる下見板張りの事例
コーナー部の板張りの処理に注目。押さえ板（押縁）に板幅分の隙間を開けて板を張り始めたことがわかる。角に見えているのは建物の構造の柱。東京都杉並区で撮影。

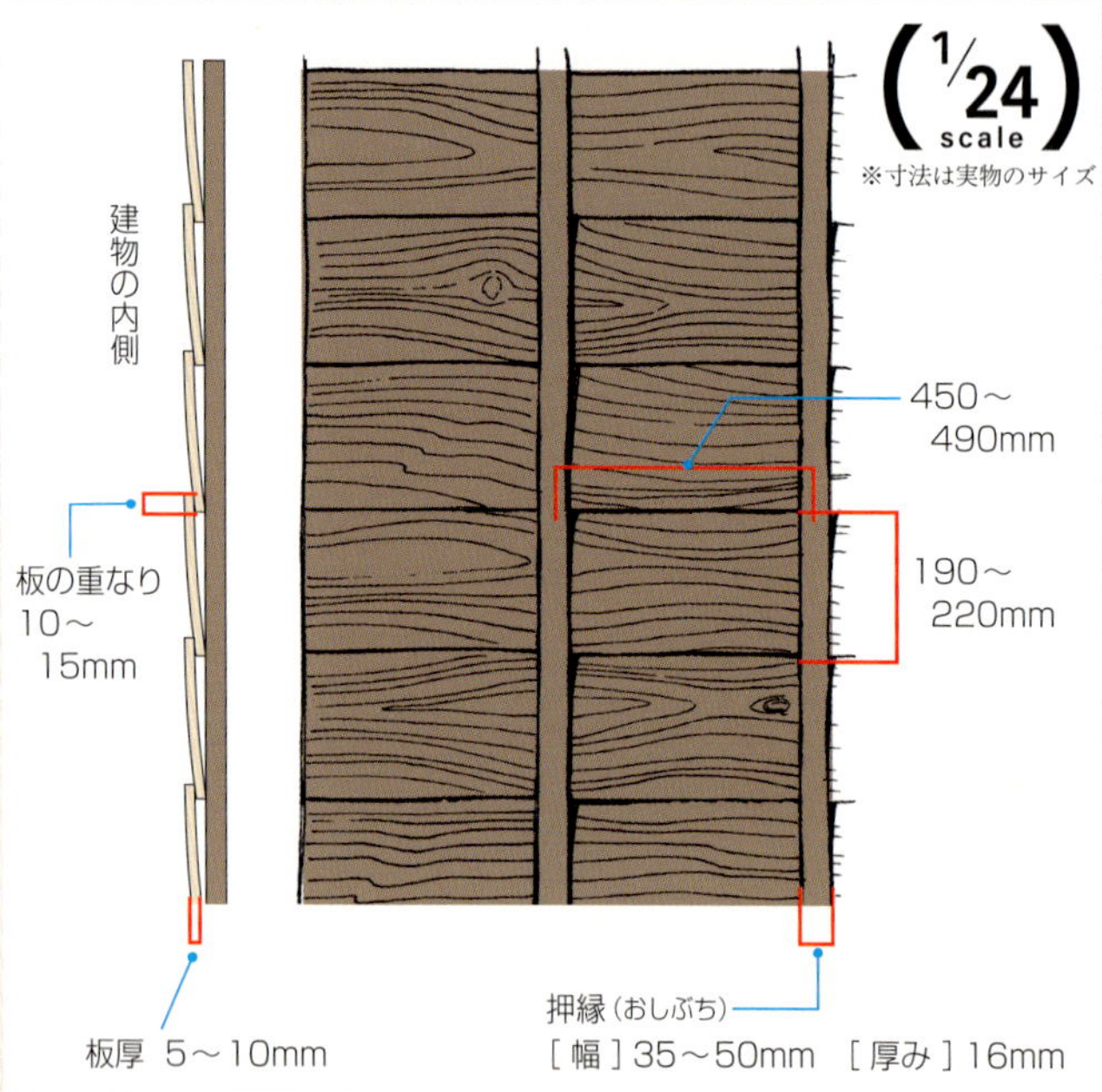

［ 押縁下見（おしぶち・したみ） ］
一般的な押縁は、棒材を釘で押しつけて固定するのみ。横から見ると三角形の隙間がわかる。固定の釘は、一般的な、頭が丸いものを使用。

［ 簓子下見（ささらこ・したみ） ］
板張りの段差に隙間ができないようにする仕上げ方法では、合わせてカットする押縁を「簓子（ささらこ）」と呼ぶ。固定の釘は頭が四角い「和クギ」を使用。岡山県倉敷市の美観地区で撮影。

軒《のき》

屋根が建物の壁よりはみ出した部分＝「軒」という存在。建築の仕上げによってはここに化粧板を張って「軒天《のきてん》」を作る仕上げもありますが、庶民的な木造住宅では、屋根の構造体である「垂木《たるき》」が露呈している仕上げが一般的です。

ということは、その垂木の太さや施工間隔などの知識も得る必要に迫られます。リアルなジオラマ制作は、常に「知る」が重要です（そこが面白いのです！）。

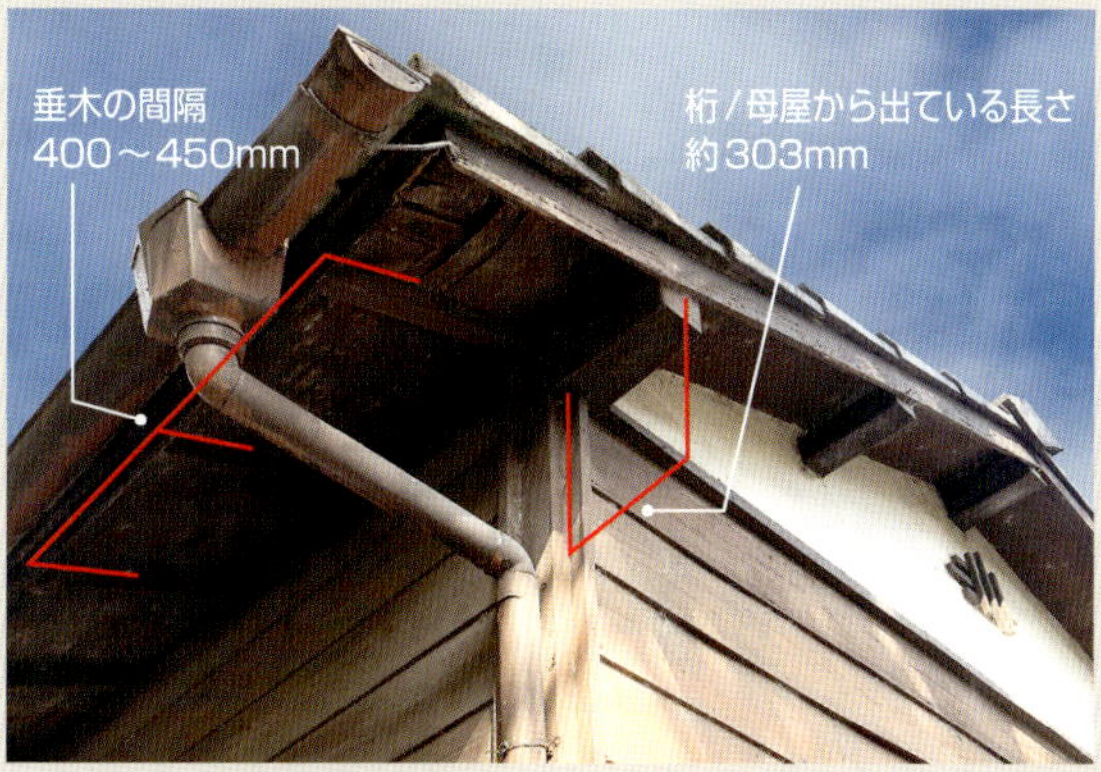

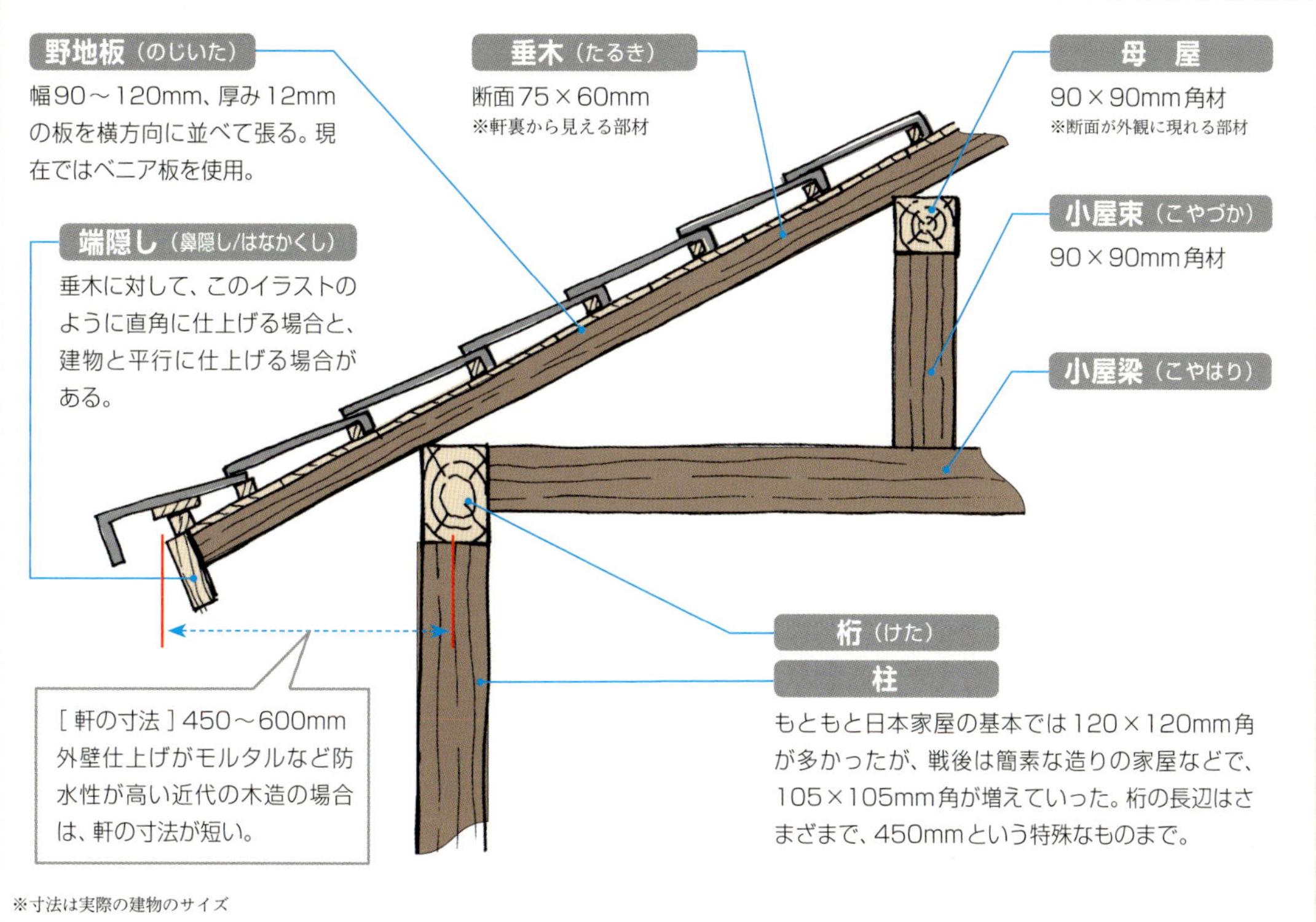

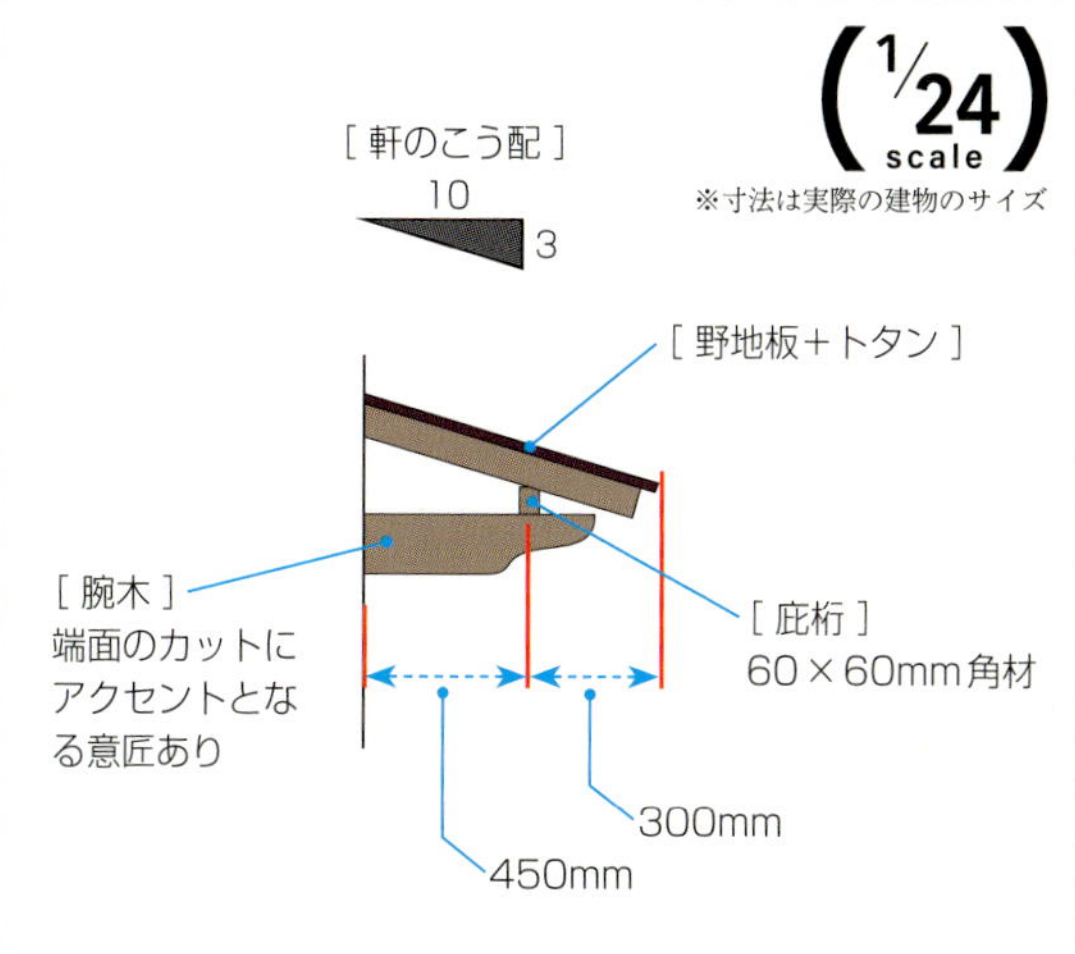

窓や出入口の上部にある「庇」の構造と寸法。屋根の仕上げは瓦やトタン葺《ぶ》き。野地板に垂木（庇桁《ひさしげた》）を組み合わせた構造は屋根とよく似ています。

平面図

建物の作図をする際に、紙の上だけで考えていても構想はなかなかまとまりません。

そこで、私は、ダンボールやスチレンボードを使ってその都度簡単な立体を作り確認しながらアイデアをまとめるようにしています。いわばジオラマの試作品を作るようなもの。これをしっかり行なうと、立体の確認が明確にでき、平面図もこのモックアップ（試作品）を見ながらだと書きやすくなります。

さらに立体を作るメリットがほかにもあります。モックアップを外に持ち出して日光の下で眺めてみると、建物に光が当たり、窓から光が射し込み、実際に作るジオラマの完成した姿を前もって感じられます。そして写真を撮って客観的に見て、実在していそうな街の風景を妄想するのです。

木造の日本家屋の柱は、1階と2階につながる「通し柱」が多数あります。そのため、部屋や窓の位置など、上下の立体構造のつじつまが合うように設計していかなければなりません。

試作品を作り試行錯誤をくり返しながら、今回の駄菓子屋の「平面プラン」を決定。2階の六畳間を基準にして、店の広さを決めました。駄菓子屋さんの店内はコンパクトな広さ。建物はすべて再現せずに、階段を断面で見せるアイデアとして、上下の構造を考えながら、トイレや押し入れを配置。どうしても押し入れの後部に空間が余ってしまい、他の部屋との差別化の意味もあり、風呂場の一部とすることを思いつきました。

STEP 1 モックアップ制作

野外で撮影して、ジオラマの見え方や、どこを再現するかを確認、妄想がふくらみます。

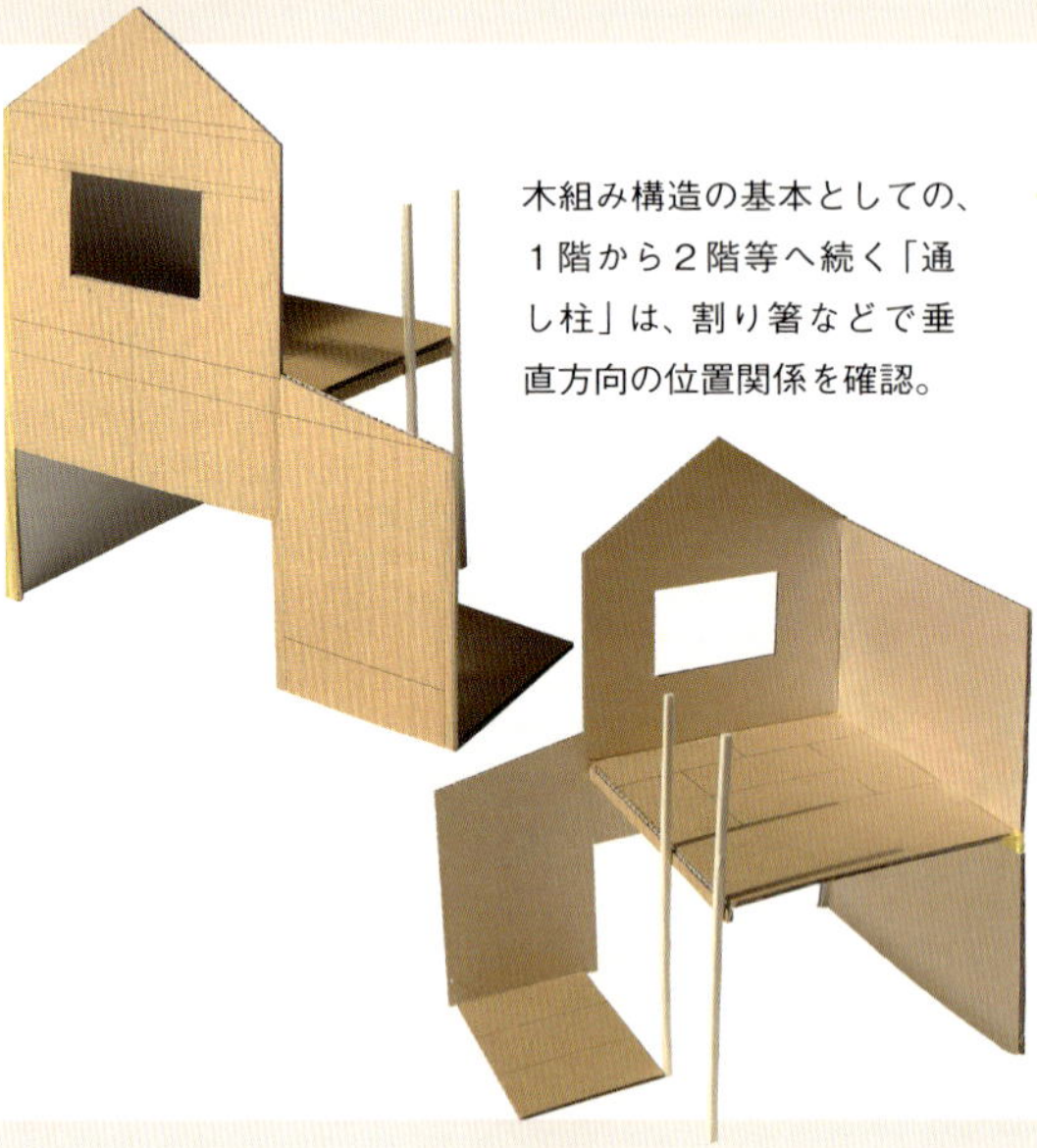

木組み構造の基本としての、1階から2階等へ続く「通し柱」は、割り箸などで垂直方向の位置関係を確認。

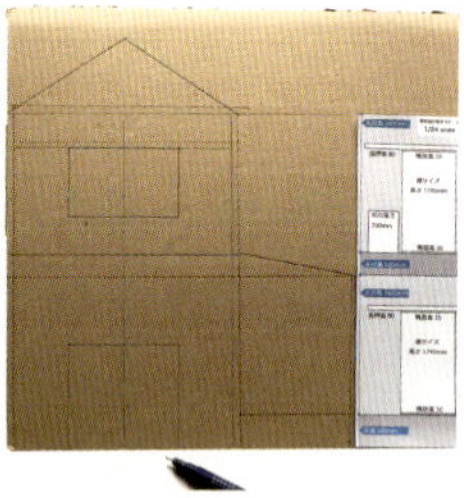

P58の［建物設計簡単スケール］を使い、ダンボールに家の外形ラインを作図して、立体を作ります。検討用なのでしっかりと作る必要はありません。

STEP 2 外観デザイン検討

平面を考えつつ同時に行う、建物のデザイン検討の事例。
平面と立面をくり返し見ながら、制作の仕様を決定します。

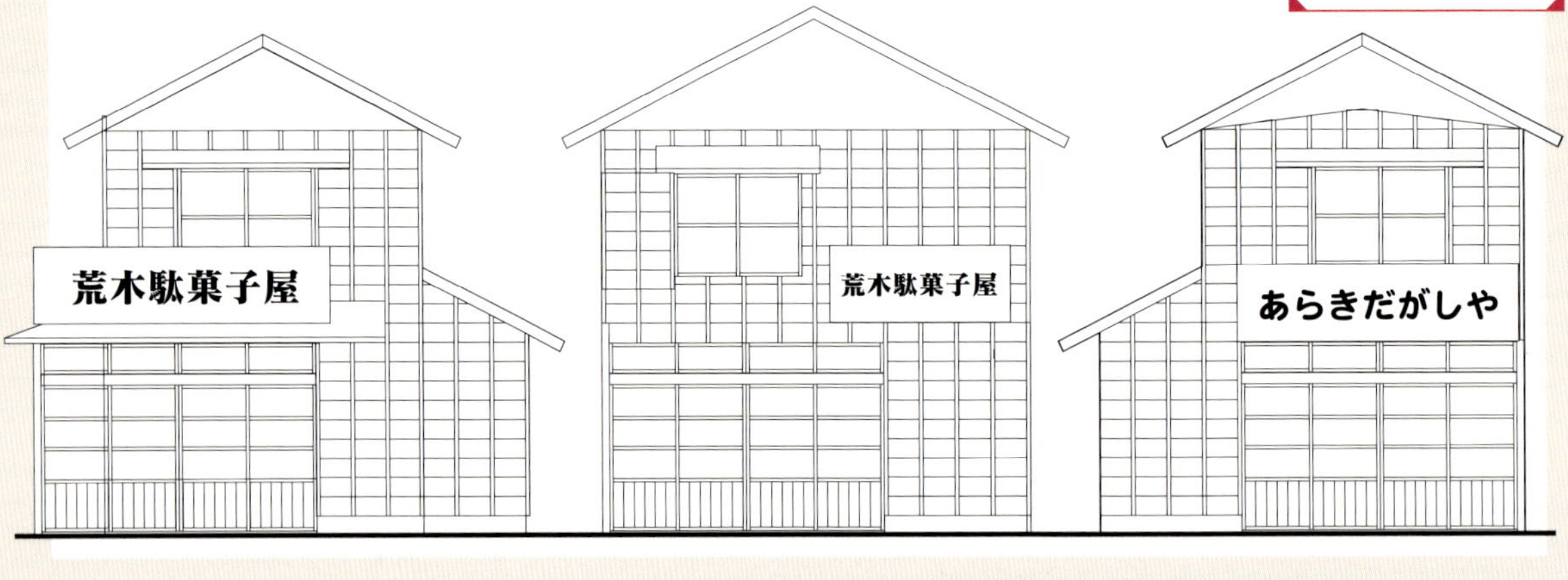

STEP 3
平面プラン検討

平面図を進めながら、そこで再現すべき家具や建物の仕様など、アイデアや調査メモをこんな感じで書き込んでいきます。

※この図面＝1/48
2倍にすると➡1/24
4倍にすると➡1/12

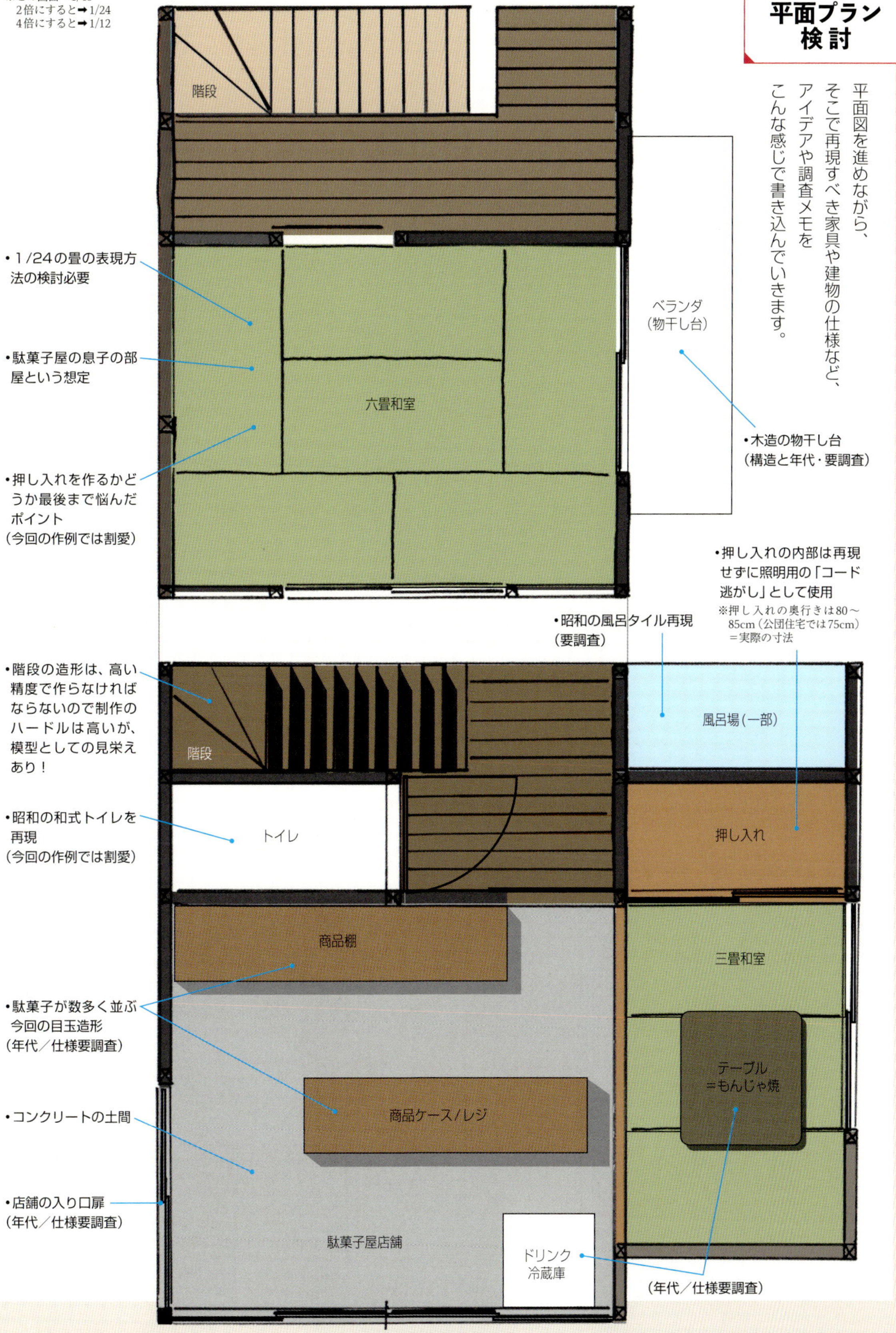
階段
六畳和室
ベランダ
（物干し台）
階段
風呂場（一部）
トイレ
押し入れ
商品棚
三畳和室
テーブル
＝もんじゃ焼
商品ケース／レジ
駄菓子屋店舗
ドリンク
冷蔵庫
•1/24の畳の表現方法の検討必要
•駄菓子屋の息子の部屋という想定
•押し入れを作るかどうか最後まで悩んだポイント
（今回の作例では割愛）
•木造の物干し台
（構造と年代・要調査）
•押し入れの内部は再現せずに照明用の「コード逃がし」として使用
※押し入れの奥行きは80～85cm（公団住宅では75cm）＝実際の寸法
•昭和の風呂タイル再現
（要調査）
•階段の造形は、高い精度で作らなければならないので制作のハードルは高いが、模型としての見栄えあり！
•昭和の和式トイレを再現
（今回の作例では割愛）
•駄菓子が数多く並ぶ今回の目玉造形
（年代／仕様要調査）
•コンクリートの土間
•店舗の入り口扉
（年代／仕様要調査）
（年代／仕様要調査）

外観図

木造建築の基本寸法をもとに描き上げた外観図

今回制作する駄菓子屋のスケールは１／24。これは、特撮映画のミニチュアセットで作られる標準的なスケールの１／25に近く、ドールハウスの標準スケール１／12の半分。つまり、いろいろと応用できるスケールとして採用しました。

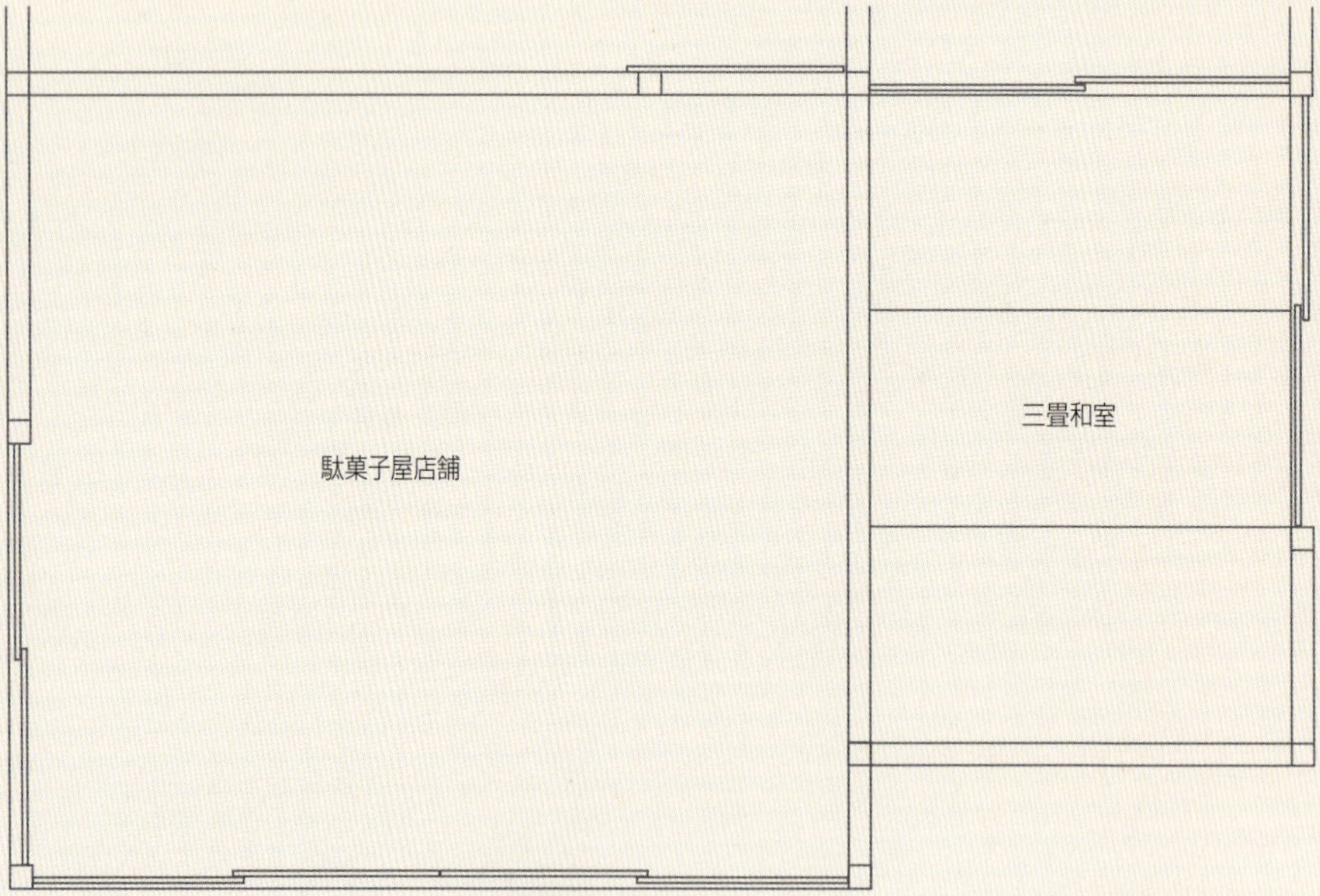

【図　面】を引く

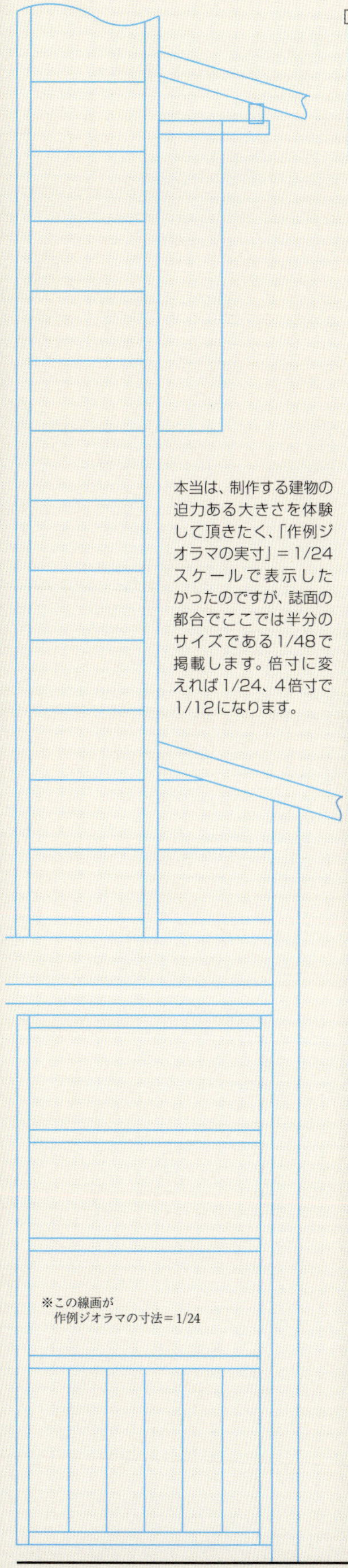

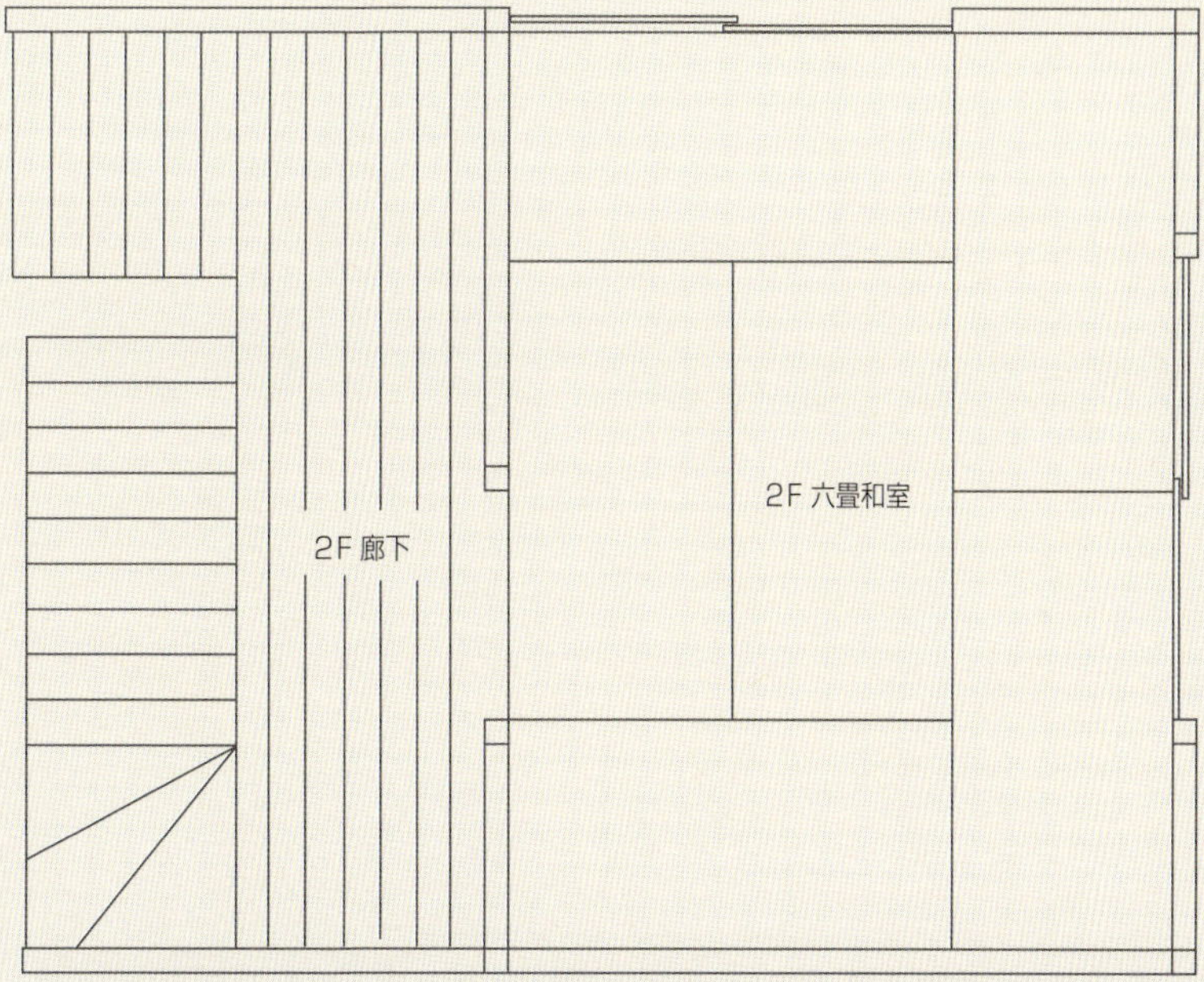

本当は、制作する建物の迫力ある大きさを体験して頂きたく、「作例ジオラマの実寸」＝1/24スケールで表示したかったのですが、誌面の都合でここでは半分のサイズである1/48で掲載します。倍寸に変えれば1/24、4倍寸で1/12になります。

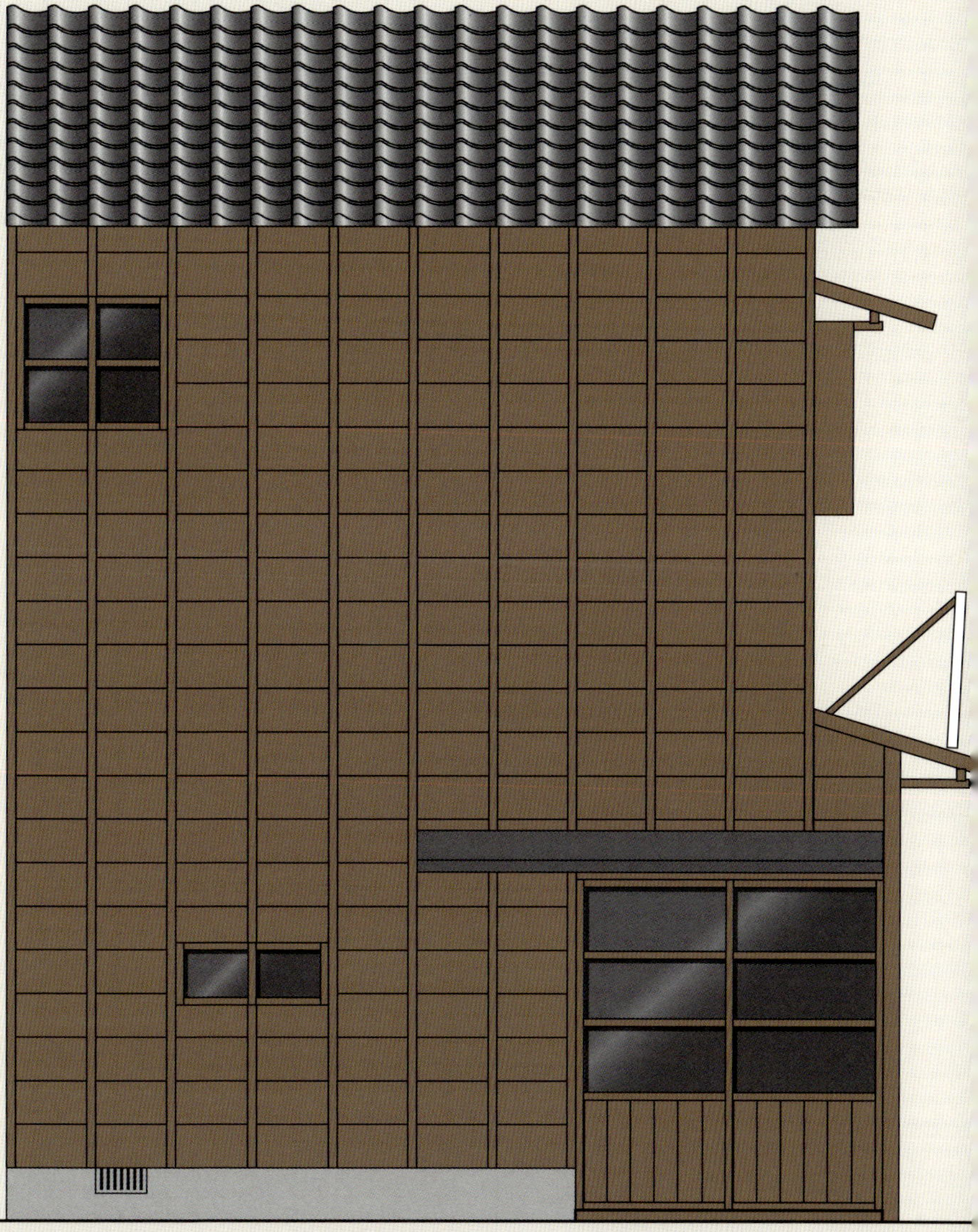

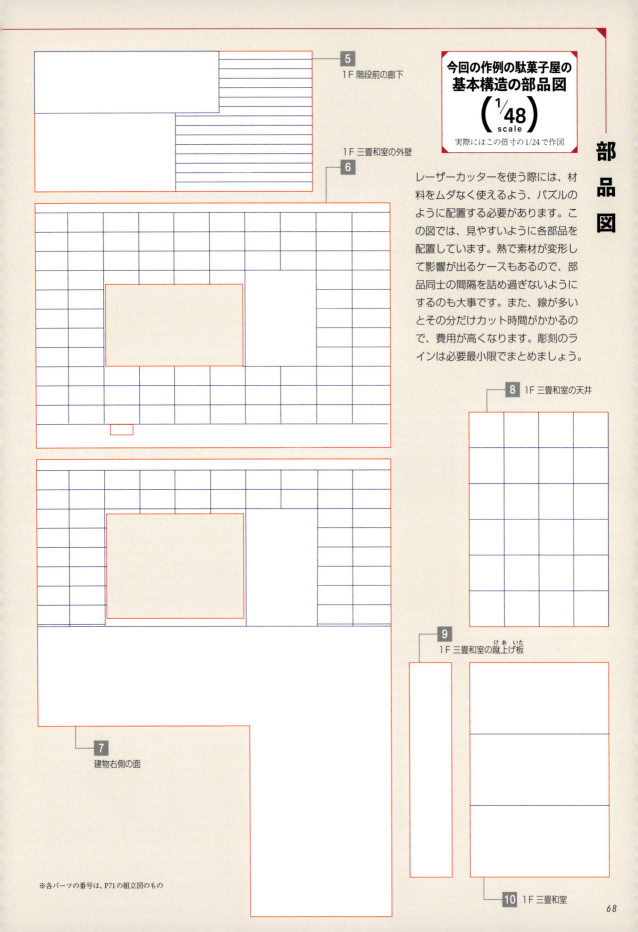

今回の作例の駄菓子屋の基本構造の部品図

(1/48 scale)

実際にはこの倍寸の1/24で作図

レーザーカッターを使う際には、材料をムダなく使えるよう、パズルのように配置する必要があります。この図では、見やすいように各部品を配置しています。熱で素材が変形して影響が出るケースもあるので、部品同士の間隔を詰め過ぎないようにするのも大事です。また、線が多いとその分だけカット時間がかかるので、費用が高くなります。彫刻のラインは必要最小限でまとめましょう。

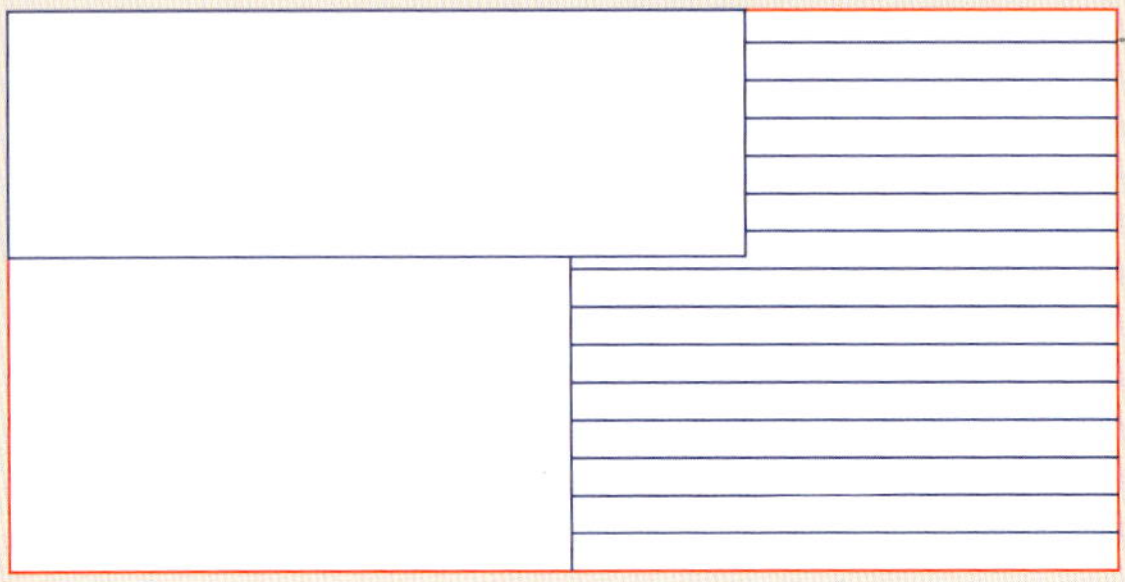

5 1F 階段前の廊下

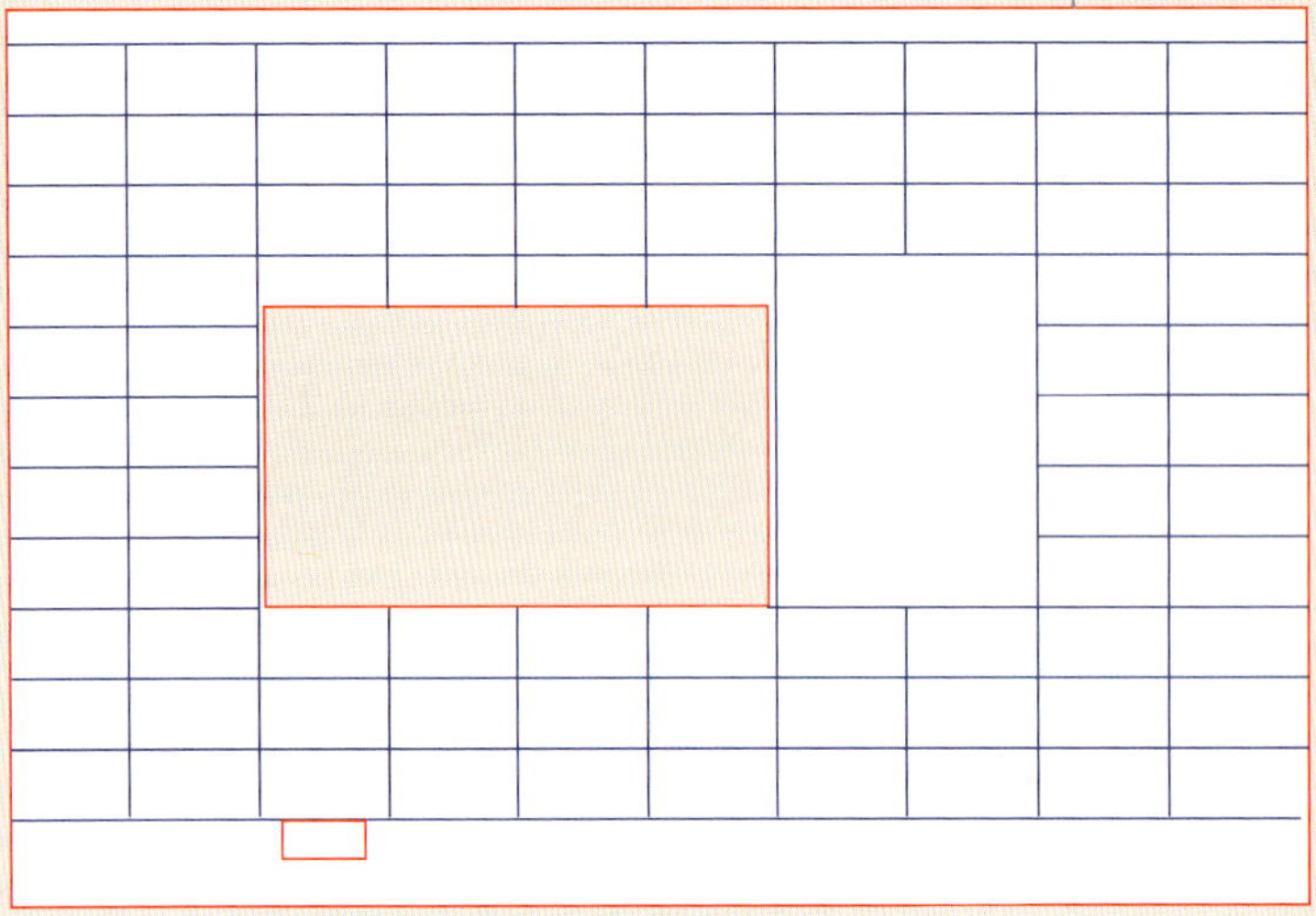

6 1F 三畳和室の外壁

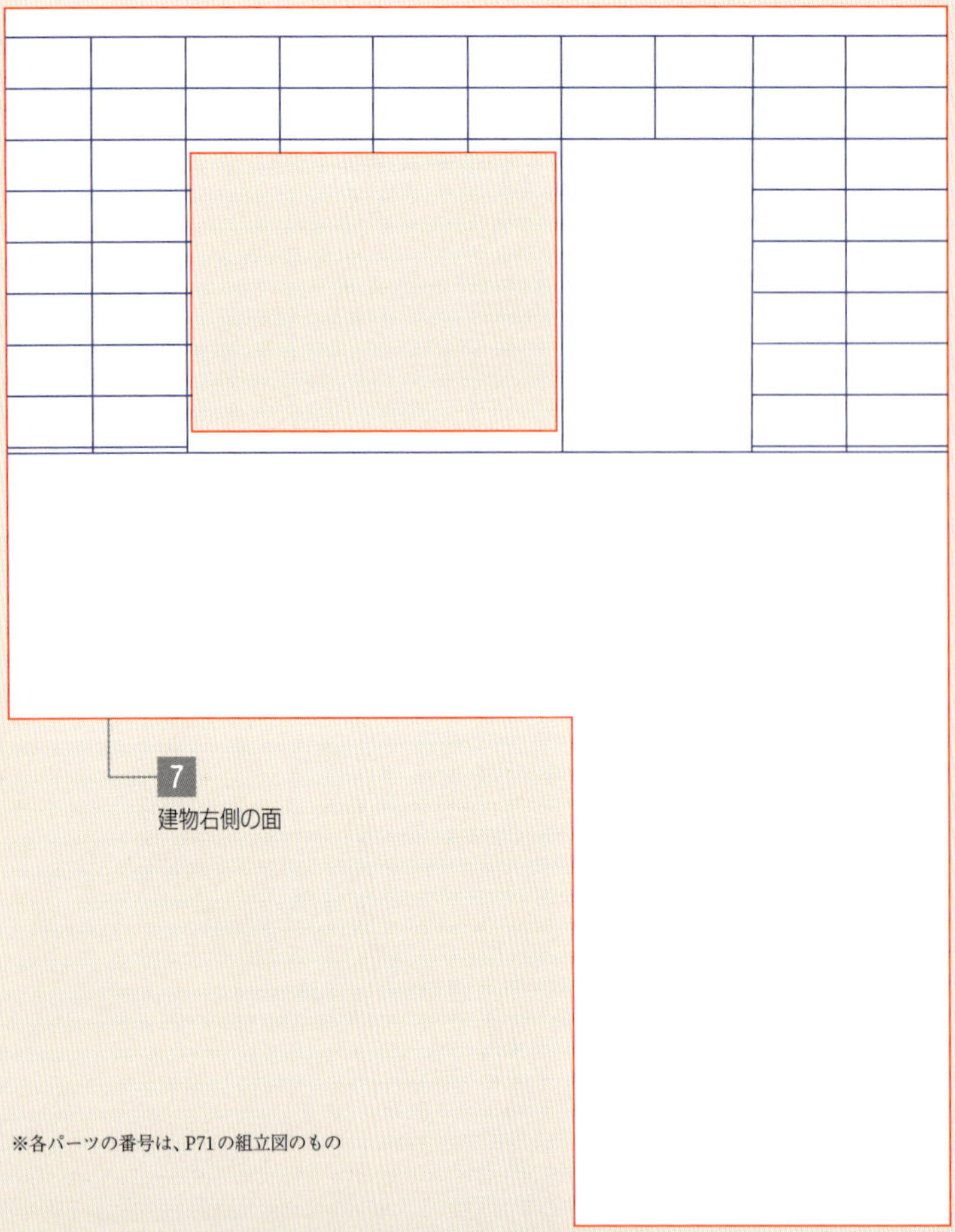

7 建物右側の面

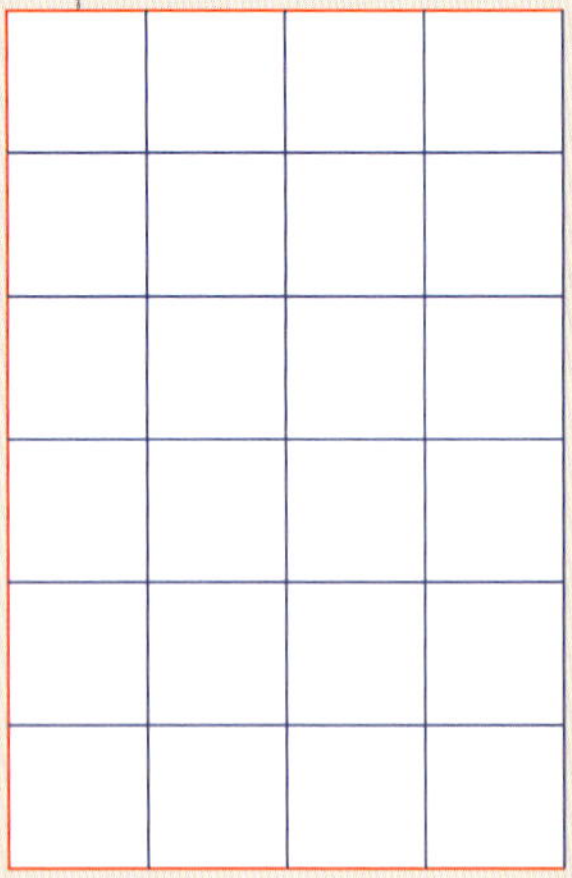

8 1F 三畳和室の天井

9 1F 三畳和室の蹴《け》上《あ》げ板《いた》

10 1F 三畳和室

※各パーツの番号は、P71の組立図のもの

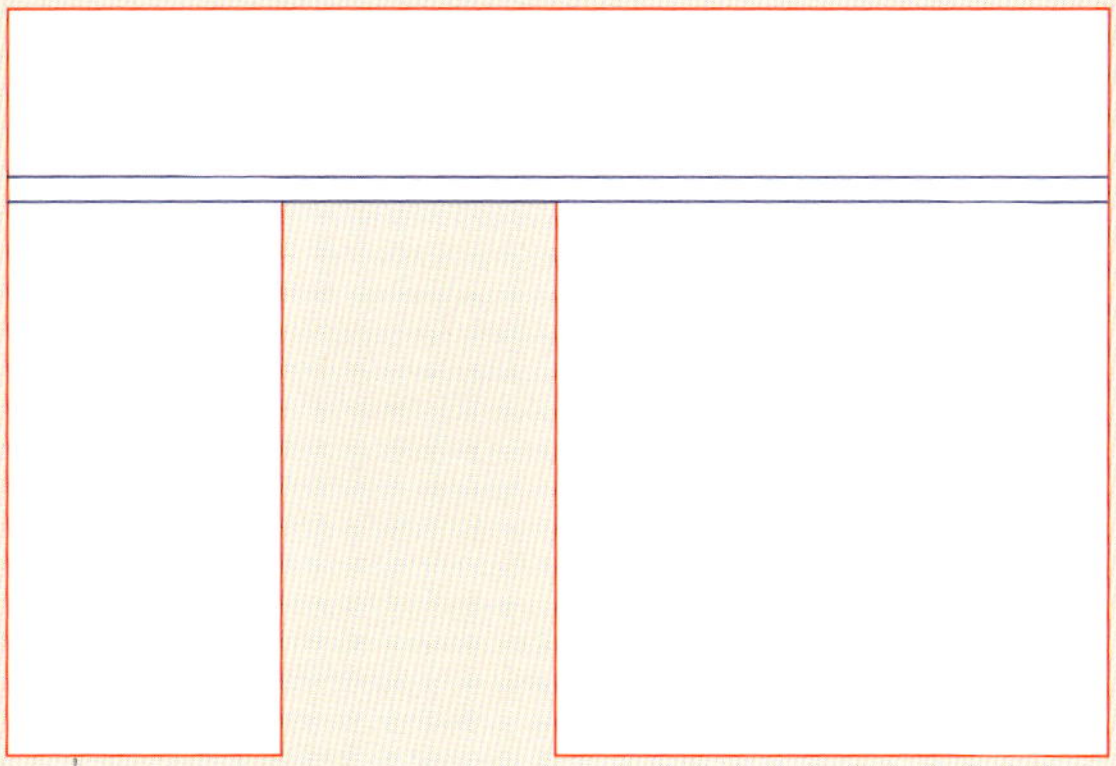

1
2F 和室の壁

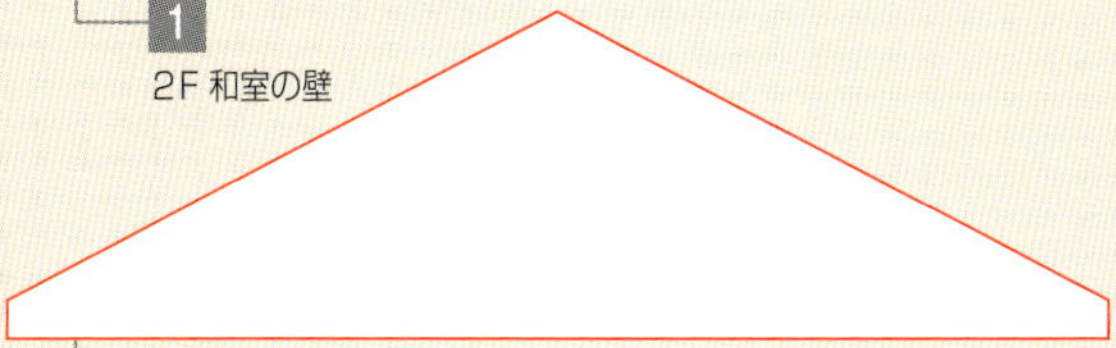

2
屋根の背面

4
2F 天井

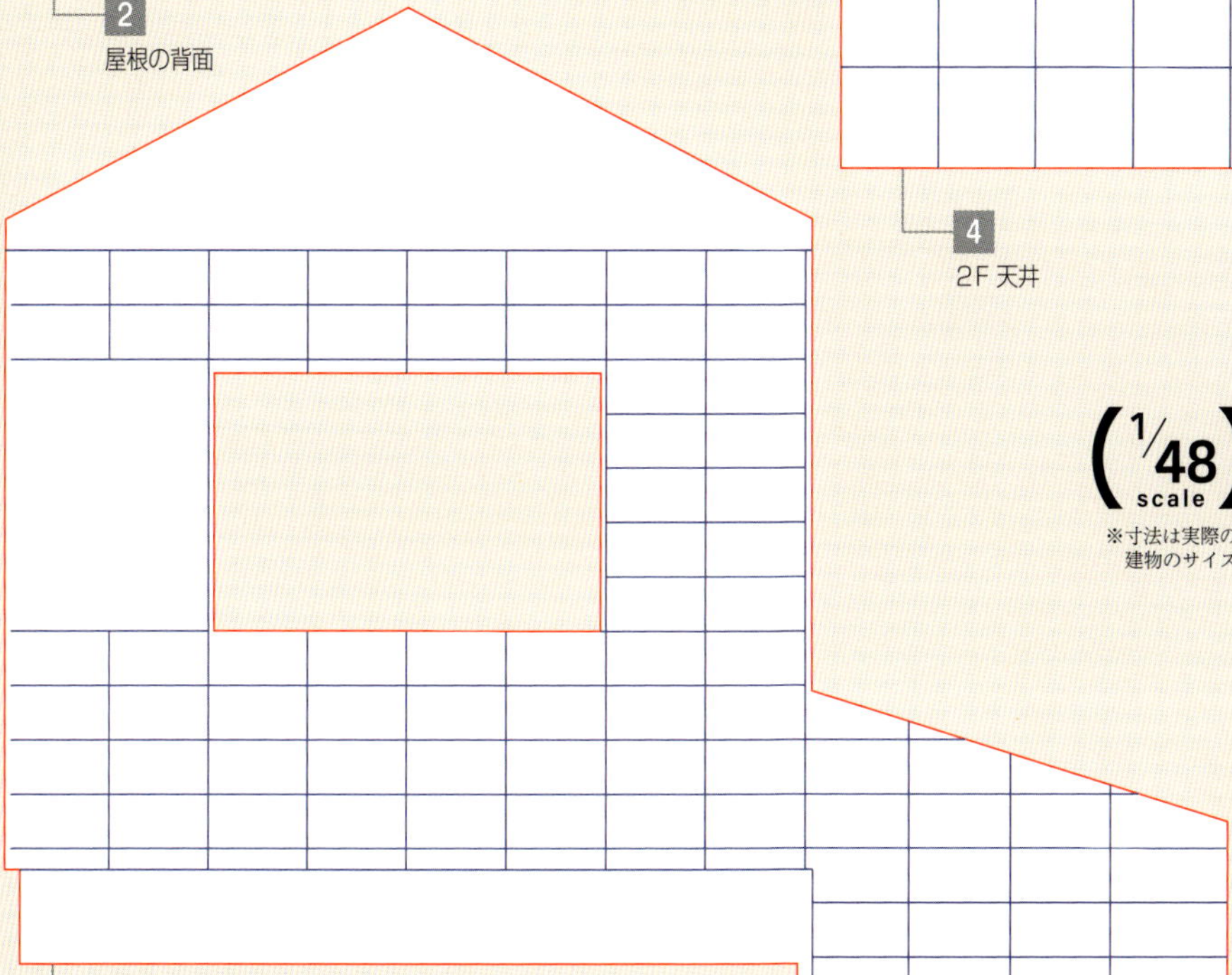

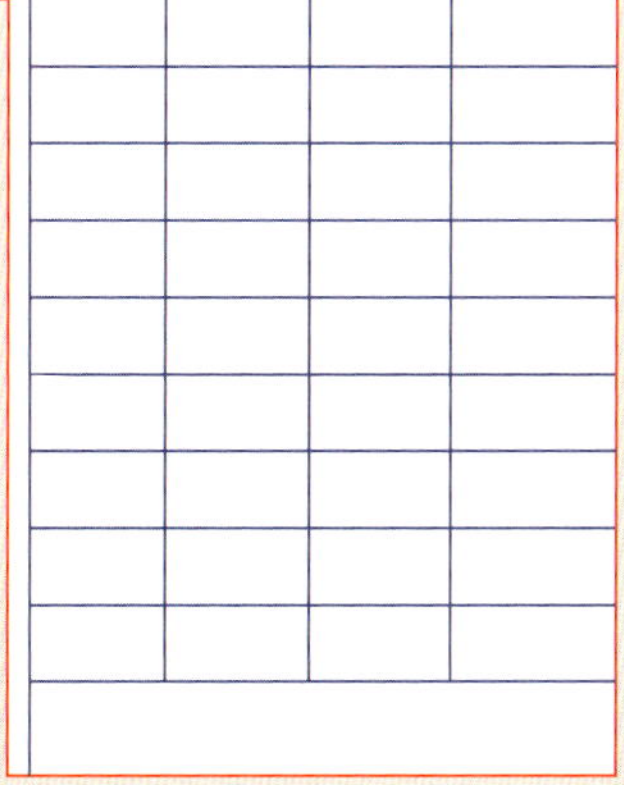

3
建物正面

(1⁄48 scale)
※寸法は実際の建物のサイズ

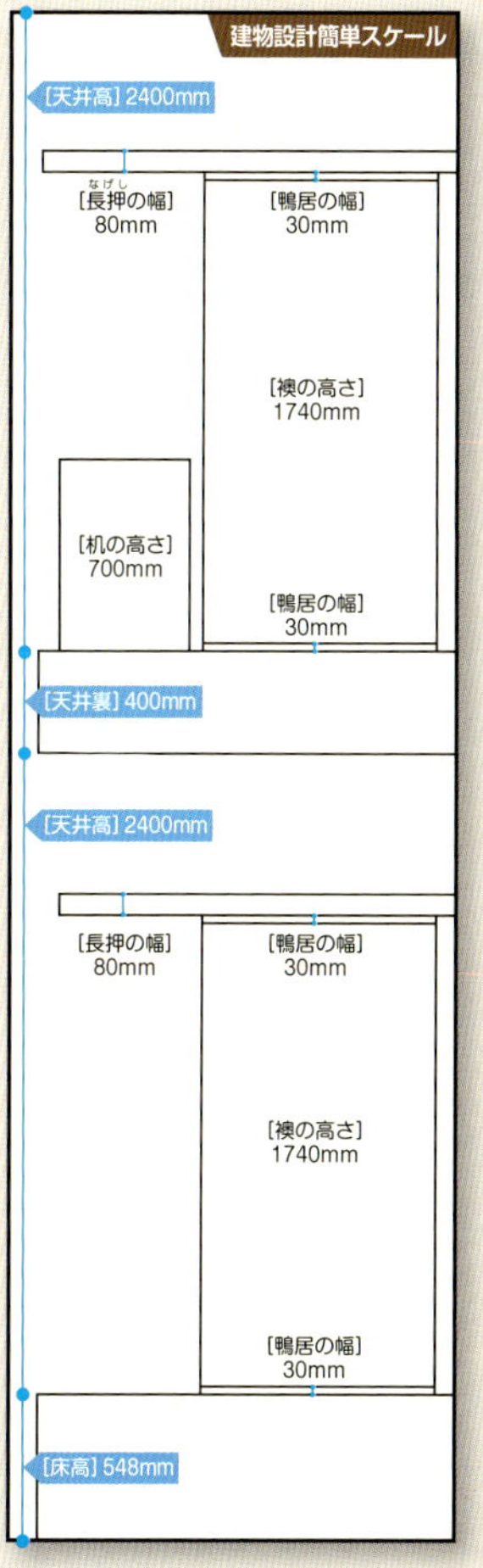

3mm 厚のアクリル板（もしくは MDF）を使用する想定で、「Illustrator」で作図しています。線画だけのデータで、レーザーカッターを使用することができます。この図では、カットするラインは赤で、線を入れるだけの彫刻ラインはブルーで色分けしていますが、実際にレーザーカッターを使用する際にも必要な準備となります。

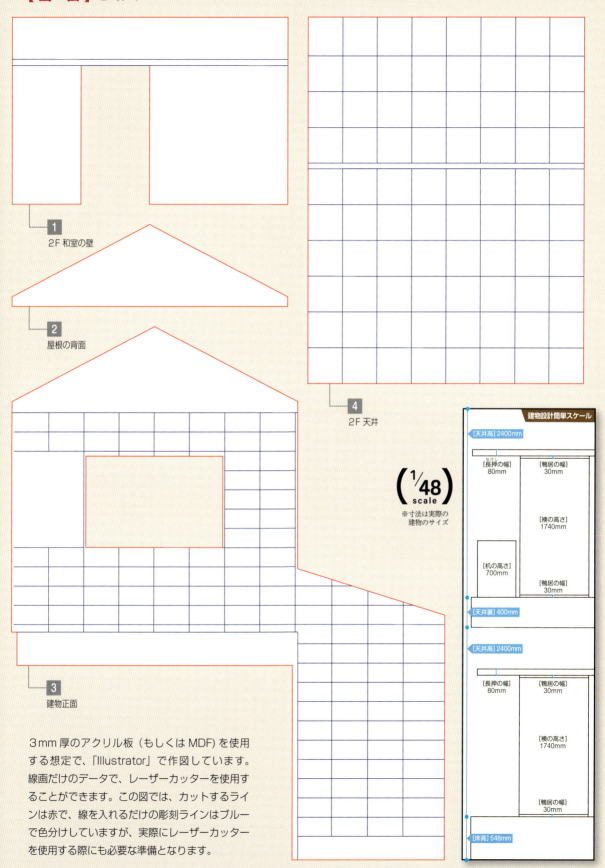

今回の作例の駄菓子屋の基本構造の部品図

(1/48 scale)

実際にはこの倍寸の1/24で作図

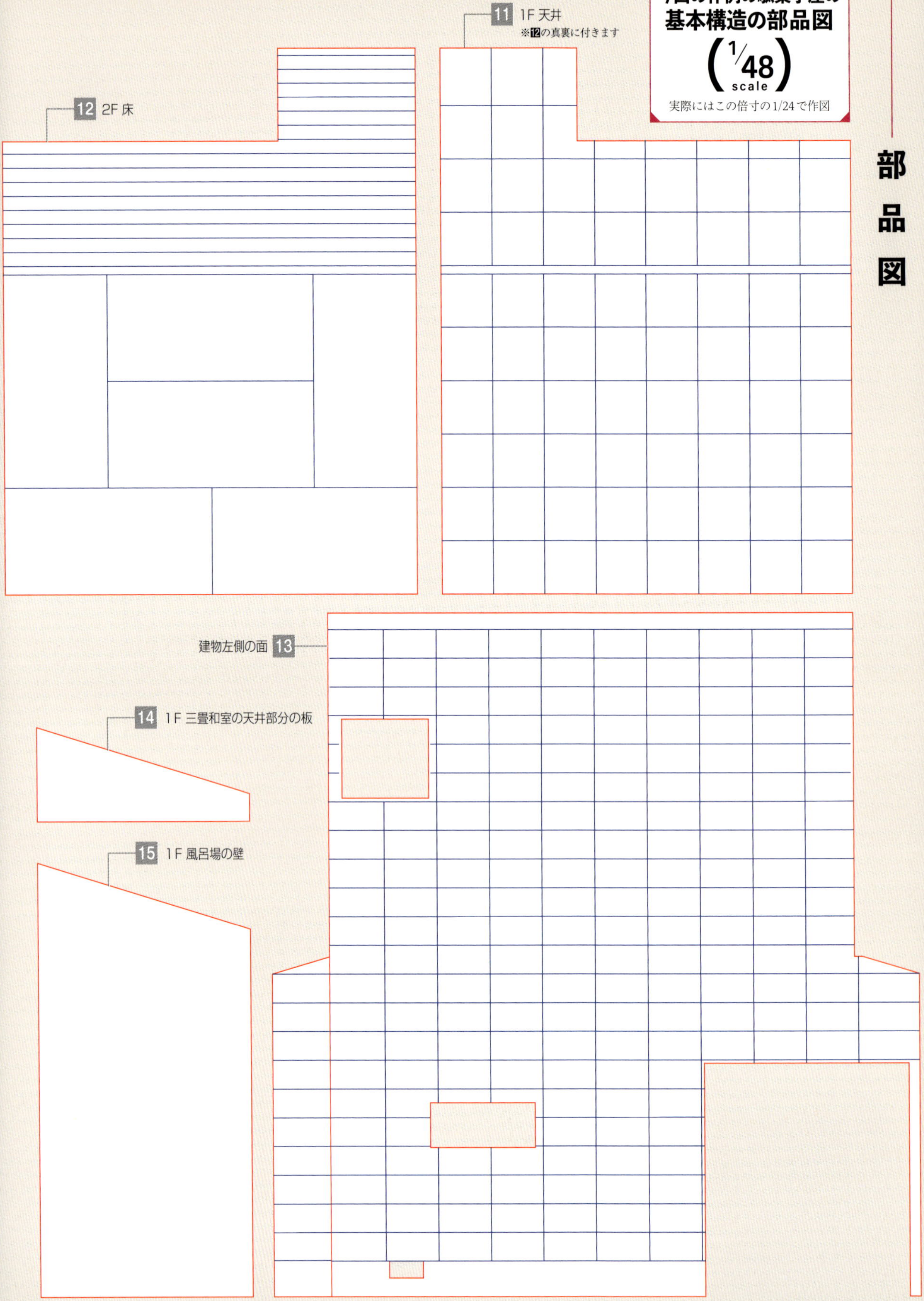

【図　面】を引く

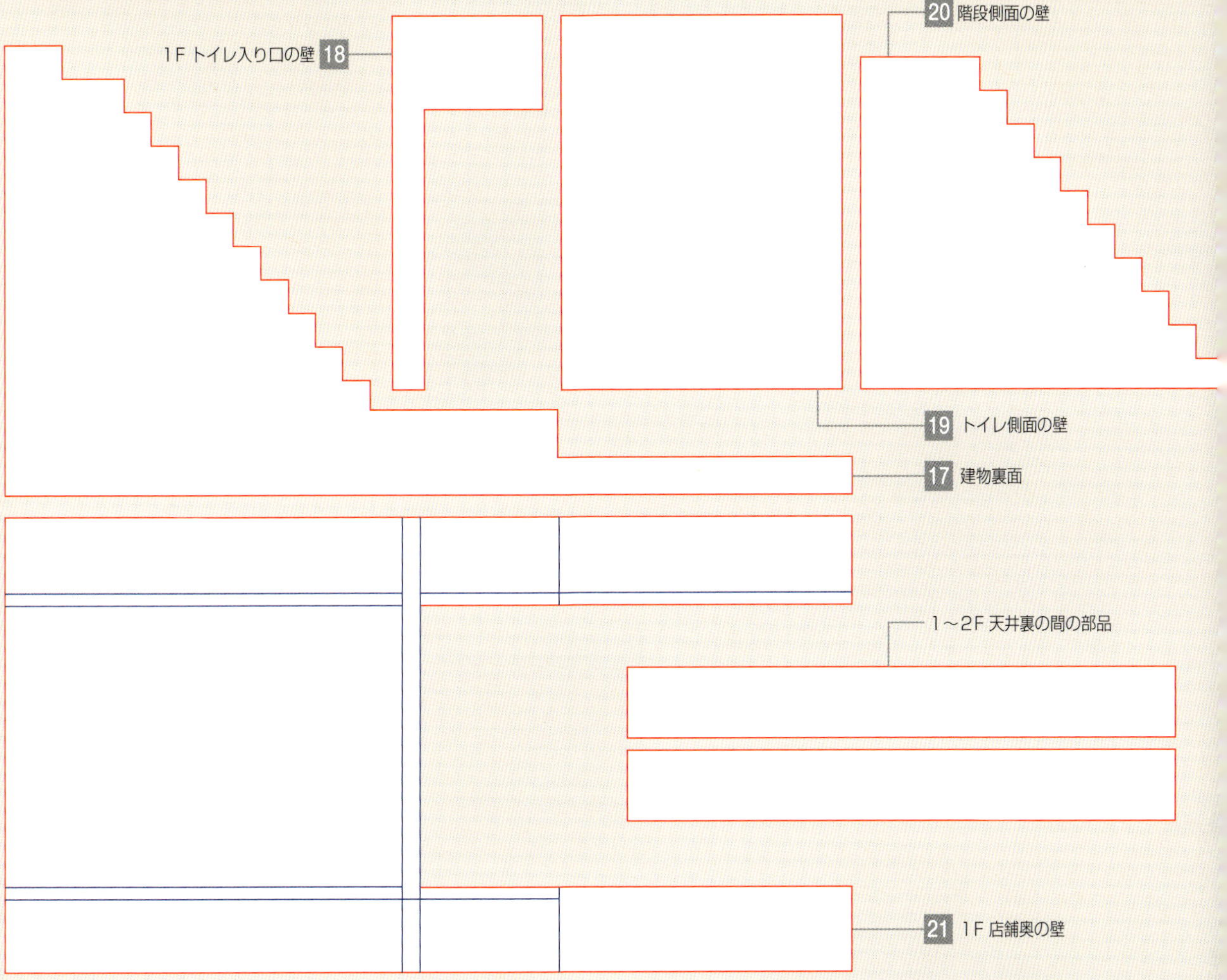

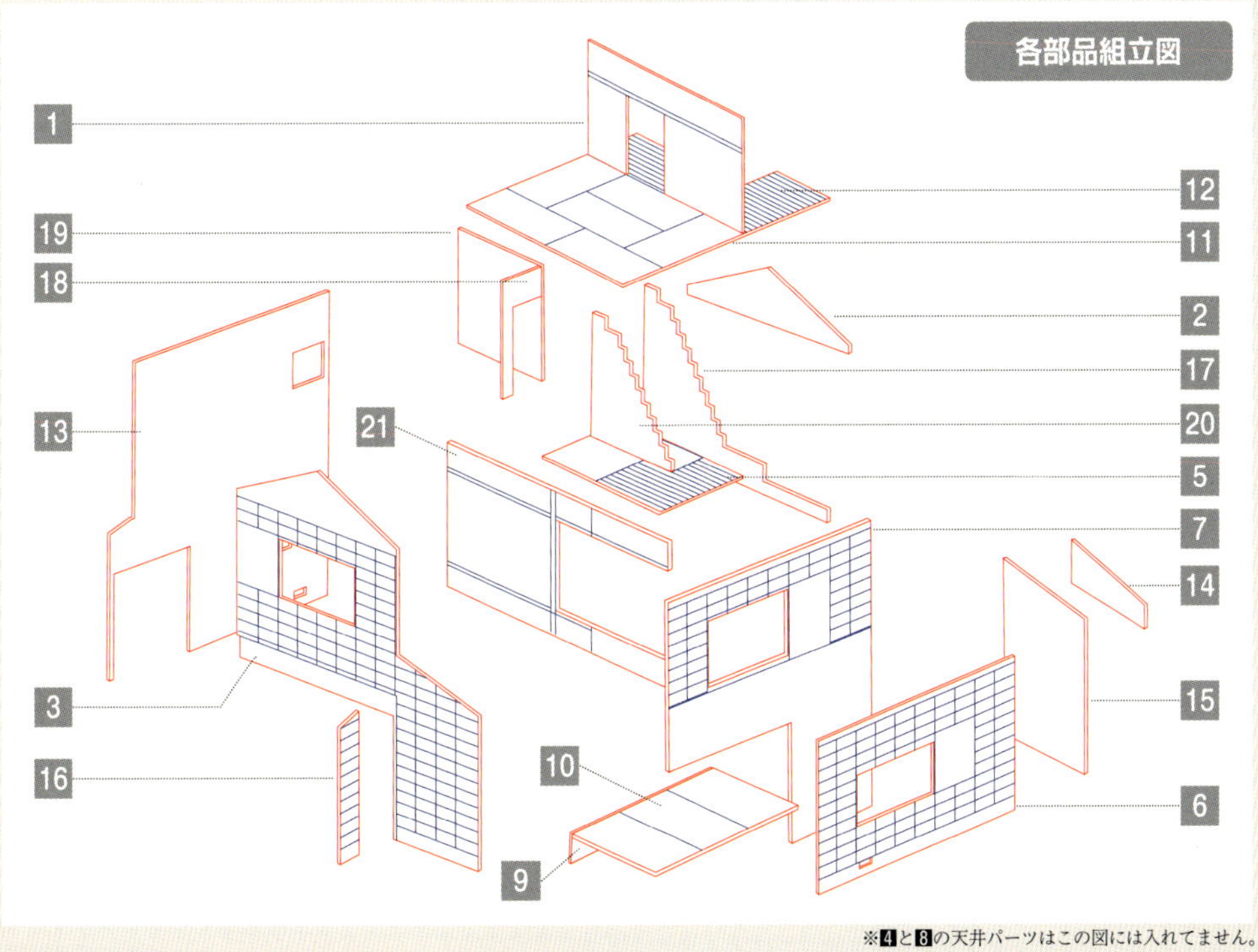

※4と8の天井パーツはこの図には入れてません。

1/24スケールの使えるアイテム

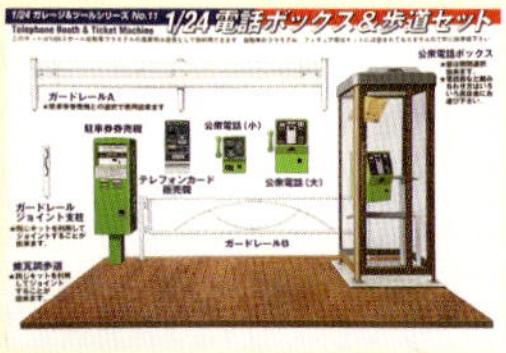

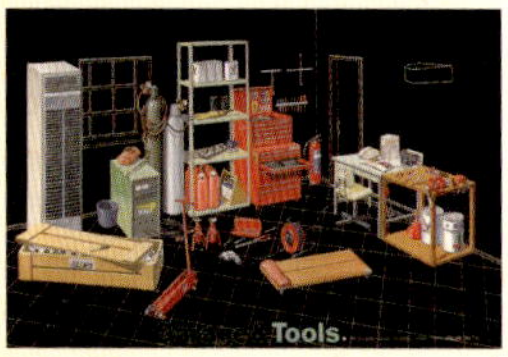

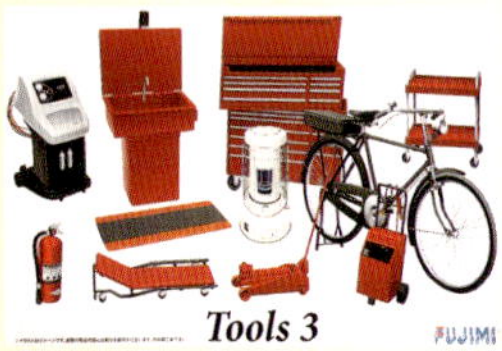

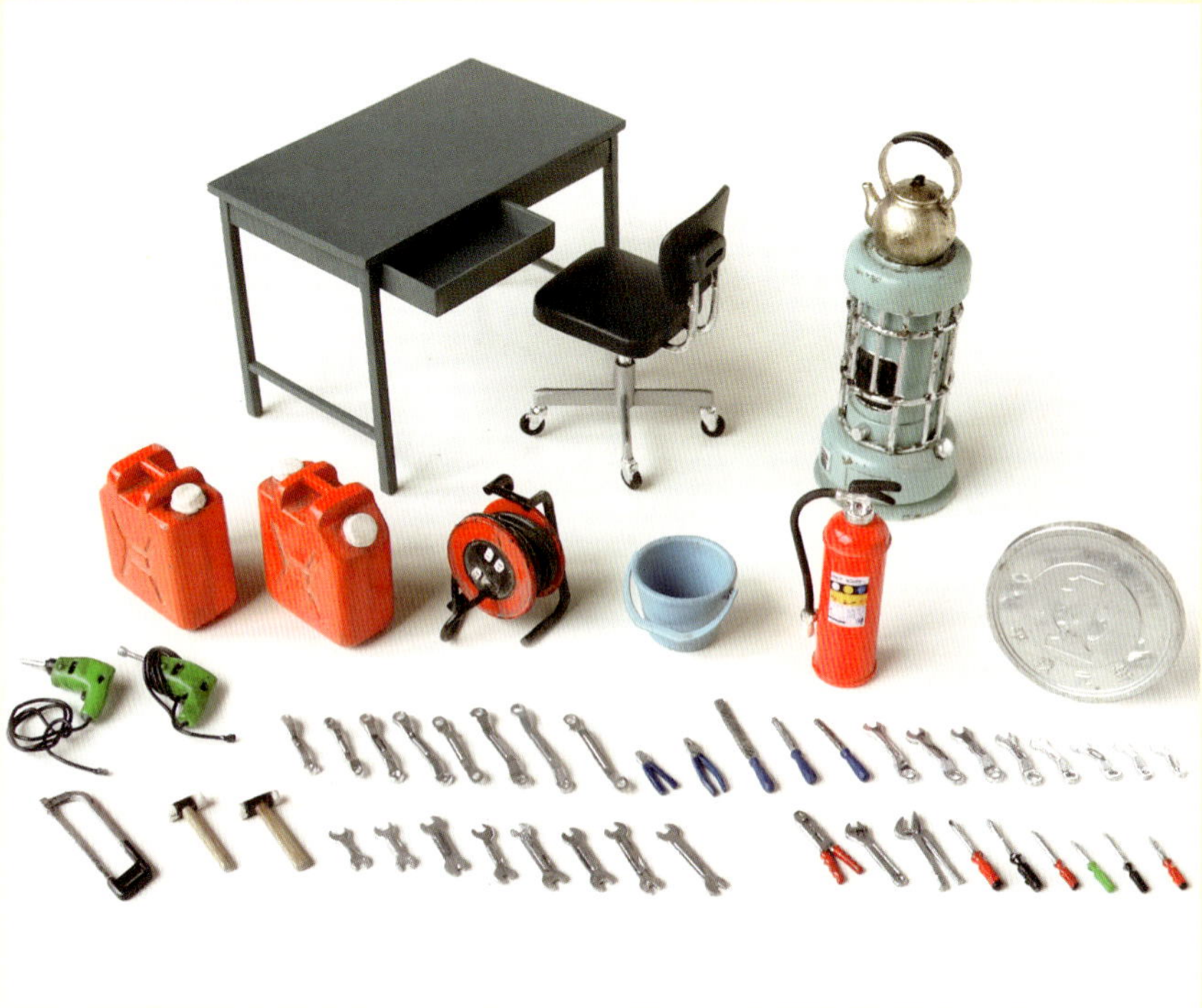

「モトコンポコレクション」&「モンキーゴリラコレクション」（アオシマ／2018年発売）

食玩「ジテンシャヒーローズ」（メガハウス／2005年発売）

【上】１／24という寸法は、車の模型が好きな人ならピンとくる、模型市場でもっとも多くの種類が発売されている、カーモデルの標準スケール。ゆえに、修理工場にある小さな工具類や、道端にある電話ボックスなど、小物アイテムのプラモデルが充実しています。中でもフジミ模型はかなり力を入れており、このスケールでのジオラマ制作に便利な製品を数多く発売しています。細かく塗り分けることで、がぜん緻密に見える仕上がりの工具が生み出せます。

【下】１／24スケールの車のプラモデルに組み合わせやすい小型のバイクや自転車のミニチュアは、カプセルトイや食玩なのです！　中央と左のホンダの50ccバイクは、アオシマ文化教材社から発売された300円のカプセルトイで、ライトやバックミラーを作り替えてディテールアップしたもの。70年代に流行したデコチャリはなんと食玩！　なんとスポークには、エッチングパーツを使った、かなりの意欲作でした。

　販売期間が短く、周知される前に市場からなくなってしまうカプセルトイや食玩は、マメに探してストックしておきます（オークションサイトなどで入手）。

その建物をひと目見て、どんな時代に建てられたのか、
どれぐらいの年月が経過したのかがわかる、
歴史が刻まれた外観の工作。
和風住宅の定番的外装である「下見板張り」や
「屋根瓦」は腕の見せどころ。
コツコツと進める手作業から最先端のスキルまで、
幅広い工作法を解説します。

【外観《GAI KAN》】を作る

部品の切り出し

建物の作図が完成すると、いよいよ部品の切り出し作業に進みます。構造に適していることをポイントに選んだ、木材、プラ材、金属などの素材。それぞれに適した加工手法がありますが、ノコギリなどの道具で、ていねいに切り出し作業をするのが基本。

しかし、作業者のスキルや性格に左右されて、垂直＆水平を正確にカットできないと、建物に歪みが生じます。そしてその積み重ねから、窓などの細かい部品に影響を及ぼし、うまく合致しないことに……。

ちなみに私は、この切断作業が昔から苦手で、どんなにていねいに行なっても、板が垂直に切れなかったりして、その後の作業が苦労の連続だったのです。

ここでは実際に、最近手頃に使用可能になった「レーザーカッター」を使った方法で、その手順を説明します。レーザー加工機を時間利用できる場所での体験と、データをメールで送ってカット加工してもらえる業者との費用比較も、併せて解説します。精度と制作時間短縮をお金で解決できる有効な事例です。

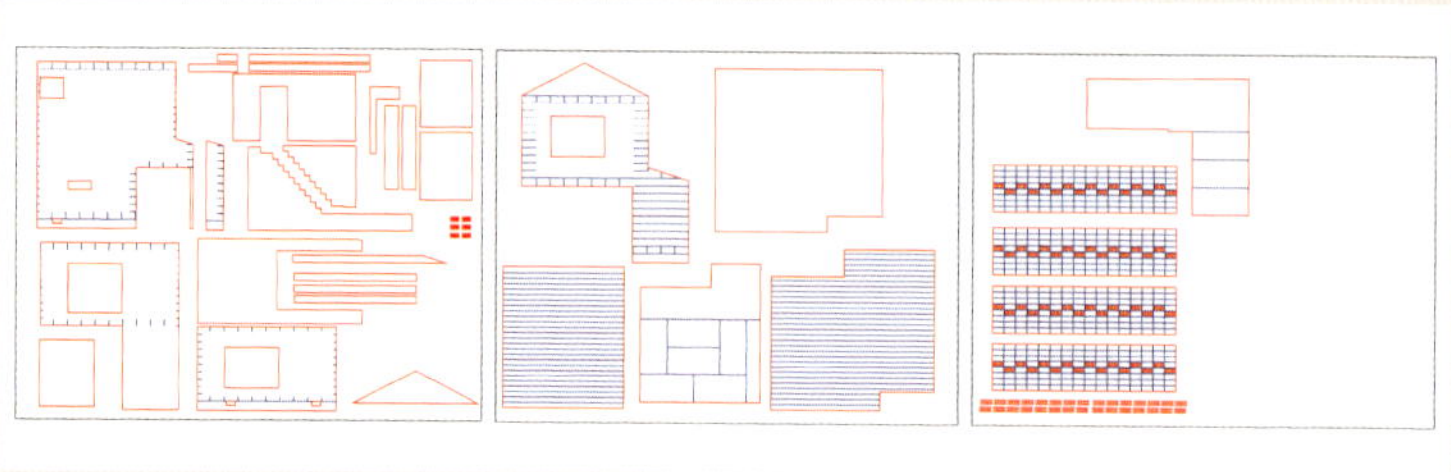

1 最初に、依頼するショップの指定サイズを確認し、「Illustrator」で描いた部品図（アウトラインデータ）を、そのサイズに合わせて配置します。材料を極力有効に使うため、テトリスのように（！）組み合わせを考えながら作成。図のデータは、メールに添付で送信か、USBメモリー等に入れて持ち込みます。

明るくて広い店内の様子（写真提供/FabCafe Tokyo）

レーザーカッター「Trotec Speedy 360」

2 渋谷の東急ハンズにて、黒アクリル板3mm厚を3枚購入し、その足で徒歩10分の渋谷「FabCafe Tokyo」へ。落ち着いたインテリアのカフェなのに、レーザーカッターや3Dプリンターが違和感なく置かれている不思議な空間。いかにもクリエーターという雰囲気の客と、普通にお茶する客が混在するレアなお店です。

⬆組みたててみるとピタッと組み合わさり、すぐにディテールの正確な確認が可能。そして期待を裏切らず、最終的に確実に組み上がるのがレーザーカットの魅力！

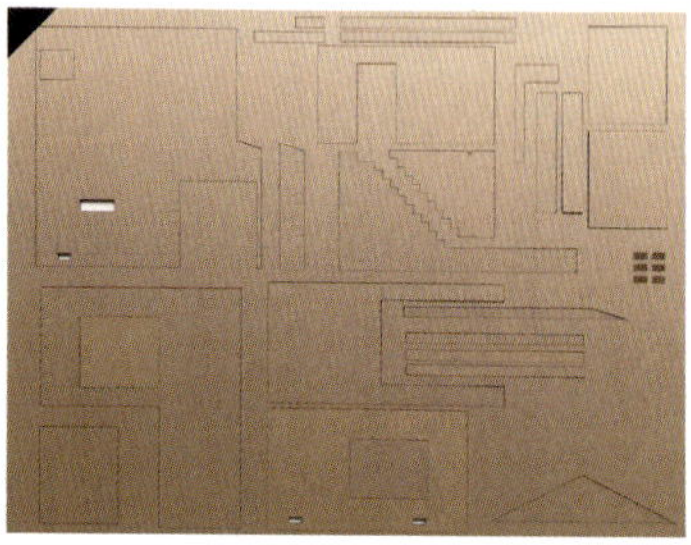

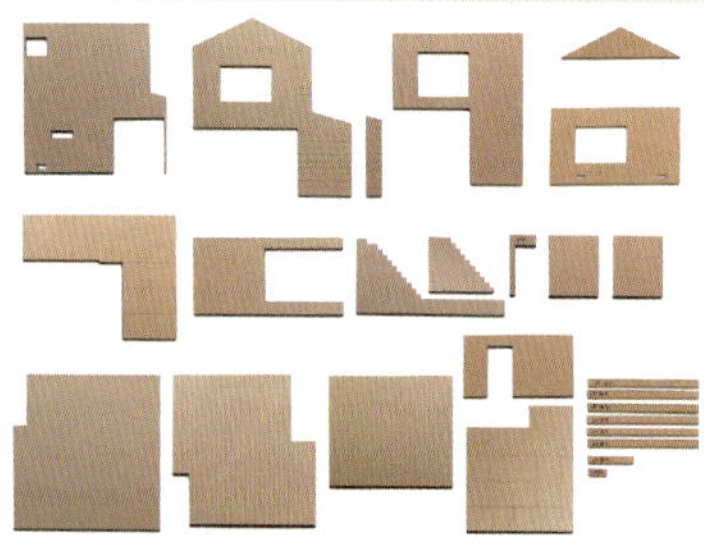

➡レーザーでカットした部品。写真ではアクリルの表面に保護用の紙が貼られています。

3 「FabCafe」にあるレーザーカッターで出力可能なサイズ（800×500mm）と、購入したアクリル板サイズがわずかに合わず、急遽材料をカットしなければならないトラブルに！ 念のためにと持参していた、アクリル専用カッター「Pカッター」で適応サイズにカット。そして、店内で部品データの並べ直し作業。ショップのオペレーターから「何かトラブルがある時のために自前のノートパソコンを持ってきたほうがいい」と教えてもらっていてよかった！「FabCafe」では、レーザーカッターの取り扱いに長けた専門のオペレーターがカット作業をしてくれるので、コーヒーを飲みながら安心して任せることができます。通常コース45分の作業時間（4000円）では終わらず、20分延長。

作例のパーツでの費用の比較

黒アクリル板
[W]1000 [D]655
[厚]3mm

[4200円]

アクリル板は精度の高い工作向け。接着は、専用の流し込みタイプか瞬間接着剤にて。材料が固くノコギリ等での切断が困難。透明以外にも、黒、白などの着色板があり、用途に合わせて選べる。流通数が多い透明は安価。

透明アクリル板
[W]1000 [D]655
[厚]3mm

[3600円]

MDF
[W]1000 [D]655
[厚]3mm

[2000円]

切断加工が簡単で低価格。天然の木材に比べて反りなどによる歪みがない。接着は木工用ボンドか瞬間接着剤にて。

下記2店の費用の比較は、今回の作例の建物のパーツ数でのカット価格。金額が高めのアクリル板を使用している理由としては、レーザーカットに最適なプラ材料だから。そして中でも高額な黒アクリル板にしたのは、本書の説明写真としての見栄えと、電飾を施した際の遮光のためです。透明だと制作行程の写真がわかりにくくなるのです。私が通常依頼されて制作する時には、価格が安い透明アクリルを利用します。余談ですが、博物館の展示用の模型にアクリル板を使用することが多い理由は、接着が早く作業効率がいいからです。

T2*CRAFT

全国どこからでもレーザーカット加工を注文できる工房「T2*CRAFT」での見積り事例。依頼から1週間程度で（最短で4営業日）で対応可能、しかも模型を理解した技術者が担当してくれるので信頼性は高く安心して頼めます。大型レーザー加工機があり、大きな材料で一度に加工できるため、FabCafe Tokyoよりも費用が抑えられるのも利点です。

レーザー加工代	3300円（1㎡あたり5000円）
諸　経　費	3500円（データ調整と梱包費を含む）
材　料　費	5000円（黒アクリル板900×730mm×3m厚を1枚）
送　　　料	1015円（クロネコヤマト60サイズで関西→関東）
合　　　計	1万3840円

FabCafe Tokyo

45分という短い時間で（移動時間＆材料の購入時間を省けば）、すぐに加工済みを持ち帰れるメリットは大きい。今回の作例では、当初材料として考えていたMDF材が、FabCafe Tokyoではカット不可だったため、急遽アクリル板に変更。単価の高い黒アクリルを使用した結果、トータルでは割高になりました。

レーザー加工代	5600円（通常/45分4000円と延長/10分間800円×2）
材　料　費	1万2894円（黒アクリル板900×600mm×3m厚＝単価/4298円×3枚）
合　　　計	1万8494円

Handmade studio T2*CRAFT
https://t2craft.wixsite.com/t2crafttop
〒560-0003　大阪府豊中市東豊中町
t2_craft_@yahoo.co.jp（相談はメール対応のみで）

FabCafe what do you fab?
https://fabcafe.com/tokyo/
〒150-0043　渋谷区道玄坂1-22-7 道玄坂ピア1F
TEL 03-6416-9190

板壁

日本家屋の代表的な板壁といえば、うろこ状の板の並びが美しい下見板張り（P62）。実物の工法では、横長の薄い板材に段差をつけて張ります。しかしジオラマでは、縦に張られた固定用の棒材「押縁」を、実寸の縮小で薄く加工し、段々のある表面に波打たないように貼るのは超難度。そこで私は、押縁の間に薄い板（ツキ板＝自然木を薄いシート状に加工した工作素材）を貼る方法で再現します。建物に表情を醸し出す、とても重要な工作。少しでも歪んだり隙間ができたりすると、人間の目はそれを見分けてしまうものですが、あとの塗装作業でリカバリーできるので、日本建築の特徴を模型化する作業を、大工さんになりきって楽しんでみましょう！

1

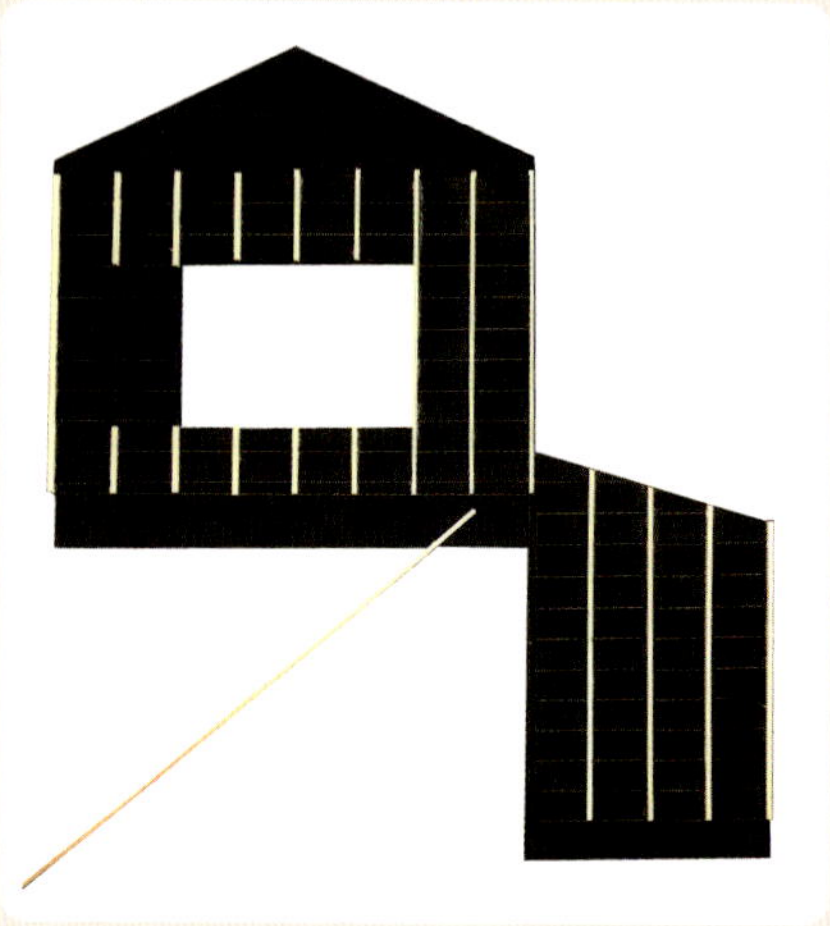

外観のパーツに、下見板を押さえる棒材「押縁」としての角材を貼ります。実物では、45×45mm角で、1/24では1.8mm角。今回はより緻密に見えるように、それよりやや小さめの1.5×1.5mm角のヒノキ棒を使います。作業時間短縮のため、瞬間接着剤のゼリータイプを使います。押縁の間隔の詳細サイズ解説は、（P62）参照。

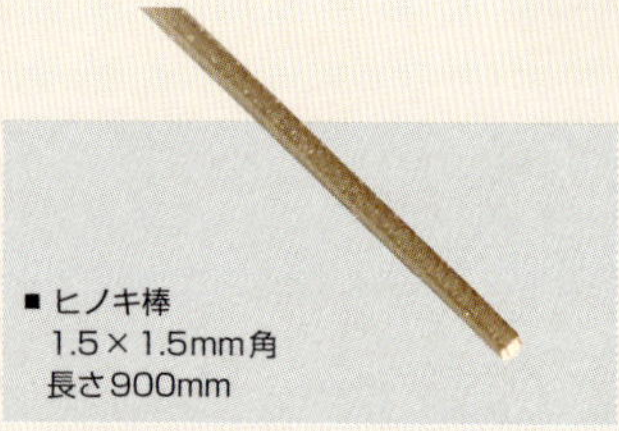

■ ヒノキ棒
1.5×1.5mm角
長さ900mm

■ ゼリー状瞬間接着剤
アロンアルファ
（ボンド）

2

実物の板厚は12mm。1/24では0.5mm厚。ジオラマの材料は、木目がハッキリと出ている「タモ」のツキ板0.5mm厚を使います。手に入らない場合は、バルサ材や厚紙を用い、表面に木目をつけます。大量に同型のパーツをカットするので、道具は押し切りタイプの「チョッパー」を使うと効率的。板を貼る際に注意したい点は、板が「押縁」＝棒を挟みつつ横につながっているように見せること。左右の位置のズレに注意し、下から上へと、1～2mm重なるようにしてゼリー状接着剤で固定していきます。棒と板の間にできた隙間は、パテ代わりのモデリングペーストで埋めます。爪楊枝を使いましょう。

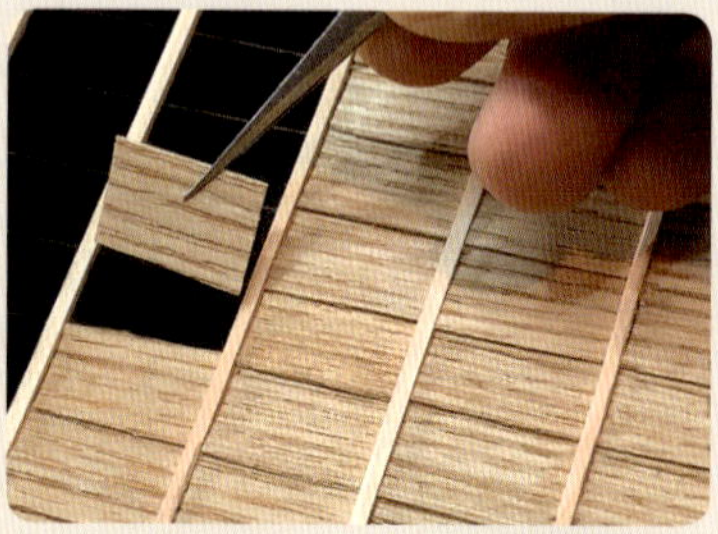

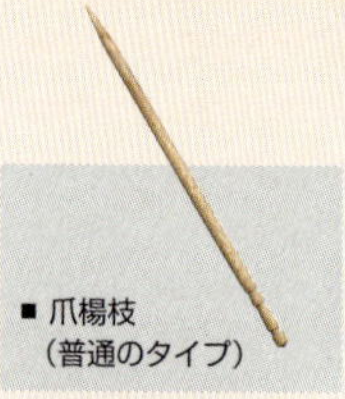

■ 爪楊枝
（普通のタイプ）

■ モデリングペースト
（リキテックス）

■ ツキ板ータモ
0.5mm厚・A4サイズ

■ ザ・チョッパー
（ノースウェスト）

ツキ板屋

https://banshokai.co.jp/

「ツキ板」は、ホームセンターや画材屋で取り扱いがあります。私はこちらの通販サイトを利用しました。

3

土台部分の表面は、コンクリートの表情を再現したく、模型用パテを綿棒の先に少量付けて叩くように立体感を造作。イメージは「にちゃにちゃさせる」感じで！　建物の材料に、今回の作例のアクリル板ではなく、木やスチレンボード、厚紙を選択した場合は、模型用パテではなく、上記のモデリングペーストを使って同様の作業をします。

■ 模型用パテ
（タミヤ）

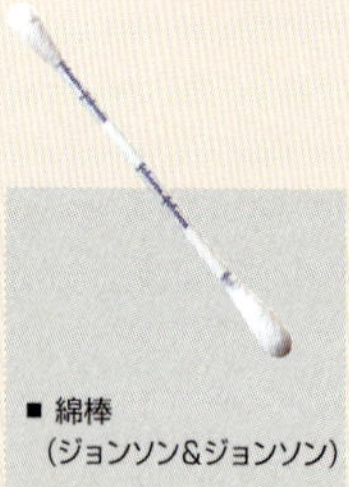

■ 綿棒
（ジョンソン&ジョンソン）

戸袋

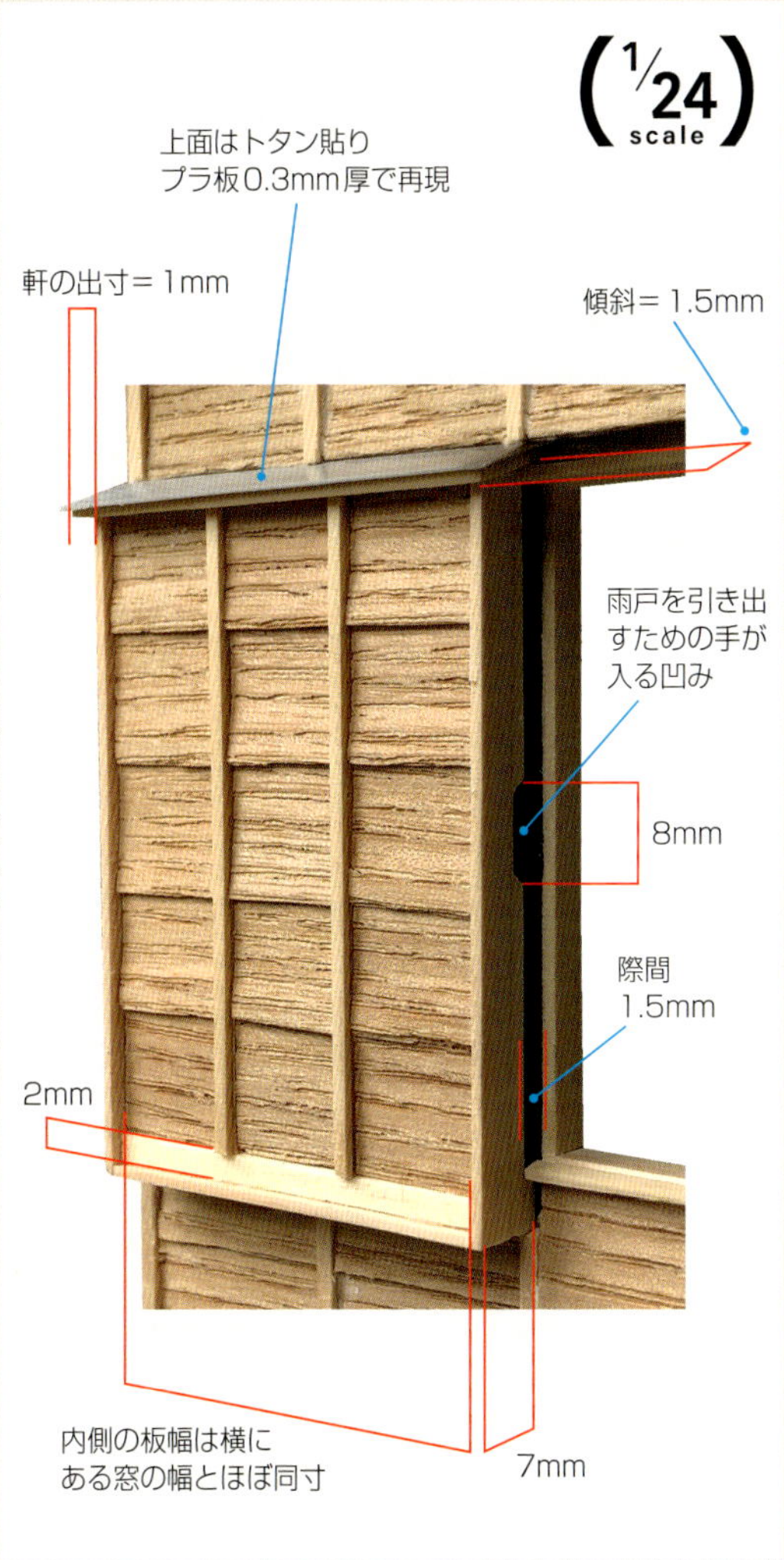

1

建物の下見板板張りと同じ方法です。「ささらご」の間隔は、建物壁の下見板の間隔よりも狭くなっているのが一般的。戸袋自体を3分割が多く、まれに4分割の例もあります。作例では3分割とし、1.5mm角の棒を接着剤で貼ります。

■ ゼリー状瞬間接着剤
アロンアルファ（ボンド）

2

板の天地のサイズも**1**同様に短くなっています。作例では10mmに。最下部には、板が入る場所を残すのが重要。作例では2mmに。

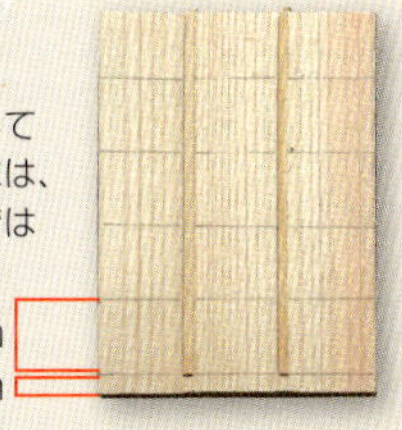

3

板を貼り終えたら、ヤスリ（板に紙ヤスリが貼られたタイプ）で、横と上のエッジ部分周囲3面をキレイに仕上げます。貼られているのは薄い板なので、壊れないように扱いは注意深く。

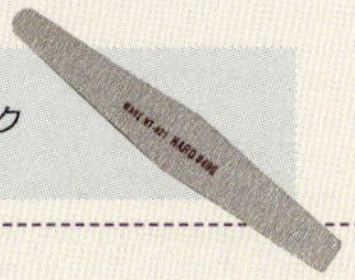

■ ヤスリスティック
（WAVE）

4

エッジ部分周囲に板を貼ります。1m幅のヒノキ板から切り出した板を3面に貼ります。上の板は屋根的な意味合いがあります。平面から1mmほど飛び出させ、さらに傾斜をつけます。

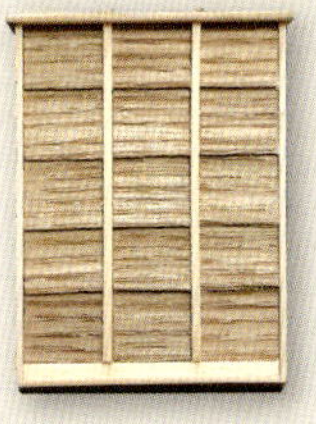

下見板を貼り終えた状態の壁パーツ4面

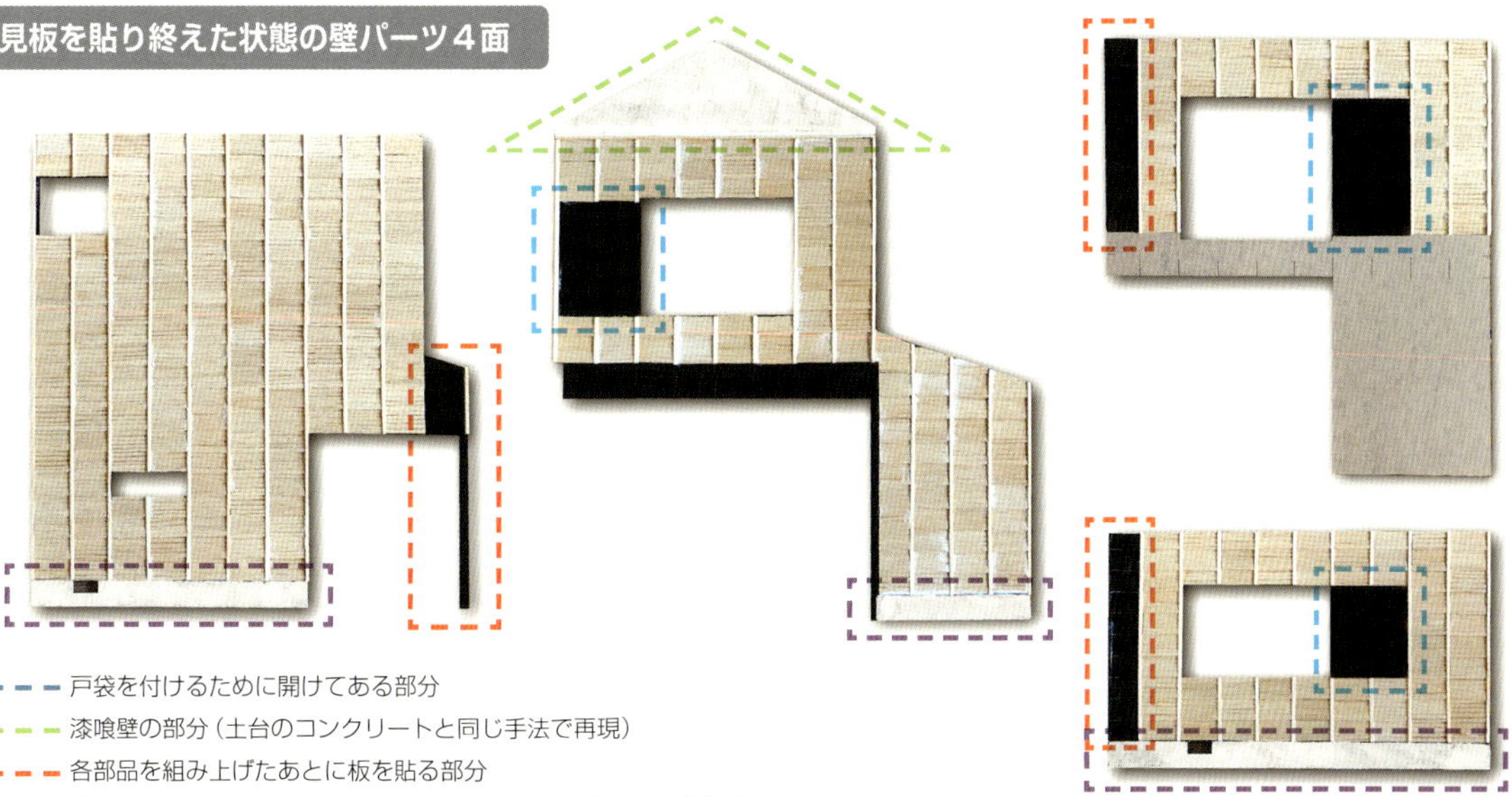

- - - - 戸袋を付けるために開けてある部分
- - - - 漆喰壁の部分（土台のコンクリートと同じ手法で再現）
- - - - 各部品を組み上げたあとに板を貼る部分
- - - - 土台のコンクリートのテクスチャーを付けた部分（右ページ**3**の）

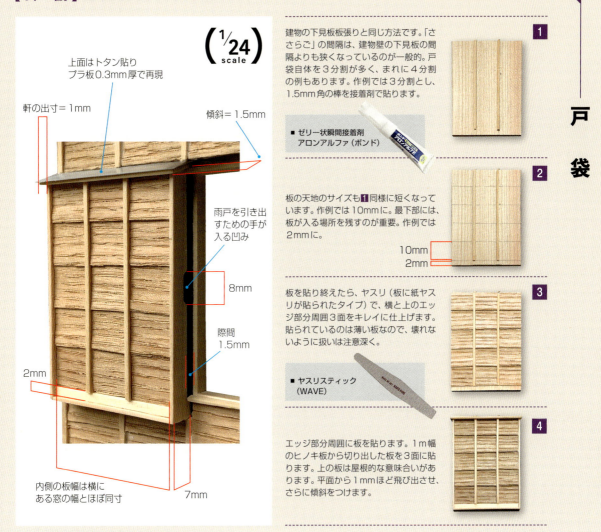

窓枠

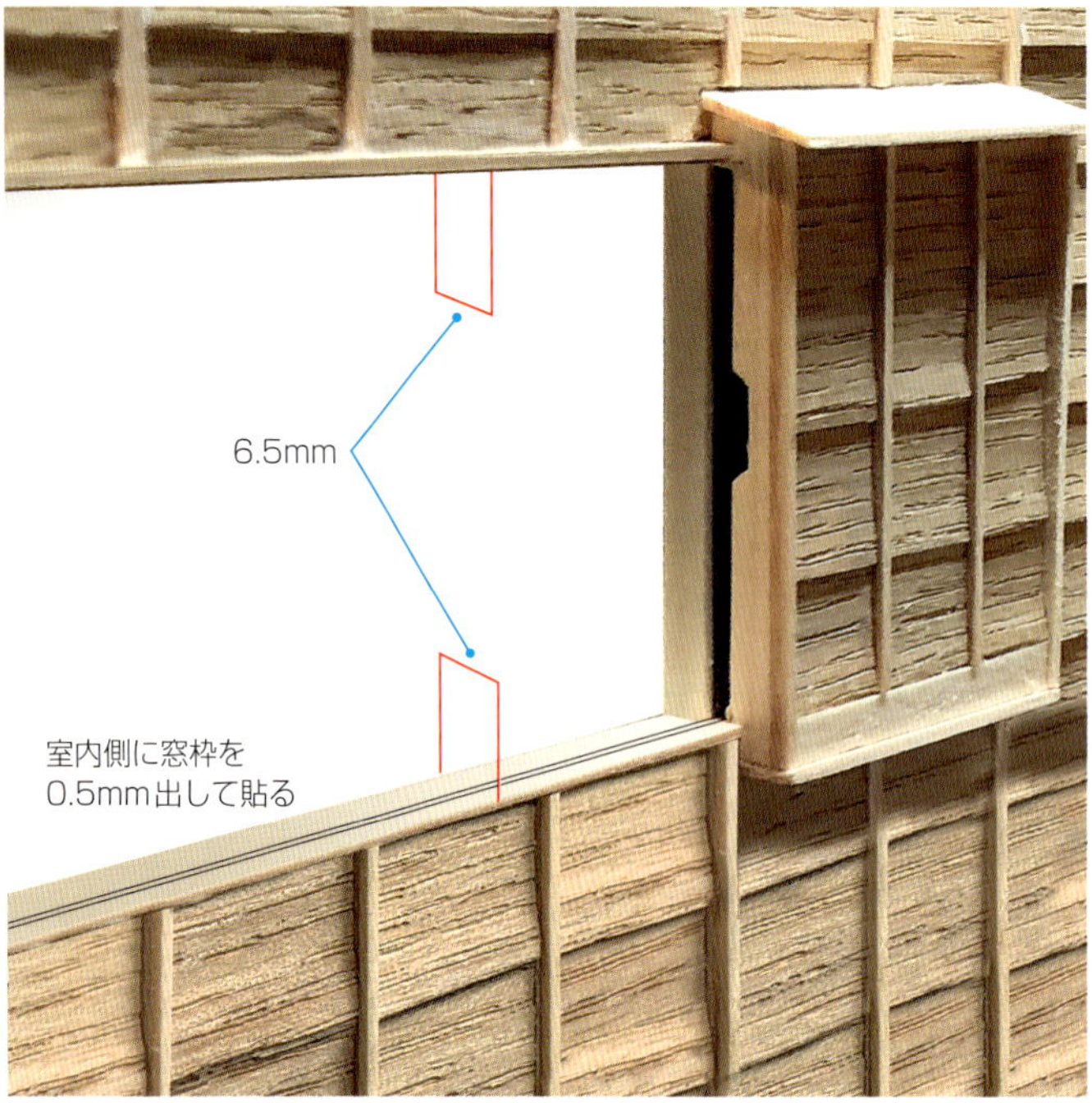

1

窓枠の部品は、ヒノキ材1mm厚をカットして工作します。左の写真内表記で6.5mmとしてある寸法については、制作した壁の厚み、扉の厚み、雨戸の厚みによって変化が生じますので、小さめよりはゆとりをもった幅でカットするといいでしょう。直角にカットするには、WAVEのT定規が便利で手放せません。

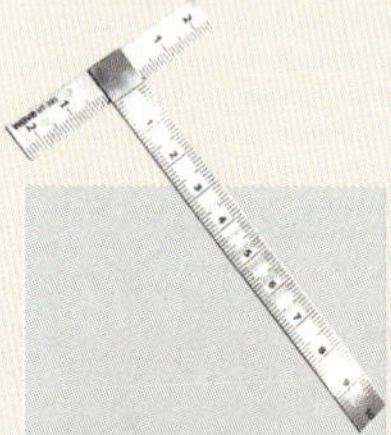

■ T定規（WAVE）

■ ヒノキ材 1mm厚

2

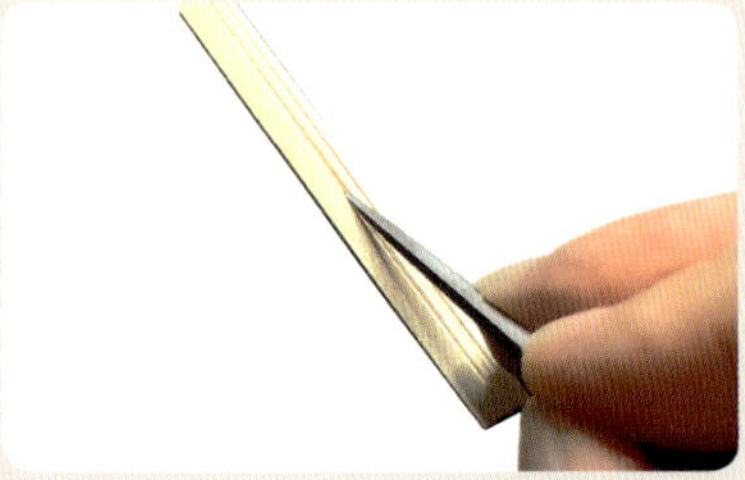

1の部材に、戸袋から雨戸を引き出すための溝を彫ります。棒ヤスリ（四角で先端が細くなったタイプ）を使い削るように彫刻します。今回の作例では、実際に雨戸を引き出せるようには作りませんが、ディテールとして再現します。さらにここに時間をかけて精度高く制作すれば、雨戸も引き出せるように作れるはずです。

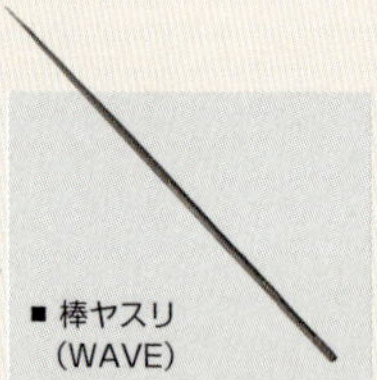

■ 棒ヤスリ
（WAVE）

■ ハイパーカットソー
0.15mm
（シモムラアレック）

3

窓枠をゼリー状瞬接で接着した時に隙間ができた部分は、下見板張りの工作（P76）と同様、モデリングペーストで埋めます。

壁の内側に隙間なく収まるように、2で制作した木材6.5mm幅をカットして接着します。枠ができてから雨戸の部品を壁に取り付けますが、その際に、雨戸がある側の窓枠の上に、重なるように戸袋が収まるのが正解です。

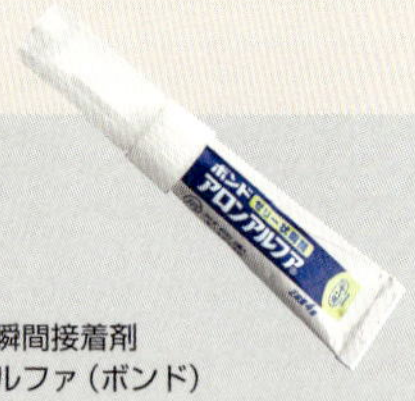

■ ゼリー状瞬間接着剤
アロンアルファ（ボンド）

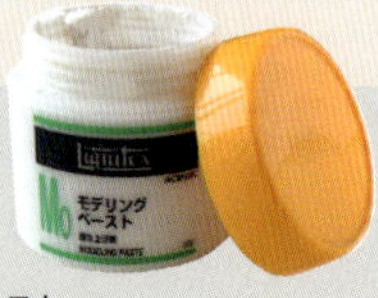

■ モデリングペースト
（リキテックス）

棟上げ

いよいよ建物本体を組み上げます。現実的にすべてが設計どおりうまく進むとは限りません。部品の厚み分を計算せずにカットしていたことが判明したり、逆にサイズが不足していたり……。自分のそんなケアレスミスもジワジワと突きつけられるオソロシイ時間だったりしますが（笑）、なんとかピンチを切り抜けて組み上げると建物の全貌が現れてきますので、嬉しい瞬間でもあります。

1

正面の外壁部品と左側面の外壁部品が直角になるように固定し、流し込みタイプのアクリル接着剤で固定。非常に揮発性が高い接着剤なので、換気には十分ご注意を。素早く流し込むために活躍するのは、注射器と同じ本体で、針状になっていない金属の先端が付いた「インジェクター」です。

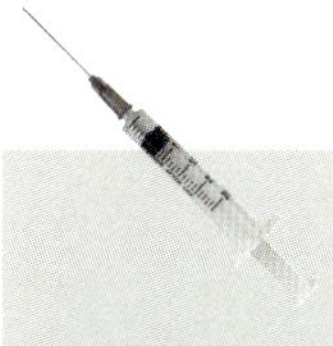

■インジェクター
（ノンブランド）

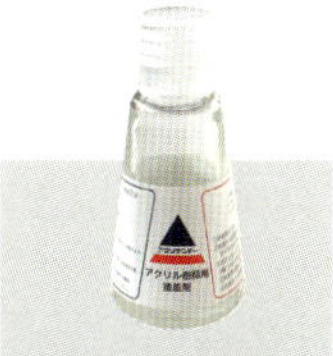

■アクリル用接着剤
（アクリルサンデー）

2

右側の外壁部品と、室内側の品の接着行程です。ここまで登場していないこの室内側部品については（P96）に。このL字型の部品は、1階の店舗横につながる和室三畳の床、トイレ、階段を含む内壁、を集約したパーツです。壁が多くしっかりとした作りになっているので、この部品に外壁を結合させることによる強度アップを狙いました。しかし、凝り過ぎた設計で（笑）、構造や行程の解説が難しくなってしまったと反省も……。みなさんには、外観の壁を普通の箱のように組み合わせて作ることを推奨します。

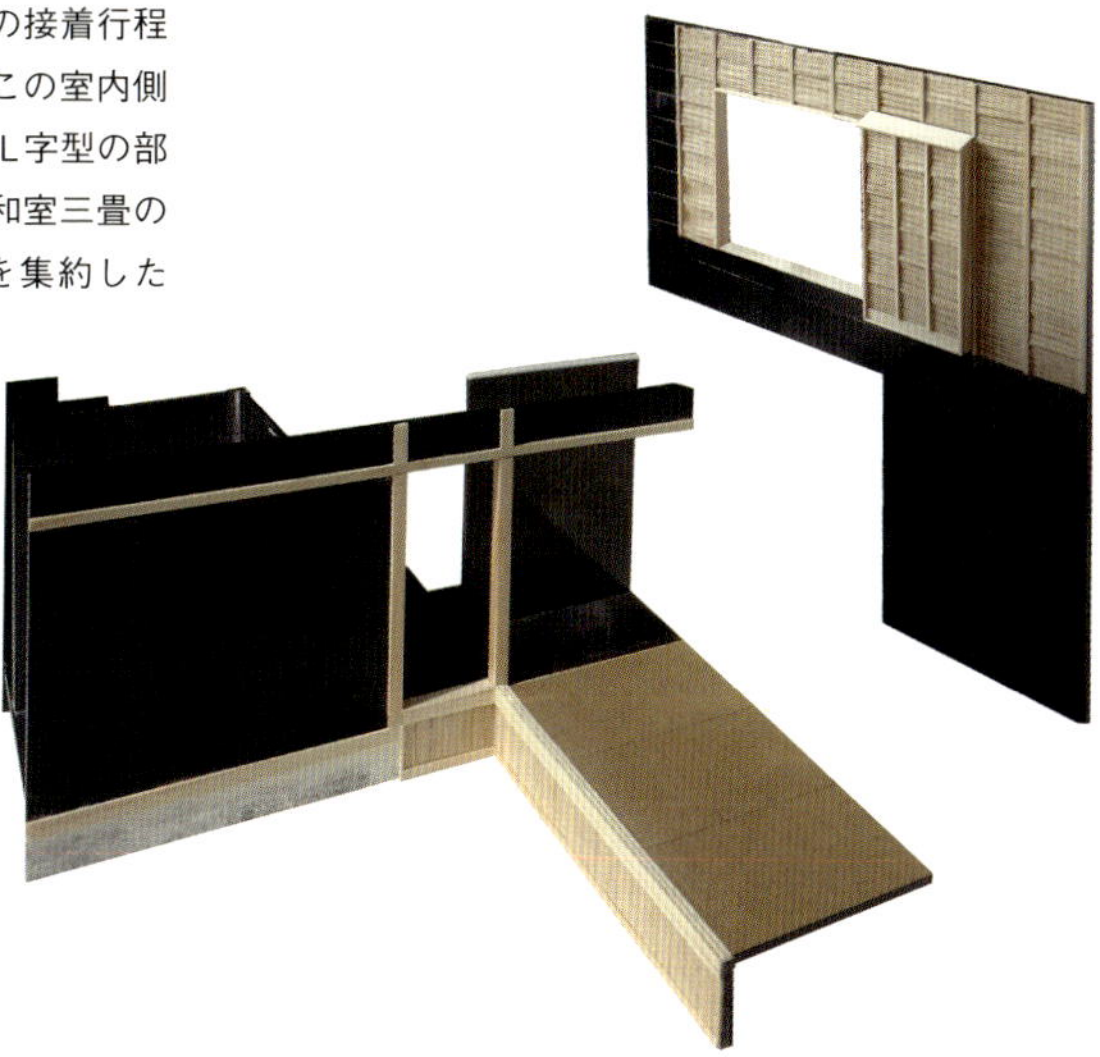

3

すべての外壁部品を接着します。垂直、水平に注意しながら部品間に隙間ができないようにクランプで固定し、流し込み接着剤で付けます。この道具は、ジオラマ工作の接着ではとても重宝するので、いくつか購入しておくことをオススメします。

■クイックリリース ホビークランプ
（高儀）

瓦屋根

日本家屋の美しさを象徴する「瓦屋根」。規則正しく並ぶ瓦の造形は、しっかりと精度を高めたいもの。今回の作例では、時間短縮と最新の模型技術の紹介、両方の意味合いから、「3Dプリント部品」を使った方法を紹介します。

1

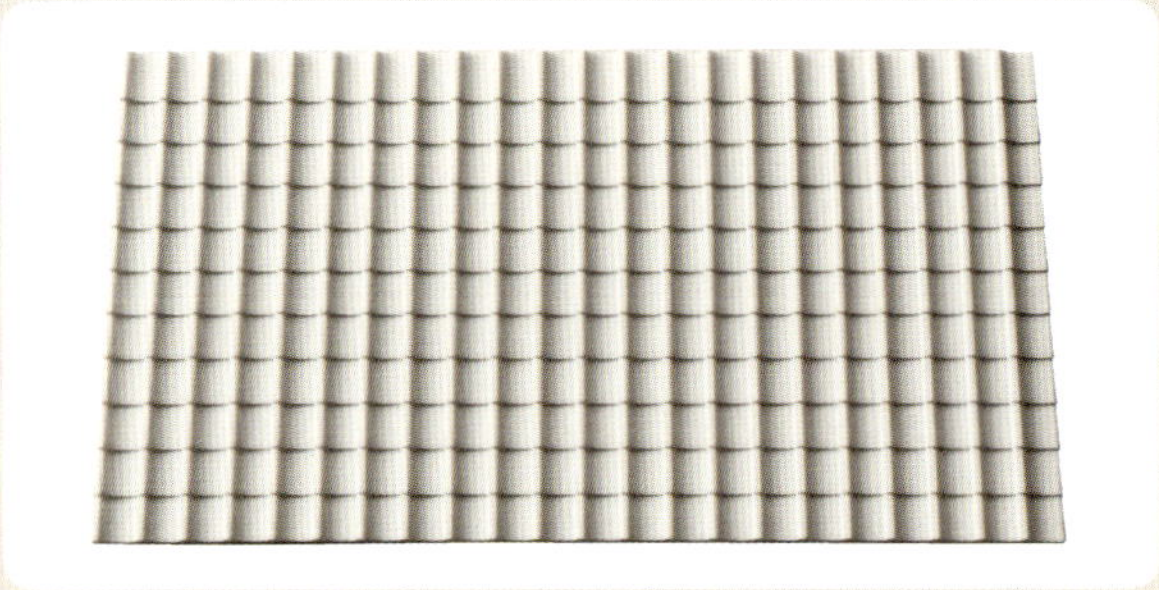

3Dデータは友人に頼んで制作してもらい、3Dプリントサービスで出力した部品を2枚使用。価格が安いアクリル素材で出力したため、表面が砂糖菓子のようにザラザラで、なめらかになるようにサーフェイサーを塗って（作例では5度塗り）下地処理とします。3Dプリントの詳細は（P122）に。

■ サーフェイサー・黒
（クレオス）

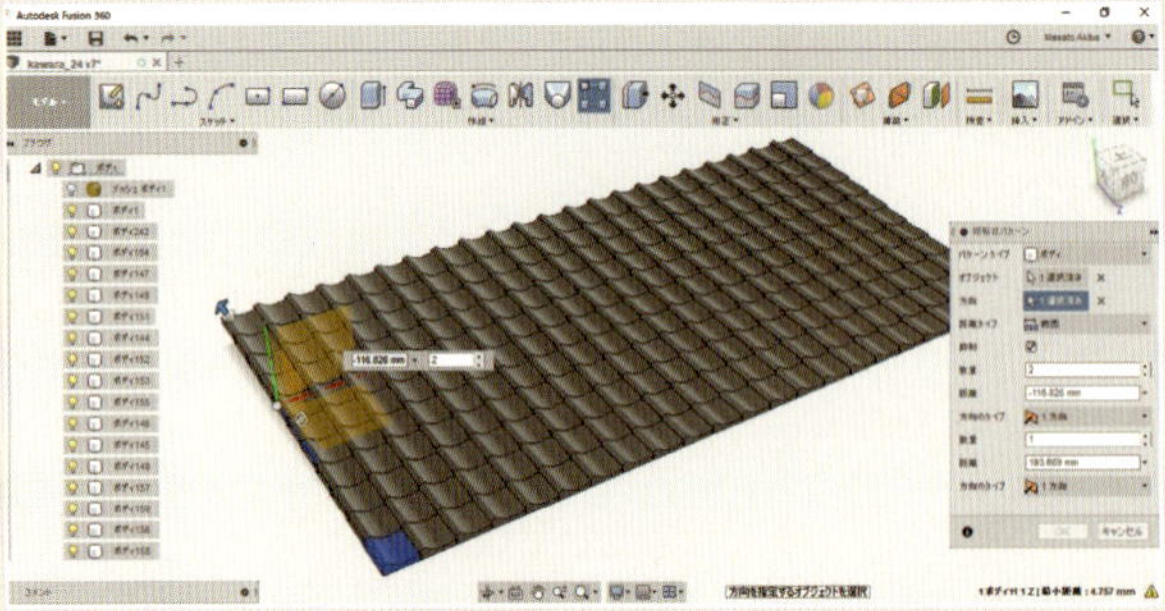

無料で使えるオンライン3Dソフト「Fusion 360」を使って3Dデータを制作。

2

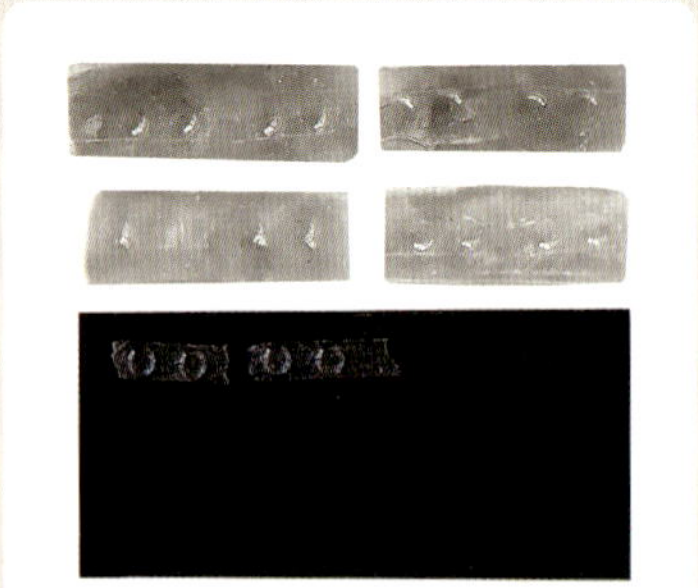

瓦の端に使われる「万十軒瓦《まんじゅうのきがわら》」の再現作業です。饅頭のようなふくらみがあることから、当て字で「万十」と呼ばれる瓦。出っ張っている部分の円の大きさは90Φで、1/24なら約4Φ。車のレンズパーツだけを集めた模型用部品を、平らな板に両面テープで貼り付け、お湯でやわらかくなる粘土を押し付けて型取り用の型を作成。

■ おゆプラ
（ダイソー）

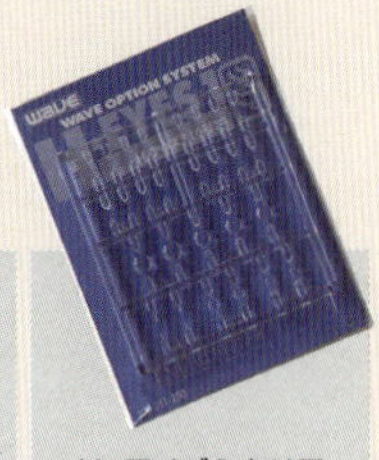

■ H・アイズ1クリア
（WAVE）

3

100円ショップはジオラマ材料の宝庫！ 2の「おゆプラ」と一緒に購入した「UVレジン」を、型取りした「おゆプラ」に少量流し、日光に当てて硬化させて（30分ほど）、大量の瓦を生み出します。専用のUVライトを使えば、夜でも硬化作業を行なうこともできます（私は所有していないので日光派です）。

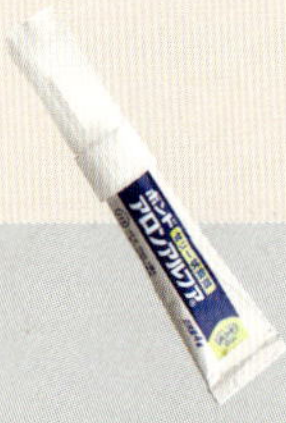

■ ゼリー状瞬間接着剤
アロンアルファ（ボンド）

■ UVレジン／ハード
（ダイソー）

4

2枚の屋根部品を結合させて屋根の形状とする行程です。図面の屋根の角度どおりに切り出したアクリル板（固くて歪みが出ない材料ならばなんでもOK）をガイドにして、2つの瓦部品を接着。そして、ヒノキ棒4mm角で補強します。3Dプリント部品は経年で歪みが生じてくることもあるので、しっかりとした骨組みにします。

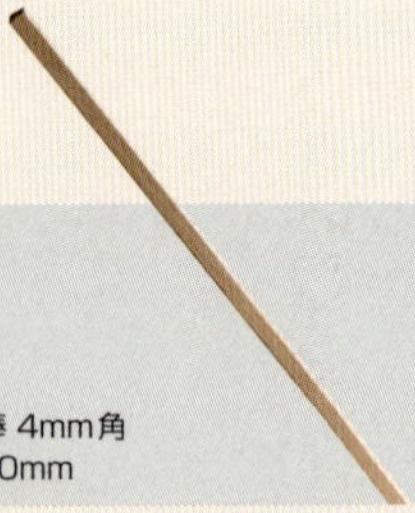

■ヒノキ棒 4mm角
長さ900mm

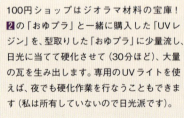

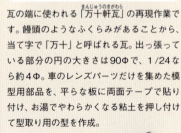

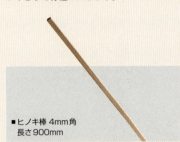

5

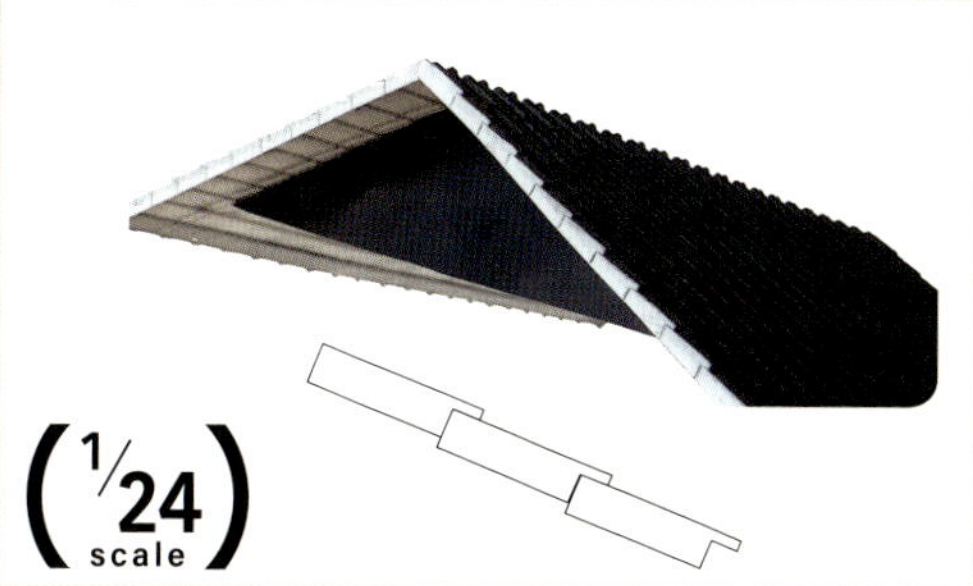

並びの一番端に位置する瓦として使われるのが、側面が垂直になっている「右袖《そで》瓦《がわら》」「左袖瓦」です。この部分は建物の正面（と真裏）になり目立つ場所なので、表面と角を緻密に再現したい。まずはプラ板0.5mm厚で、瓦側面を覆う細長い板部品を作ります。それを直接瓦部材の側面に貼り、瓦が重なっている段段の形どおりにカッターで切り込んで作成。瓦のつなぎ目のL字状の筋はPカッターで彫ります。

■プラ板 0.5mm厚
（タミヤ）

6

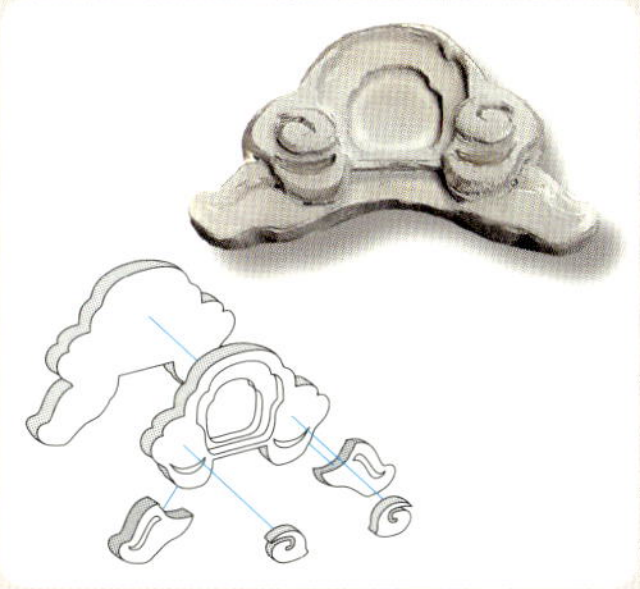

「鬼《おに》瓦《がわら》」の工作は、屋根全体をリアルに見せる重要ポイントです。ここを細密に仕上げられれば大成功です。彫刻がとても細かいため、今回はレーザーカッターの力を借りて作りました（もちろん、がんばってカッターで切り出すのもあり）。より立体的に見せるために、平面部材をいくつも重ねて模様を再現するのです。プラ板1mm厚で1枚ずつ、CTスキャンで見るような輪切りにされた断面を作って積み上げていく感じです。

■プラ板 1mm厚
（タミヤ）

7

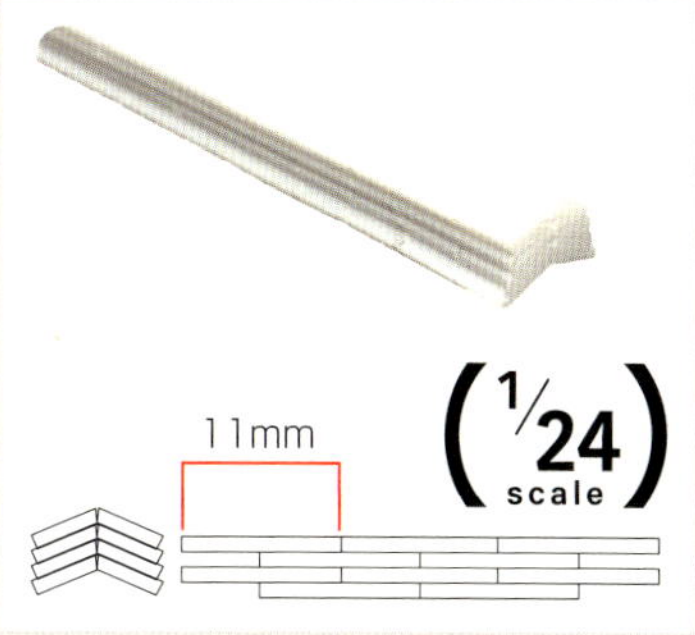

「のし瓦」は、瓦屋根の頂点すべてを覆うように、「へ」の字型で2～5段とかに積み上げられている瓦。まず、プラ板1mm厚で細長い部品を枚数分切り出し、両サイドにはPカッターで、11mm間隔で交互に積んだように彫刻線を入れます。それぞれの中心線にPカッターで折れ目を入れて「へ」の字型に曲げ、重ね合わせて接着します。

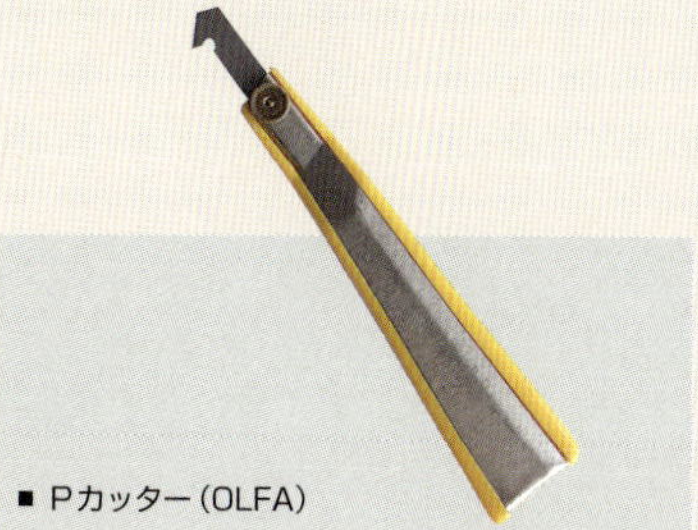

■ Pカッター（OLFA）

8

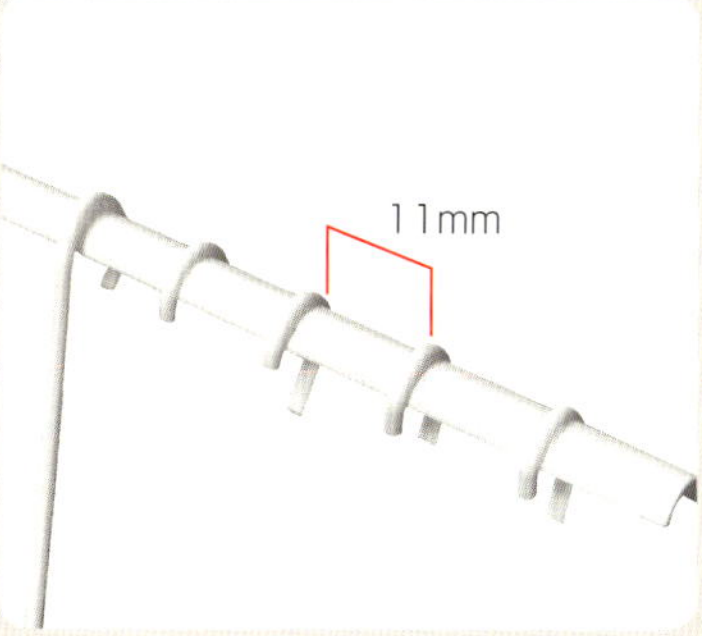

「冠《かんむり》瓦《がわら》」は、頂点を覆う「のし瓦」のさらに上に乗せる瓦。パイプ状のプラ棒6.3mmΦを、カマボコ状にするためノコギリで慎重に2つに切断。その部材に、断面が半円のプラ棒を写真のように巻き付けて瞬間接着剤で固定。このエバーグリーンのプラ素材はとてもやわらかいので、手でしごいてクセを付けて曲げられます。

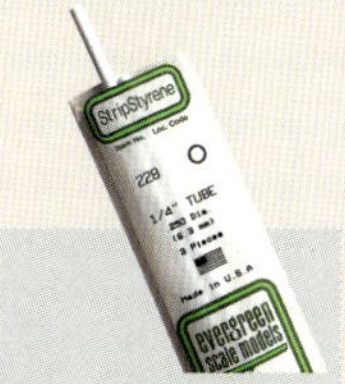

■パイプ棒 6.3mm
TUBE
（エバーグリーン）

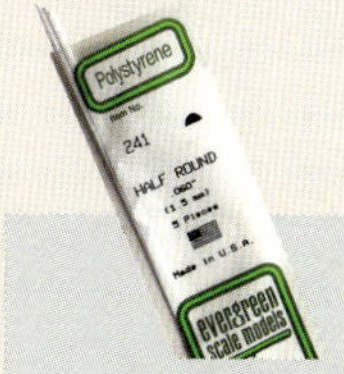

■プラ棒 1.5mm
HALF ROUND
（エバーグリーン）

9

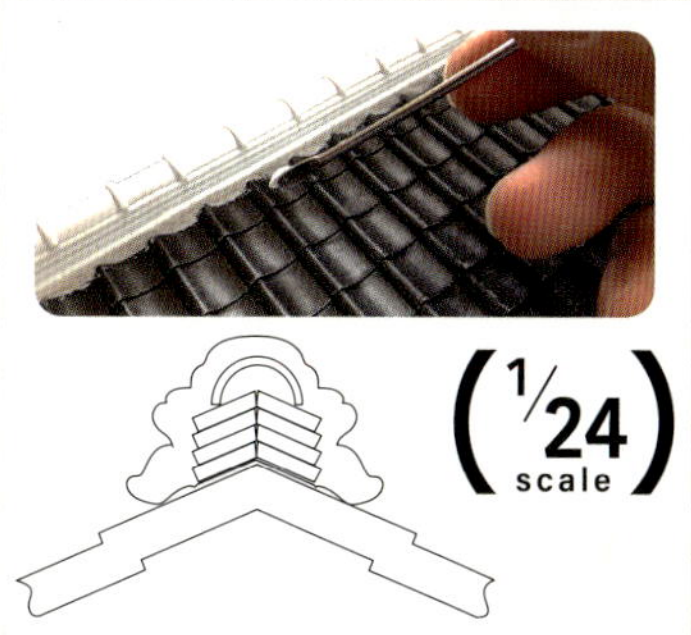

5までできていた屋根全体に、678をゼリー状瞬間接着剤で固定します。普通の瓦とのし瓦の間に空いたカマボコ状の隙間は、実際には漆喰で施工されているので、似た素材としてモデリングペーストを使います。タミヤの調色スティックを使って隙間にモデリングペーストを押し込んだあと、表面が平らになるように、少量の水を付けた先端で整えます。

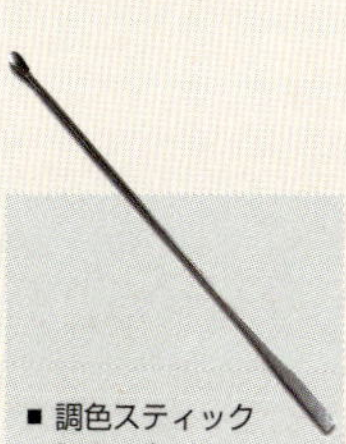

■ 調色スティック
（タミヤ）

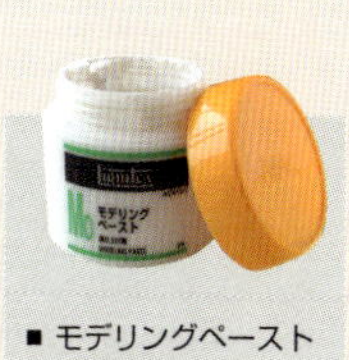

■ モデリングペースト
（リキテックス）

雨どい

日本家屋の屋根になくてはならない部品「雨どい」。複雑に重なった屋根の端面に沿うように取り付けられたこの部品を制作するためには、基本寸法を把握することが大事。1つ1つの部品をていねいに工作し、各部品の位置合わせを綿密に行なう必要があります。

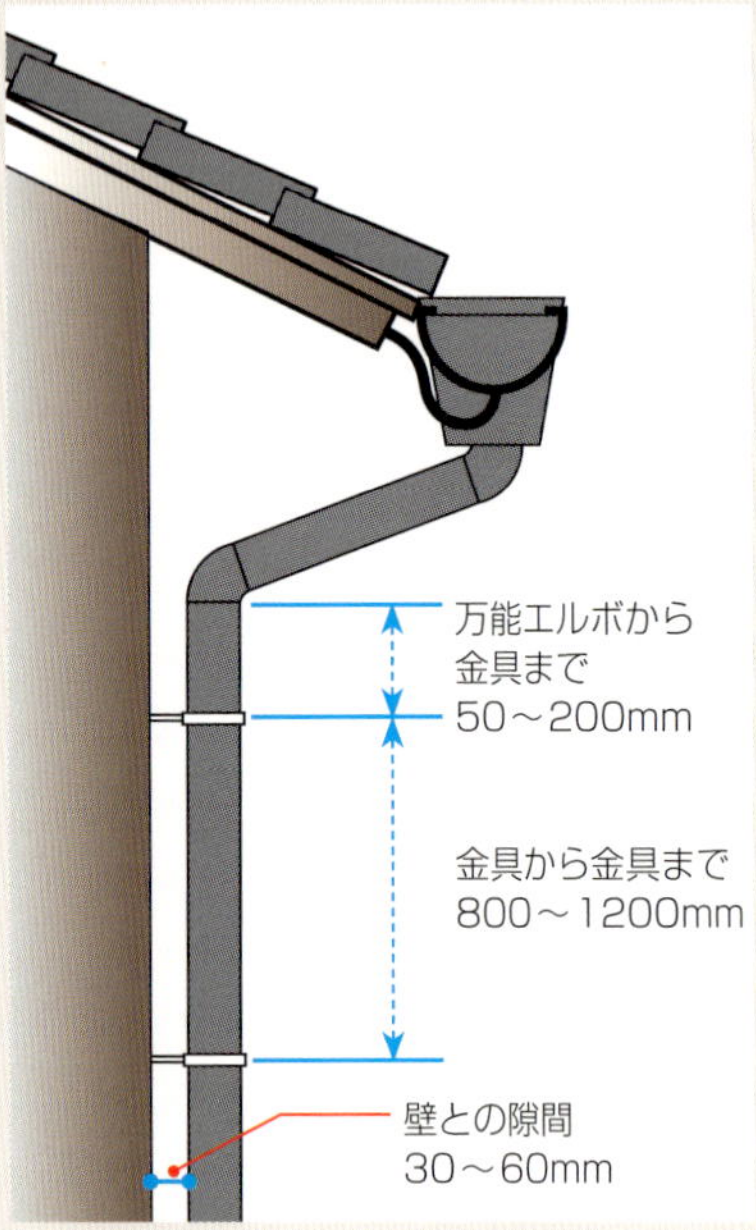

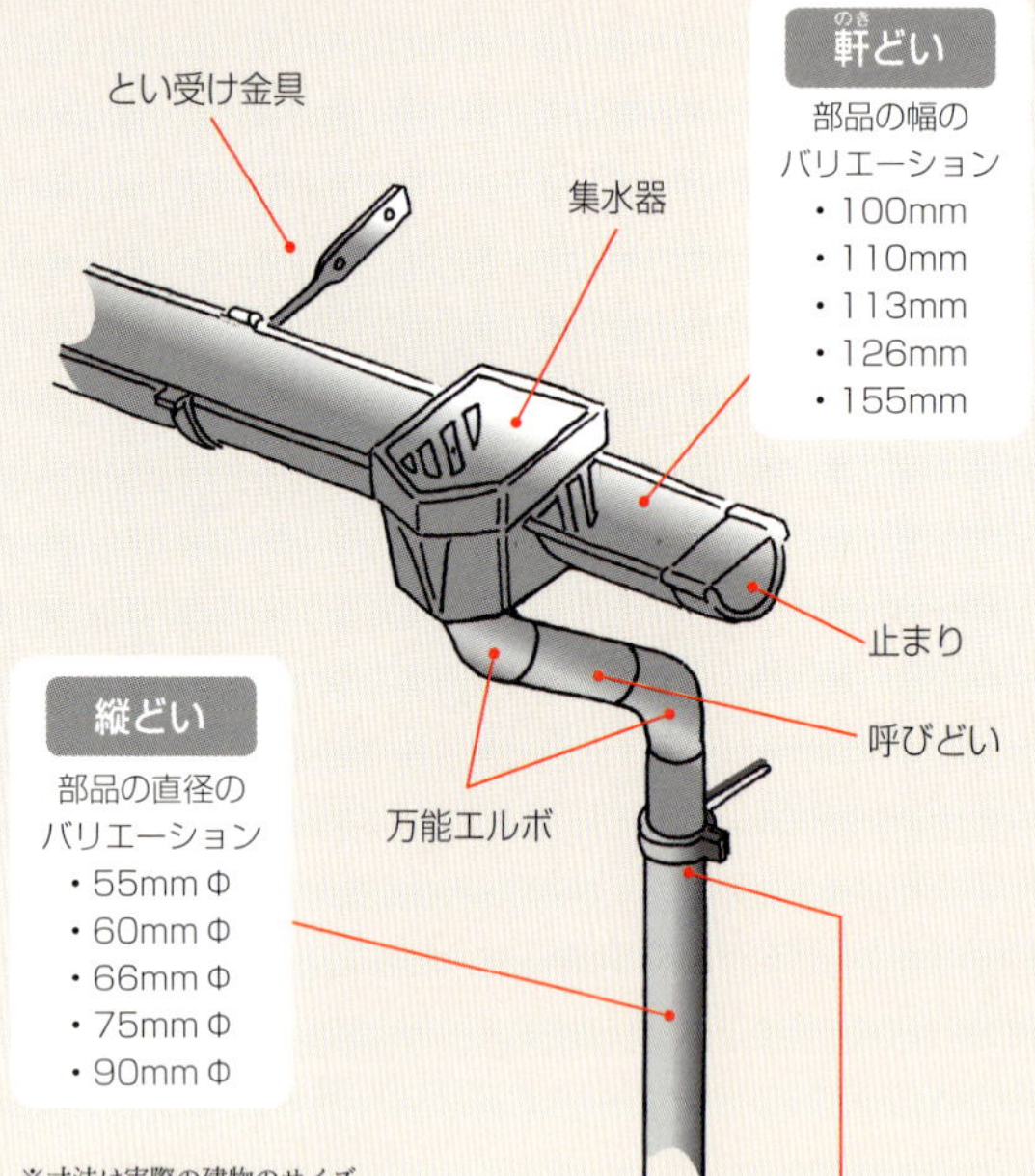

※寸法は実際の建物のサイズ

半円の片側の丸は蝶番で、反対側の丸は穴が空いている。開けて縦どいを装着し、穴に針金や釘を差して留める仕組み。

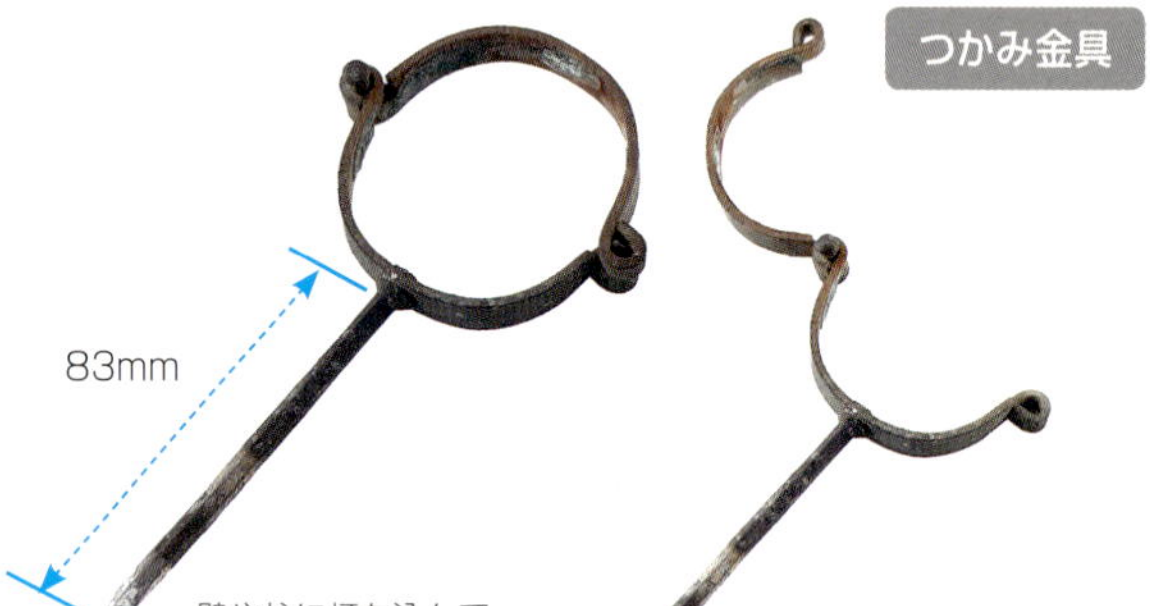

壁や柱に打ち込んで縦どいを固定する。

実景の参考写真（東京・杉並区／2018年撮影）

【外　観】を作る

曲げ加工は、図面を参考にするのではなく、実際に作ったジオラマの建物に合わせながらやります。一発で合わせられずに何度も作り直しました。

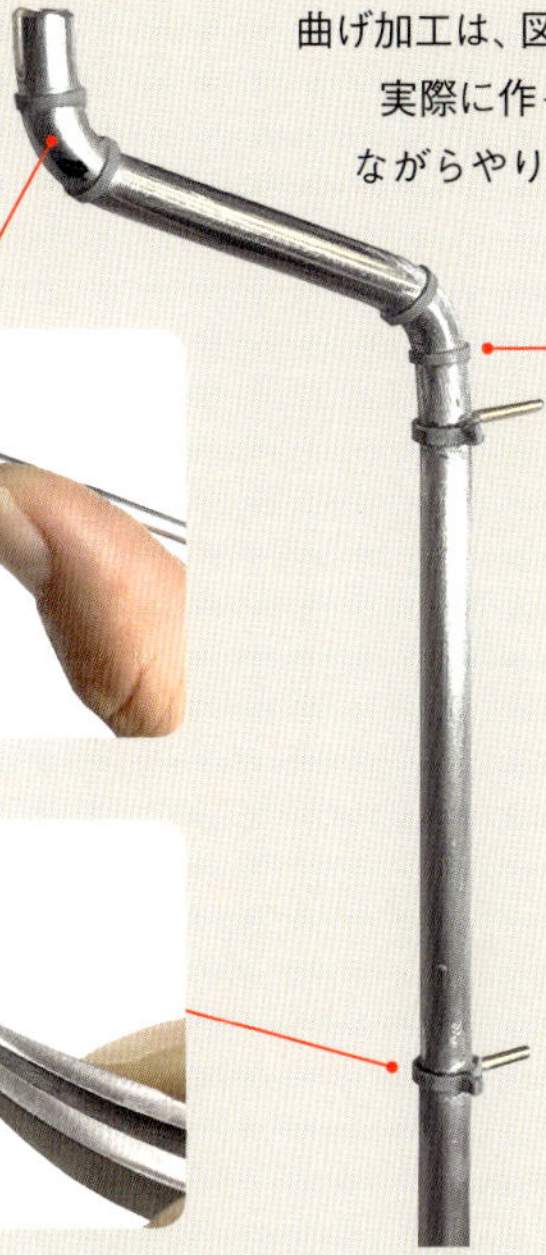

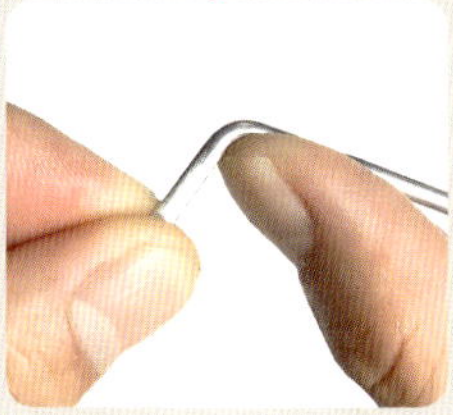

「縦どい」の再現にはアルミ棒3mmΦを使います。「万能エルボ」の曲げ部分は指で曲げます。力が入りやすいので長い棒のまま曲げ加工して、あとから適正サイズにカットします。

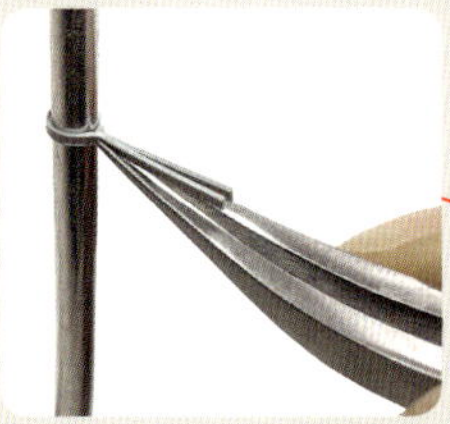

「つかみ金具」工作は、プラ板0.5mm厚を細切りにして「縦どい」に巻き付け、接するところをつかむように、ゼリータイプの瞬間接着剤で付けます。これが円状部分。打ち込み部分は真鍮線0.8mmΦで再現します。

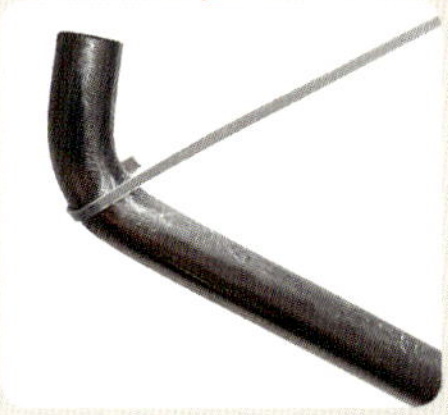

「万能エルボ」と「呼びとい」をつなぐ加工部分を再現するために、プラペーパーを細切りしたものをリング状に巻き、ゼリータイプの瞬間接着剤で付けます。

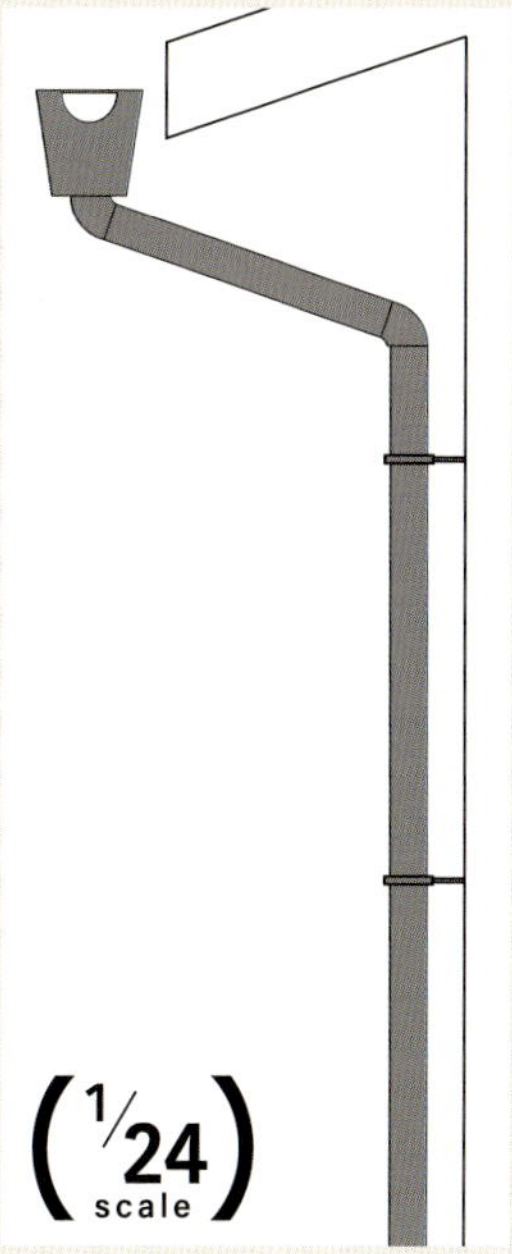

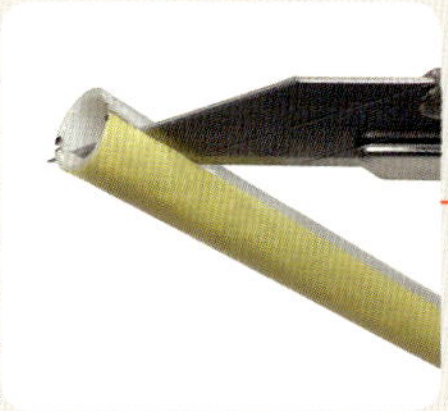

屋根に沿った「軒とい」には、プラパイプ5mmΦを使います。マスキングテープをガイドとして、上下均等の半円形になるようにカットします。端はプラ板でふさいで「止まり」を再現します。

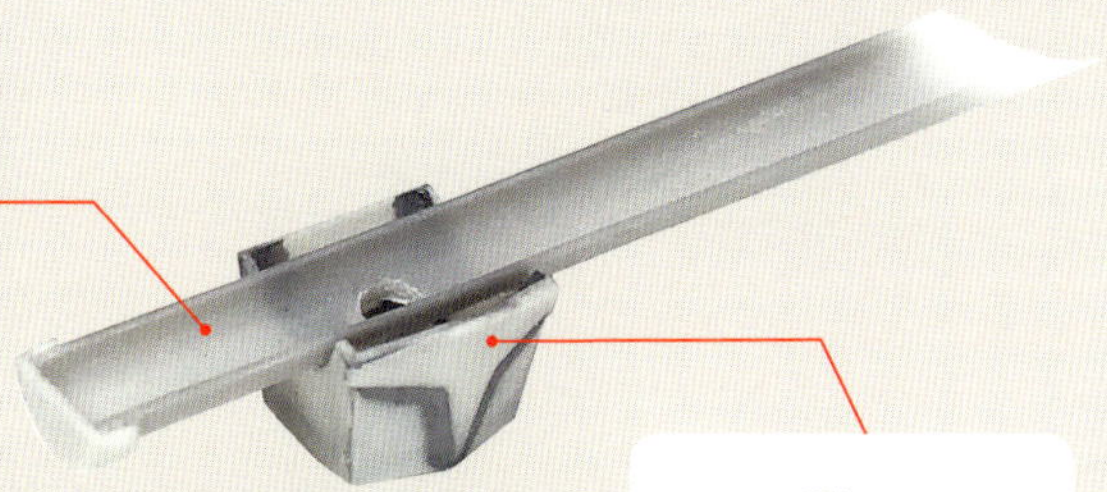

「集水器」の工作は、プラ板0.3mm厚で、図面を参照して箱組みします。緻密感を出すために、正面に「T字」状の飾りがデザインされたタイプを再現しました。

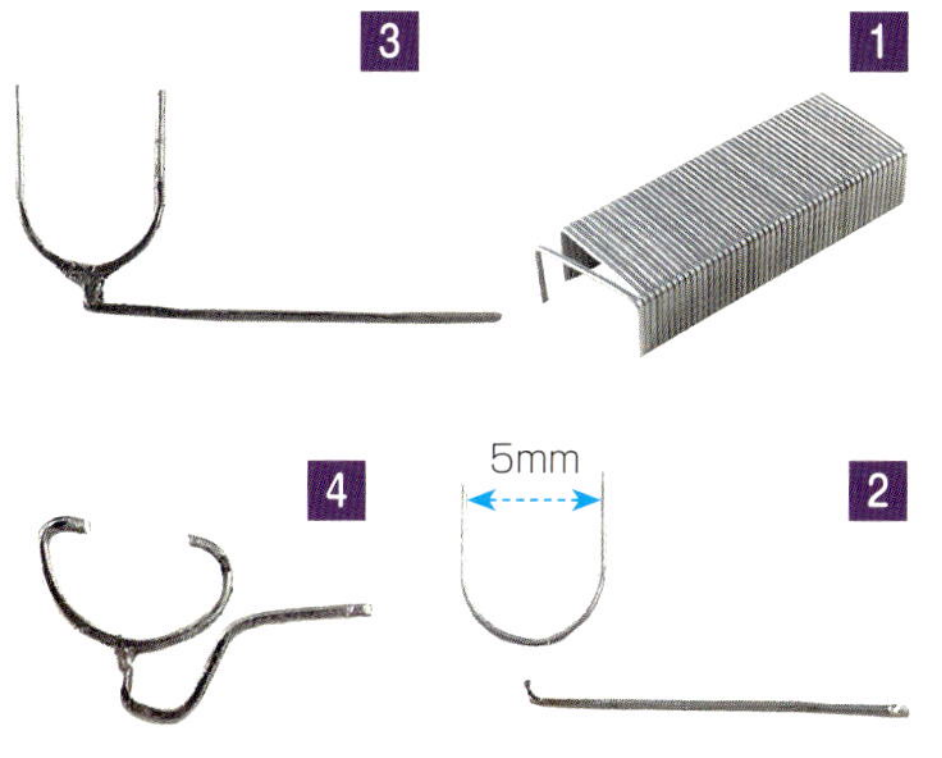

「とい受け金具」は、実物の板状金具の断面が四角なので、緻密さUPのため、1ホッチキスの針を使います。2 1つの針を延ばしてU字とL字にして3ハンダ付け。4ペンチで、といを受ける爪と、軒につながる形状に曲げて完成です。

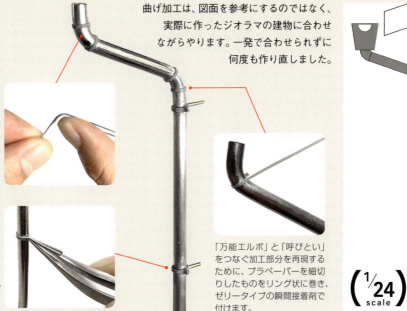

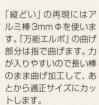

窓

1

窓の作り方の代表例として、1階店舗正面の木戸で解説します。木造の窓の部品工作には、ヒノキ材1mm厚を使用。平行にいくつもカットする際には、WAVEのT定規が圧倒的な威力を発揮！

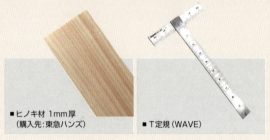

■ヒノキ材 1mm厚
（購入先：東急ハンズ）

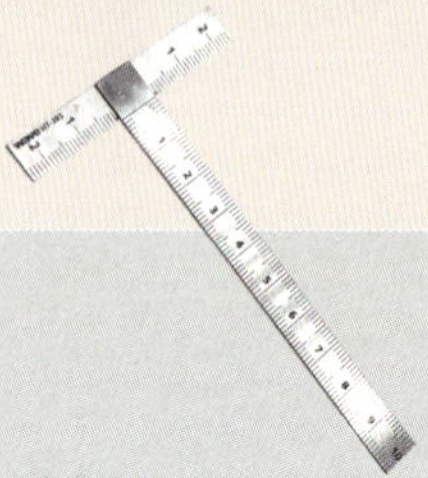

■T定規（WAVE）

2

透明アクリル板0.5mm厚に、図面を下敷きにして、桟部分をカッターでけがきます（作例ではレーザーカッターで加工済み）。そこに、1で切り出したヒノキ材をゼリータイプ瞬接で貼ります。爪楊枝を使って少量付け、ハミ出さないよう調節しながら十分注意して塗りましょう。

■透明アクリル板0.5mm厚

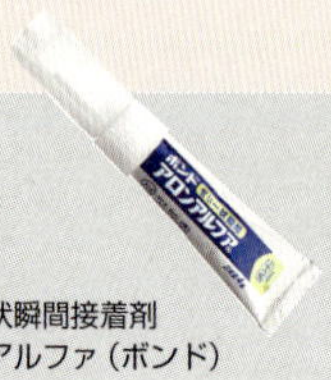

■ ゼリー状瞬間接着剤
アロンアルファ（ボンド）

3

窓の桟は、アクリル板の表裏両面でぴったりと重なるように注意して貼ります。これがうまくいけば、まるで桟の中央にガラス板が挟まれている雰囲気に仕上がります。アクリル板は、塩ビ板やタミヤの透明プラ板に比べて、屈折率の関係なのか、リアルなガラスの硬質感が出せます。桟の次は、下部に「ツキ板」を貼ります。

■ツキ板・マコレ柾目
（ツキ板屋／坂商会）

※ツキ板の販売については（P76）に

4

「型押しガラス」は昭和の木造建築によく使われています。この独特の凹凸のある質感の表現には、浴室ガラスなどの窓の目隠しシールを使います。下のメーカーのものは凹凸が細かく、1/24～1/12スケールの型押しガラスの再現として最適です。気泡が入らないように、しっかりと圧着します。

■浴室用目隠しシート
窓ビジョン VM-S12
（菊池襖紙工場）

5

古い木枠の窓では、窓枠に「真鍮のレール」が釘打ちされています。この窓枠パーツの再現には、真鍮線0.5mmΦを2本を、瞬間接着剤を流し込んで固定します。窓の開け閉めまでしたければ、次のように精度を高く制作すると可能です。

- このレールをまたぐように、窓の下部中央を棒ヤスリ等で溝を削る。
- 上方の桟には0.3mmほどの木の棒を付ける。
- 窓枠側に溝を彫る。

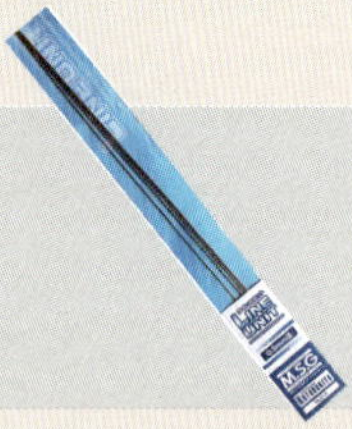

■真鍮線0.5mmΦ
（KOTOBUKIYA）

物干し台

昭和30年代までの木造住宅に作り付けられた「物干し台」。洗濯物を干す場所としての利便性がシンプルな造形美を醸し出し、今の住宅の「ベランダ」には感じられない味わい深さが漂います。木材をていねいにカットして組み合わせるだけなので、気軽に取り組みましょう。

※寸法は1/24の制作実寸です

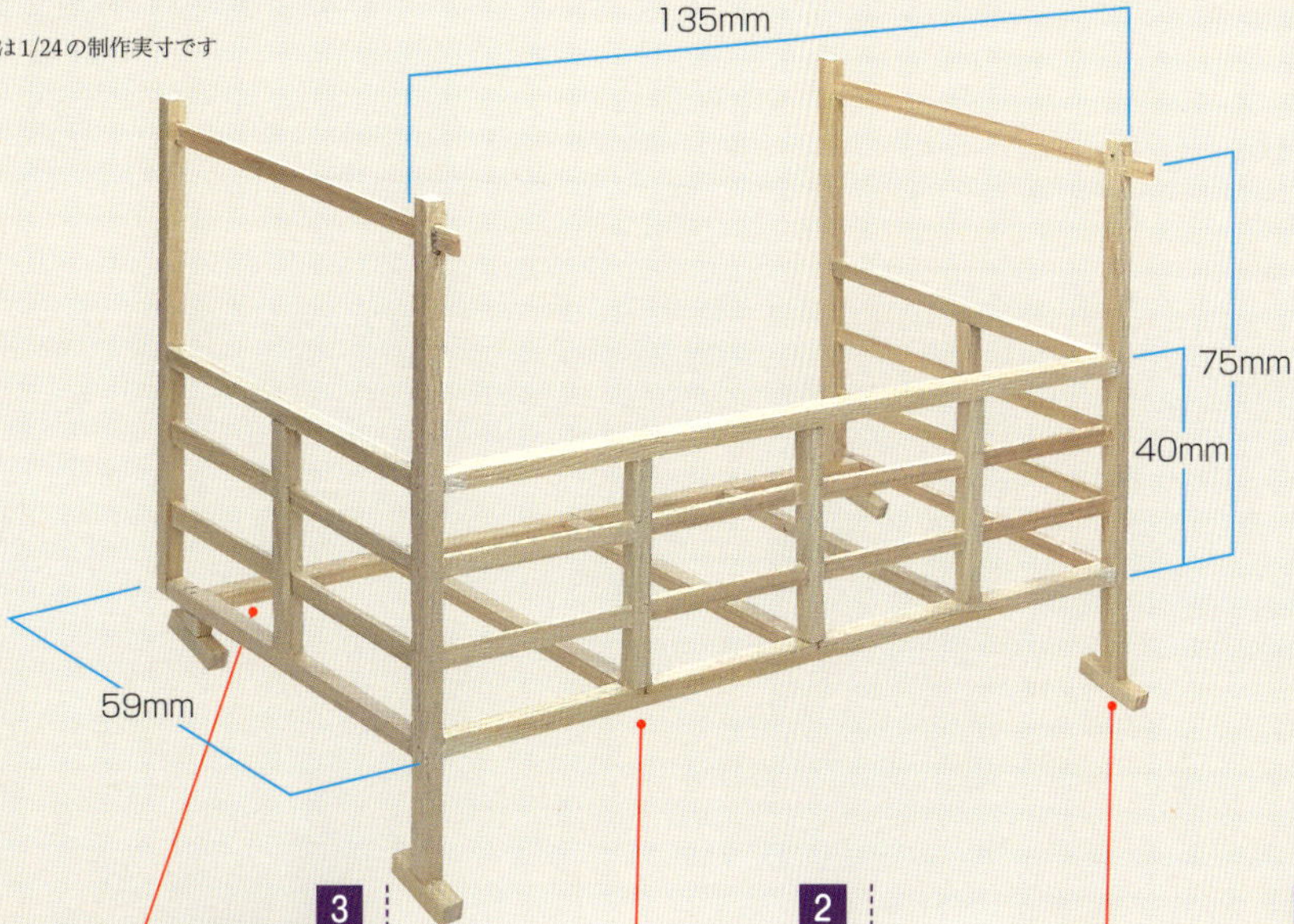

1

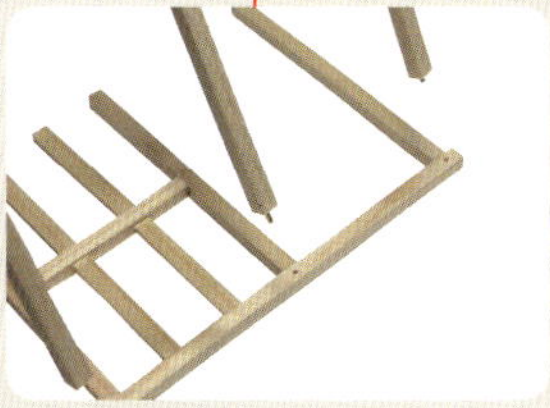

木材の接着はゼリー状瞬間接着剤で行いますが、強度を考慮して、部分的に真鍮線を入れて差し込みます。塗装の際や、以降の組み上げ行程における破損防止が目的です。

■ヒノキ材 3mm角
長さ900mm

2

経年変化によりやせて木目が目立ってきた様子を再現するため、細かい目のノコギリ（ピラニアノコギリ）を木材の表面に当て横にスライドさせて傷を付けます。

■ピラニアノコギリ

3

床板として、ヒノキ材1mm厚を、隙間を空けて貼ります。そこに、リベットスタンパーを使い、釘穴を再現します。

■リベットスタンパー
（ハセガワ）

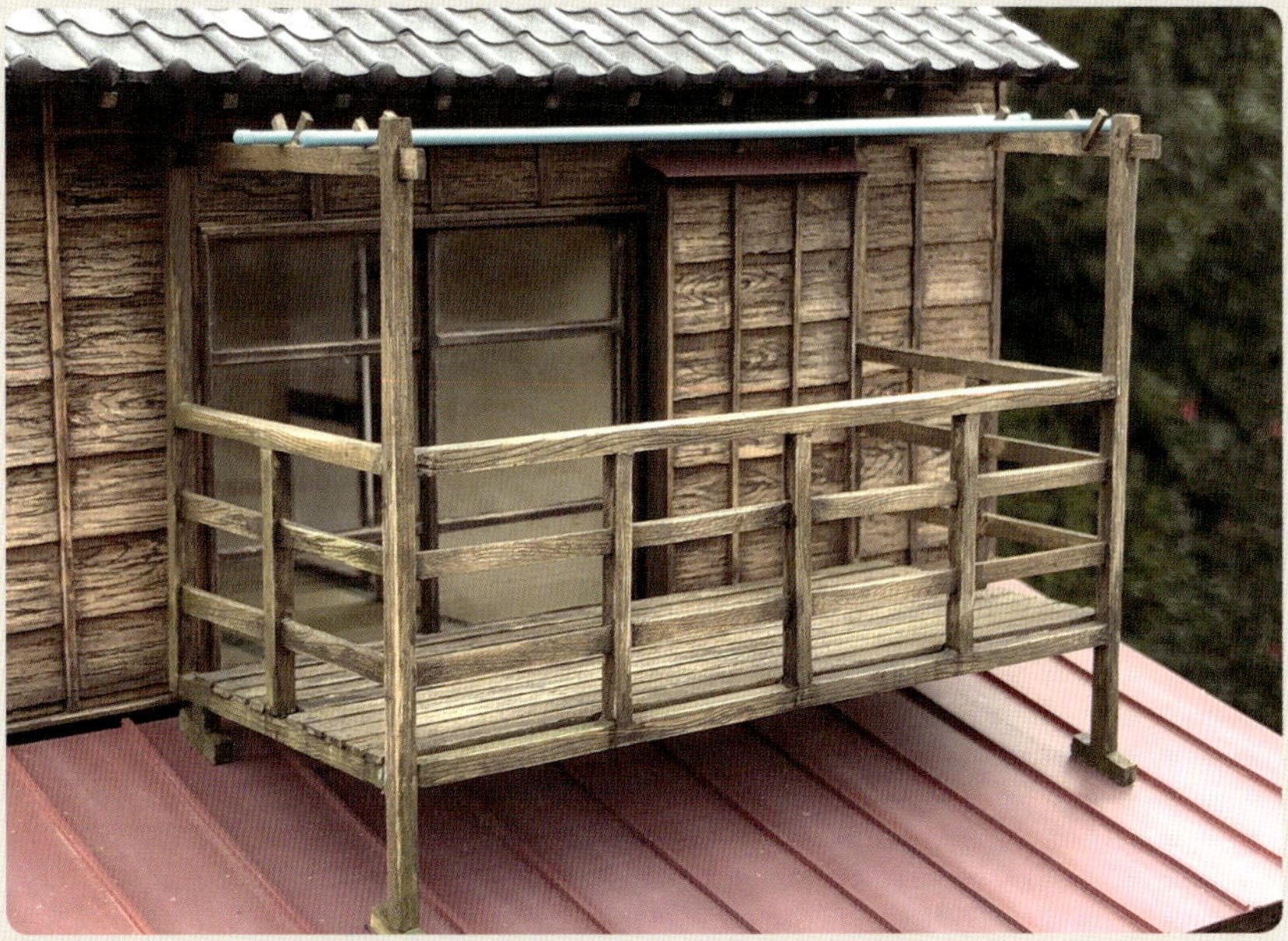

4

物干し台の塗装は、建物外観と同様に（P90）、タミヤのアクリル塗料の「リノリウム甲板色」と「フラットブラック」を1対1で混色し専用溶剤で薄め、木材にしみ込ませるように塗ります。よく乾燥させてから、スポンジヤスリで表面を整えて木地を出すと、塗装感が目立たず自然な佇まいに仕上がります。

■アクリル塗料
フラットブラック（タミヤ）

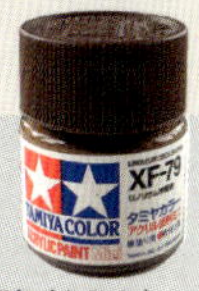

■アクリル塗料
リノリウム甲板色（タミヤ）

日よけ

「駄菓子屋さんには必ずある！」と言っても過言ではない、ビニール製の日よけ。戦前から存在しており、機構も基本的には変わりません。いざ、制作に取りかかろうとじっくり観察してみると、様々な金属部品でできた、模型映えする（逆に言えば作るのが大変！）アイテムだったのです。

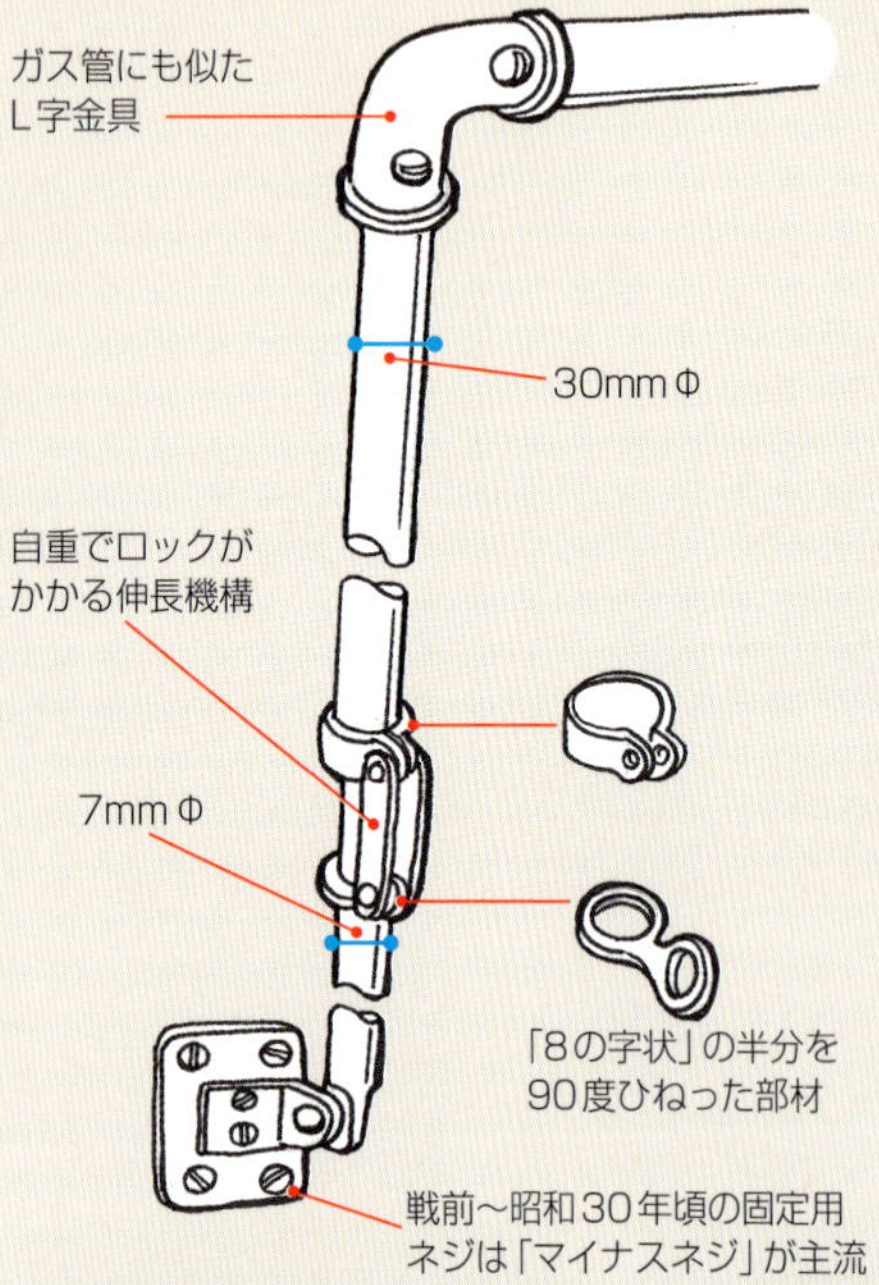

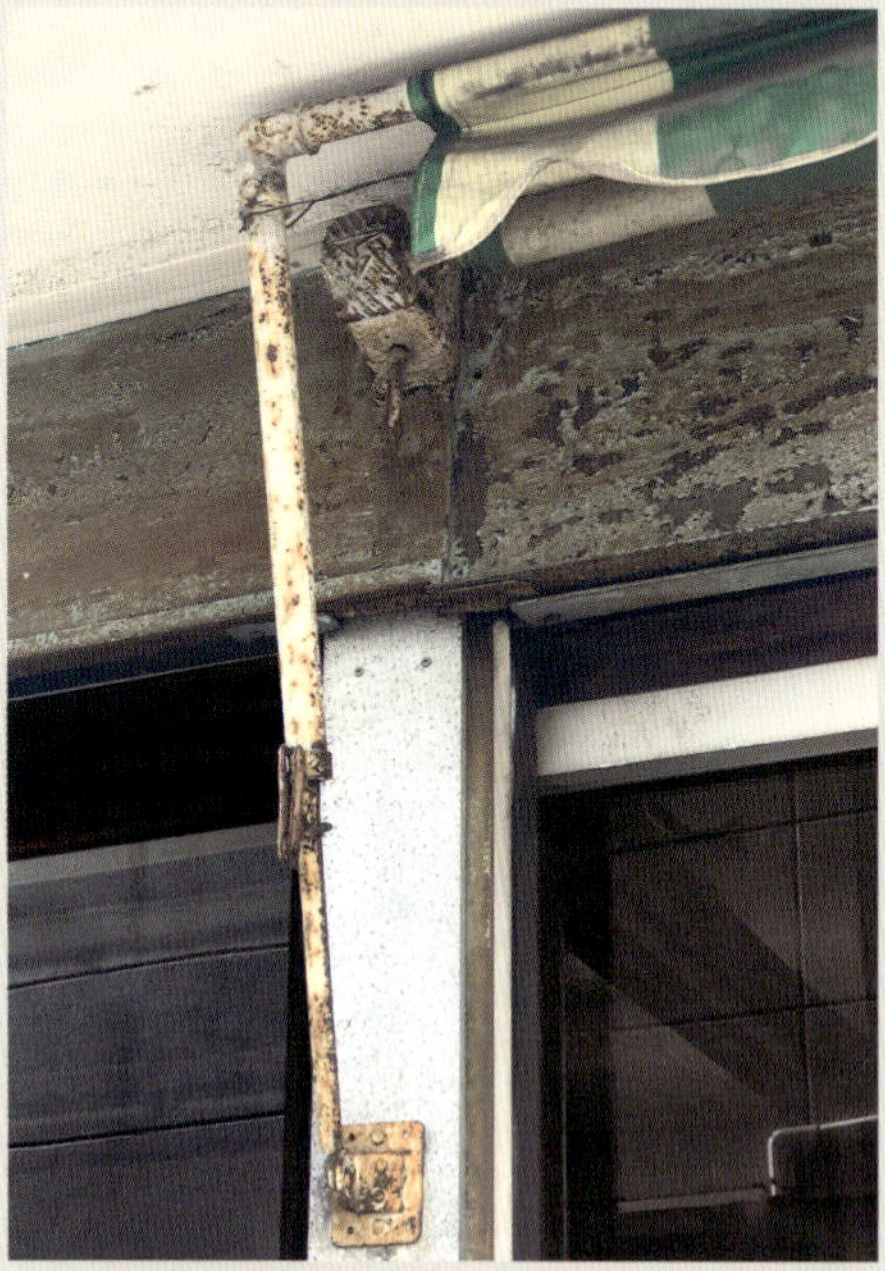

4点すべて参考実景写真（東京・杉並区／2018年撮影）

チェーンを使った日よけの巻き取り機構の1バージョン。これは模型映えしそう！

日よけ基部の巻き取り機構は、左右のどちらかにあります。L字のハンドルを回すことで、日よけの出寸を調整します。ハンドルは、イタズラ防止のため、外して店内にしまうのが通例となってます。

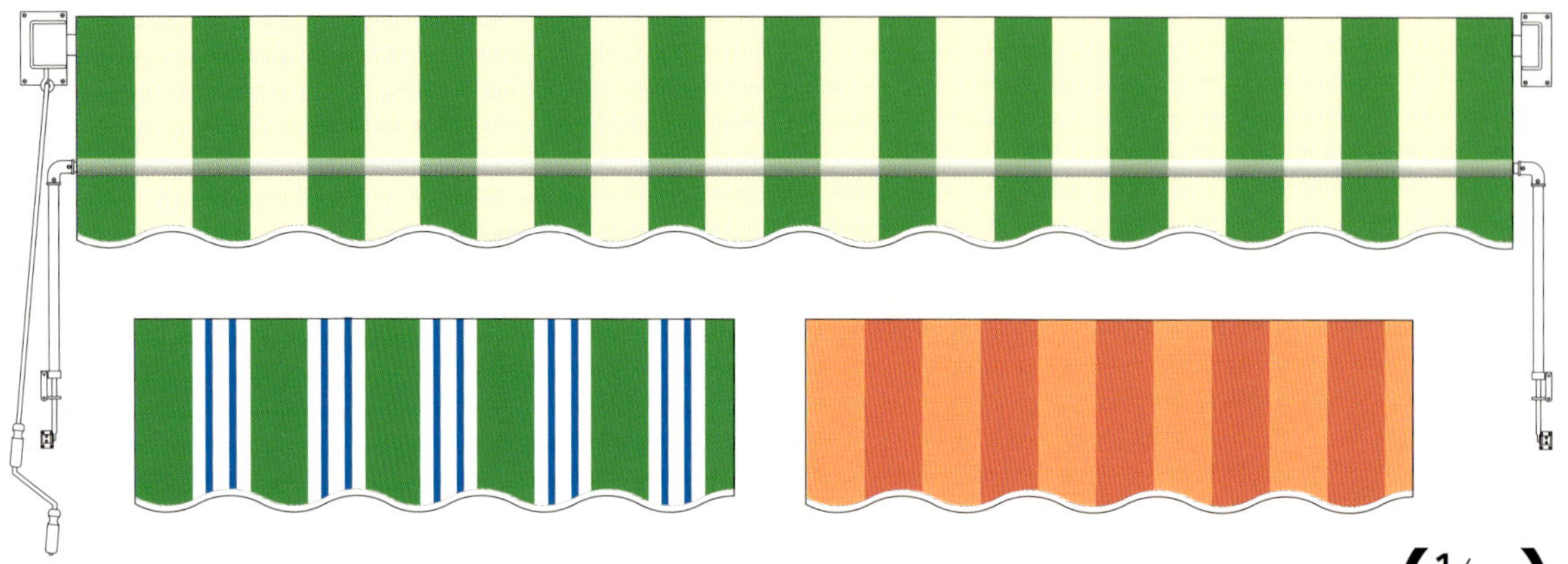

テント部分の柄のバリエーション。
下辺の波型のカットが、縦縞の間隔とぴったりと合っていないのが味わい深い！ なかなか気付かない特徴！

1/24 scale

【外　観】を作る

1

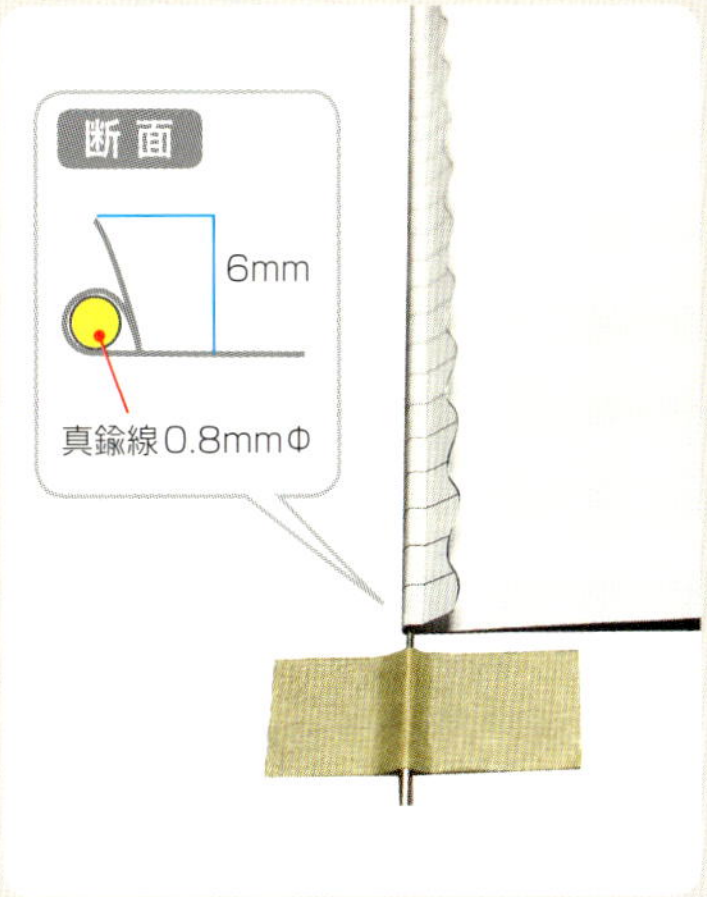

右ページのイラストを線画にして、インクジェットプリンターでケント紙に印刷しカットします。その紙を、指でクセを付けながら真鍮線0.8mmΦに巻き付け、ゼリー状瞬間接着剤で固定します。

2

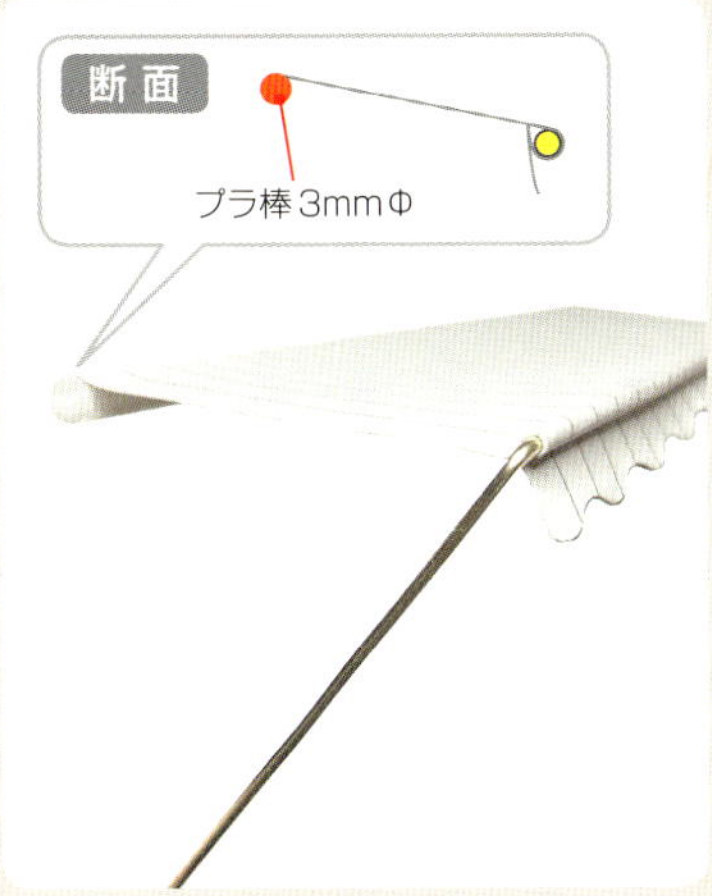

日よけの出寸部分を建物に仮設置して決定させます。そして、巻き取られた部分として、プラ棒3mmΦを接着。日よけのアームの長さや基部の位置も、この時点で調整していきます。

3

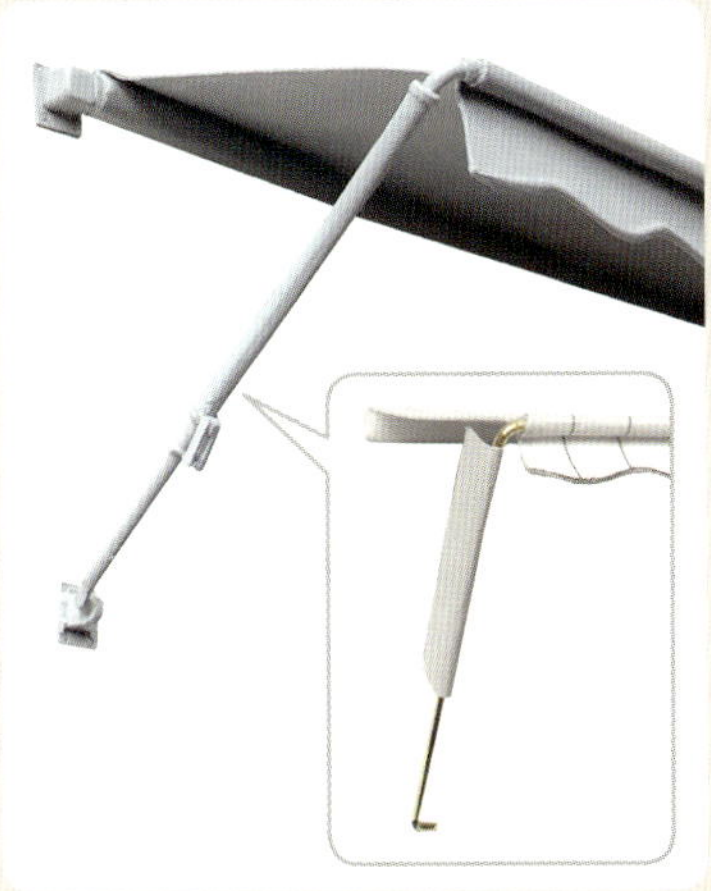

日よけ支柱は、強度を考慮し一体型に。真鍮線の途中からコピー用紙を巻き付けて、伸縮による段差を再現。さらに、右ページのイラストをもとに、プラ板0.3mm厚でディテールを追加したら、下塗りとしてサーフェーサーを塗装します。

4

組み上がったら塗装にかかります。テント部の緑色と白色の交互塗り分けは、マスキングテープを5mm幅にカットして貼り、ていねいに。ビニール素材のテカりを再現したく、「クリアー」を最後に塗装。金属製の支柱やハンドルは、何度も補修を重ねた想定です。まず、ラッカーの「ツヤ消しホワイト」を筆でタップリ塗り重ねます。乾いたら、サビが浮き出た様子の演出を。面相筆を使い微細な点を、タミヤアクリルの「リノリウム甲板色」で描いて完成です。

看板

駄菓子屋の多くでは、商店の名前と共に、扱っている商品が描かれた広告看板が掲げられています。清涼飲料水の赤いロゴがデザインの看板もよく見られる例ですが、「お口の恋人」のキャッチコピーがインパクトのある、菓子メーカー「ロッテ」の看板も記憶に刻まれる看板の1つです。

ロゴマークの横に、主力商品である「ガーナチョコレート」と「クールミントガム」のイラストが手描きされた素敵なデザインは、駄菓子屋の楽しい雰囲気を倍加させてくれます。

作例では、実在した看板を参考にしつつデザインしましたが、あくまで架空の駄菓子屋「神崎商店」の看板。名前の由来は、私が大好きな映画、山崎貴監督の初作品である「ジュブナイル」に登場する電気屋さん「神崎ラジオ商会」から取りました。店の設定としては、戦前は玩具店だった店が戦後に駄菓子も扱うようになり、いつの間にかそちらがメインになってしまったという駄菓子屋さんです。

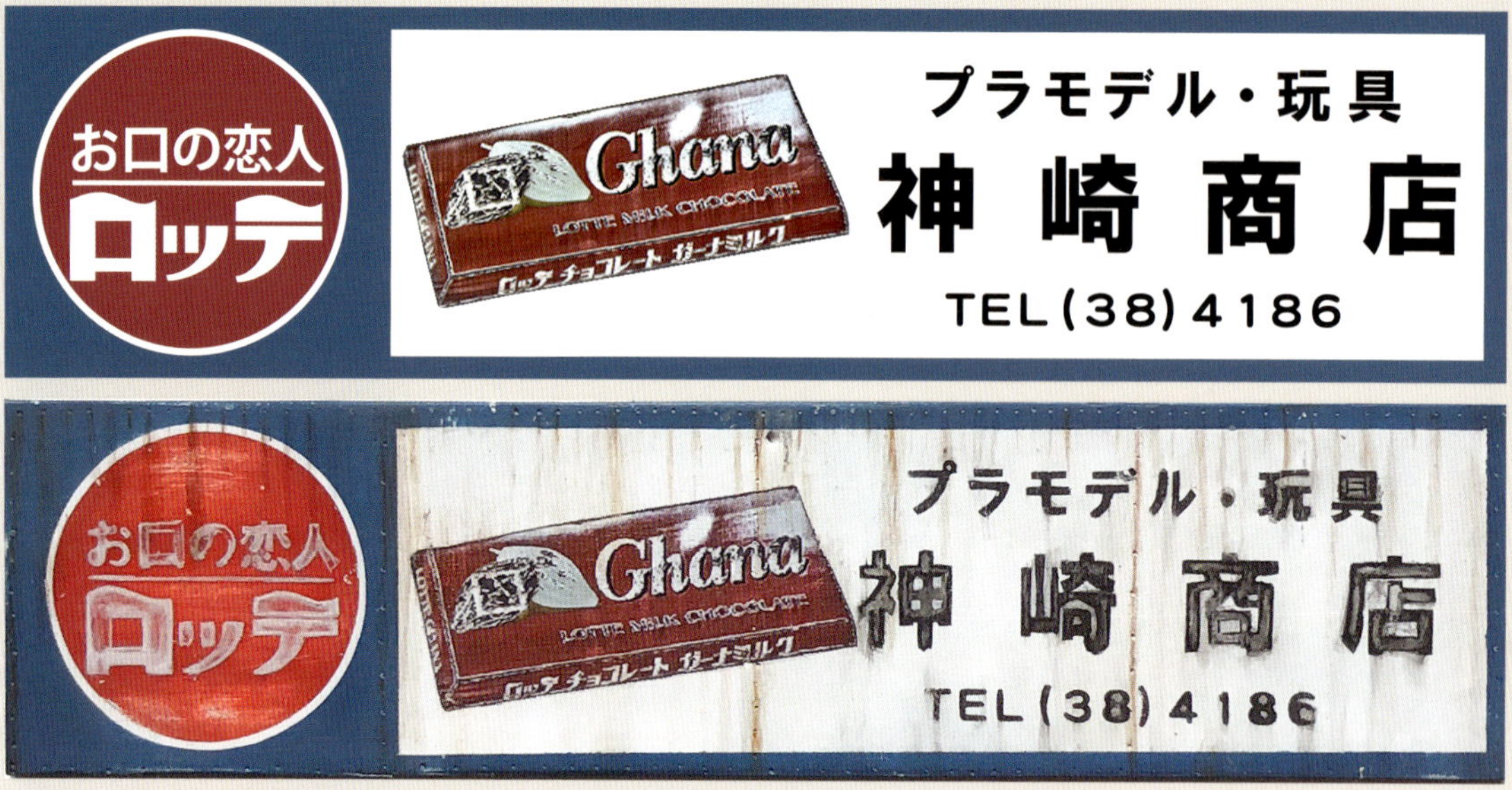

パソコンで描いたデザイン画と、それをもとに制作したジオラマの1/24原寸大。実際の看板を研究し、雨だれとサビの流れを書き込む。サビの色はタミヤアクリルの「クリアーオレンジ」と「ハルレッド」。エイジング塗装は、下に載せた実際の看板を参考にしています。

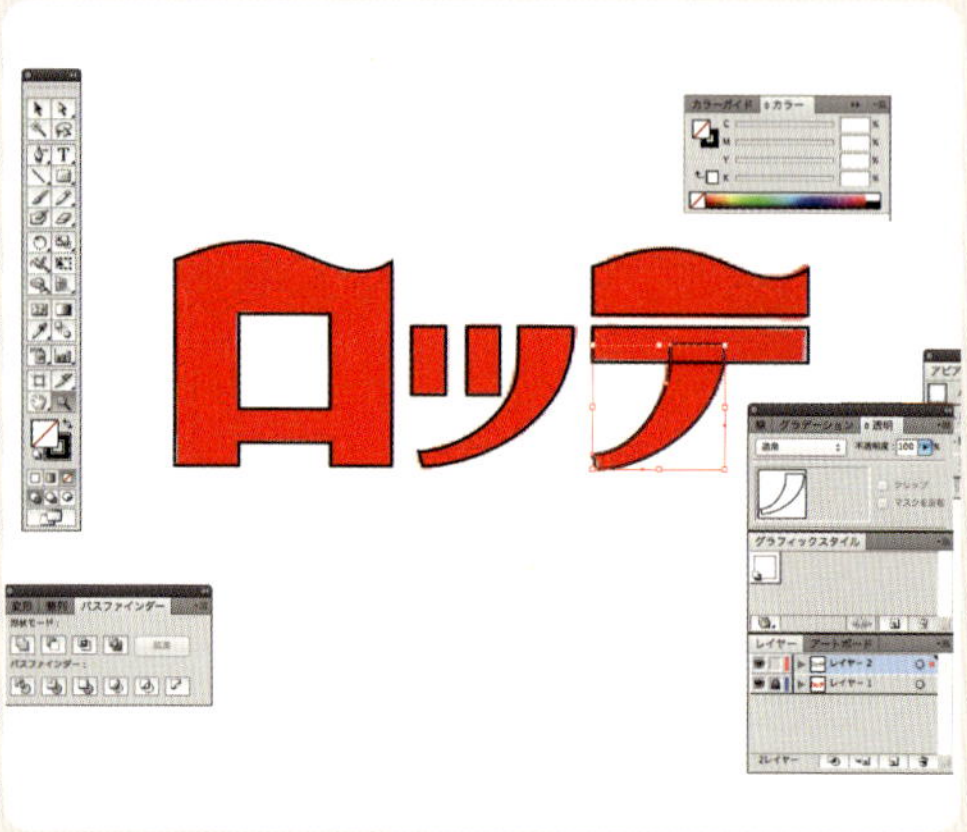

企業ロゴは、まず「Illustrator」を使いアウトラインデータを制作。そのデータから、マスキング塗装用のシール（ネガポジが逆になる）をカッティングプロッターで出力します。「Illustrator」と同様の機能を持ったフリーで使えるソフトの紹介は（P59）に。

※ロッテのロゴおよび、ガーナチョコレートの商標は、「株式会社ロッテ」の許諾をとって、ジオラマに使用&本書に掲載しています。

大阪にあったロッテ看板。このイラストの色褪せた感じを忠実に再現したく、写真をそのまま出せる転写シールにして、ジオラマの看板に貼りました。

■写真提供／日記号士日さん「廃墟的絶対静寂空間」
http://dimensionx.myqnapcloud.com/kikou/view.php?&mob=

1

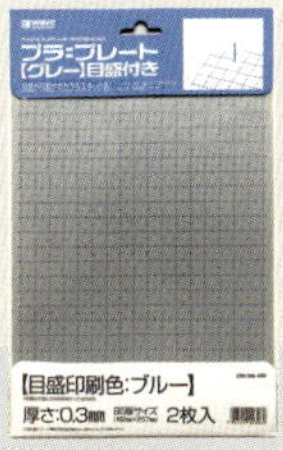

■プラ=プレート［グレー］目盛付き（WAVE）

看板のベースはプラ板。方眼が入ったWAVE製のもので、グレー成形色（プラスチック自体の色）を使用。方眼をガイドにして作図がしやすい点と、防錆処理がされたトタン板の表面を塗装せずに再現できること。カットする際は2のために余白を残します。

2

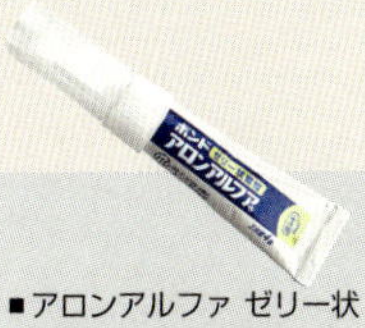

■アロンアルファ ゼリー状瞬間接着剤（ボンド）

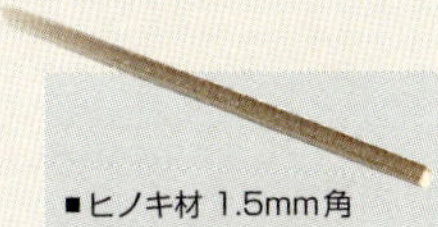

■ヒノキ材 1.5mm角 長さ900mm

ヒノキ材1.5mmを箱組みして看板の外形を作成します。その枠組みに合わせて、1の余白部分を、慎重に指でしごきながらエッジ側に直角に曲げていきます。形が整ったらゼリー状瞬接で接着して、周囲をカットします。

3

■マスキングテープ（3M）

■ホワイトサーフェイサー（SGIクレオス）

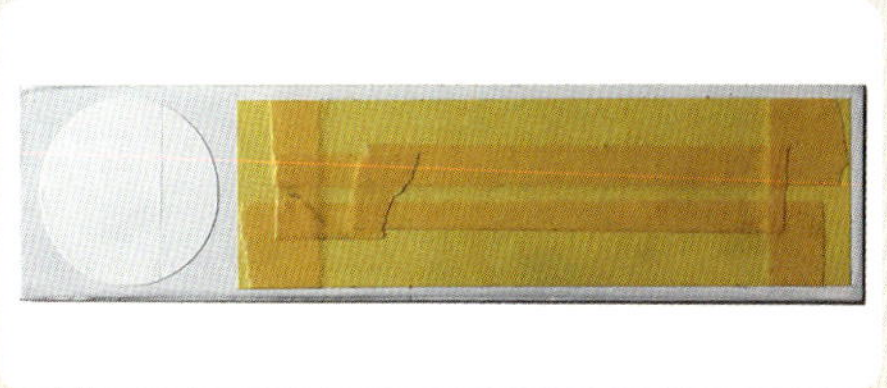

表面を、ラッカーのホワイトサーフェイサーで塗装したあとに、マスキングテープでていねいにふさぎ、看板のブルー部分を塗装します。ロッテロゴの○部分内は、歪みが出ないように、4の転写シールラベルに任せます。

4

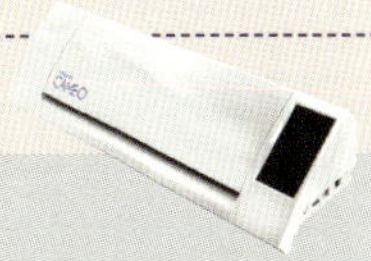

■カッティングプロッター CAMEO（グラフテック）

■ラベルシール（A-one）

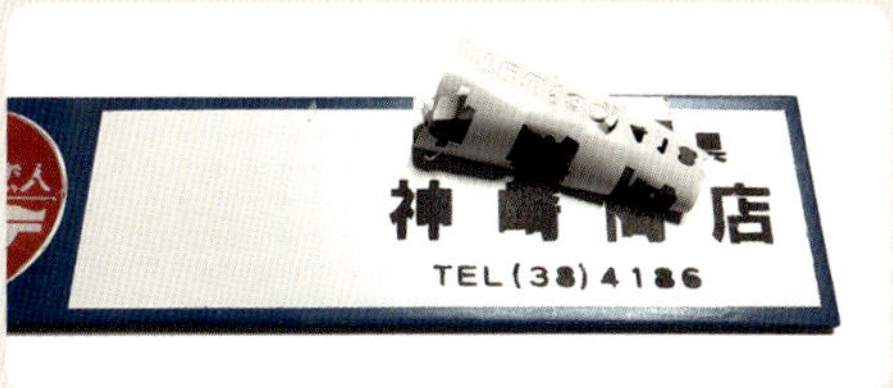

ロゴや文字は「Illustrator」で制作してアウトライン化したデータを、転写シールラベルにしてカッティングプロッターを使いカットしてマスキング用のシールを制作。ごく小さな電話番号の文字まで再現可能。

5

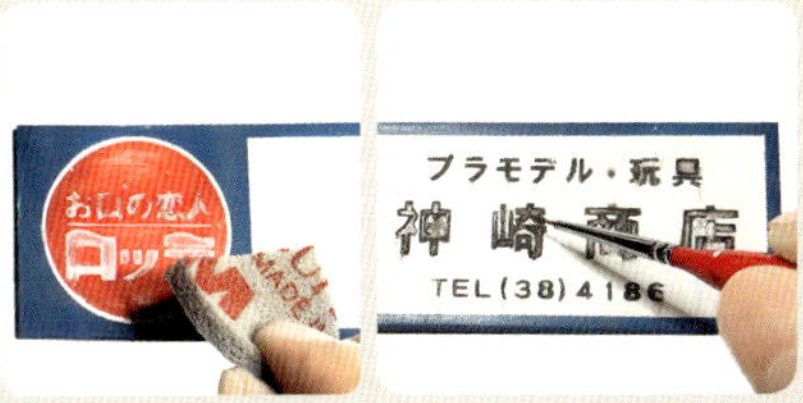

次は、エアブラシによる塗装です。赤い円部分はタミヤのアクリル塗料、ロッテの文字部分はタミヤのエナメル塗料を使います。マスキングは、4と同じくラベルシールで。看板の赤い塗料は日光の影響で退色が早く、色褪せて筆跡がわかるものを見かけます。その状態を再現するため、スポンジヤスリの400番を左右にこすって、下地の白塗装を透けさせます。さらに、文字の退色は、エナメル溶剤を含ませた筆で少しづつ拭き取って仕上げていきます。

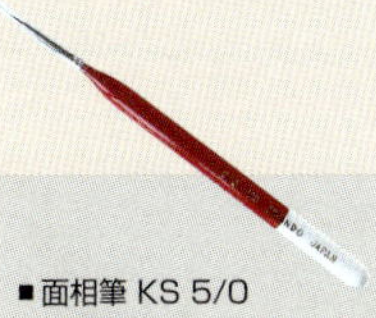

■面相筆 KS 5/0（精雲堂）

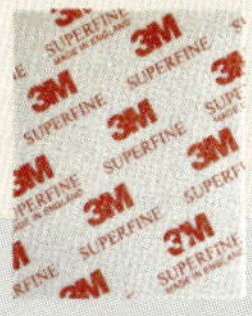

■スポンジヤスリ 400番（3M）

6

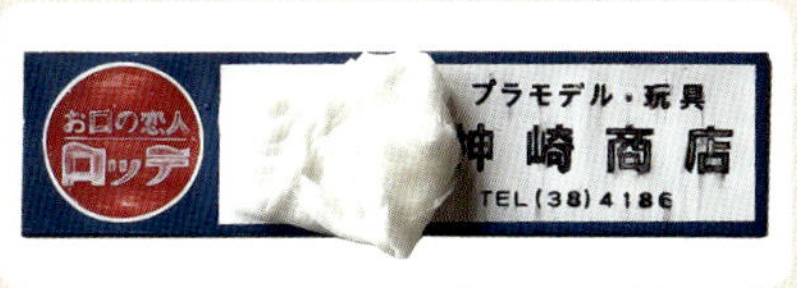

ロッテ看板の定番「ガーナチョコレート」のイラストは、右ページの看板写真から「Photoshop」で切り抜き、表裏を反転させ、市販の転写シールに家庭用のインクジェットプリンターでプリント。それを切り抜き、湿らせたティッシュで濡らすだけで、とてもいい色合いのイラストが、転写によって再現できるのです。

■自分で作る！デカールシール 透明タイプ（A-one）

塗装 — 壁

節があるスギ板で構成された下見板張りが生み出す味のある木肌を模型で表現する行程は、外観制作の主役です。立体に組み上がった壁の表層に、塗料で絵を描くようにして経年変化の状態を再現します。

実景参考写真（東京・杉並区／2018年撮影）

1

基本塗装として、タミヤアクリルの「リノリウム甲板色」と「フラットブラック」を１対１の割合で混色してから溶剤で薄めて、筆で塗ります。

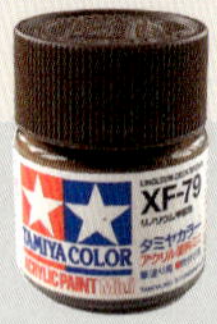

■アクリル塗料
リノリウム甲板色（タミヤ）

2

経年変化の演出を。まずは、全体的に色を落ち着かせるため、**1**のあとよく乾燥させてからスポンジヤスリの400番で擦り、表面の塗料を落としていきます。

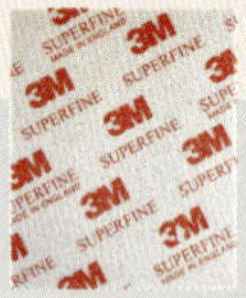

■スポンジヤスリ 400番
（3M）

3

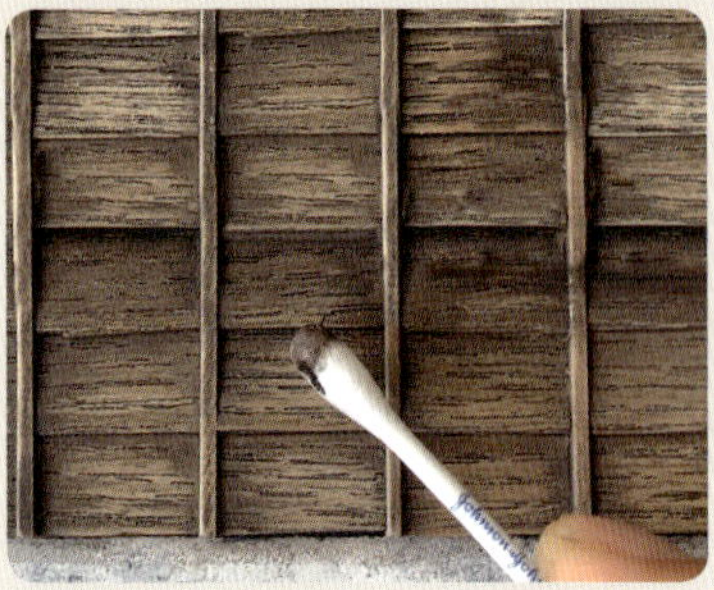

さらに、アクリル用の溶剤を綿棒に付けて塗料を拭き取る作業。軒下からの雨が当たる場所や、日当りでの退色など、実際の家を想像しつつ変化をつけます。

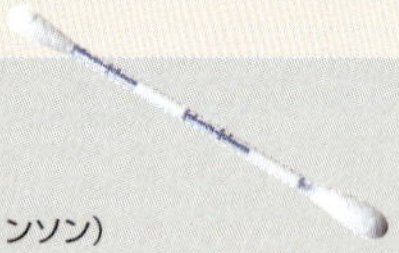

■綿棒
（ジョンソン＆ジョンソン）

4

板壁に突き出た窓の下は、雨の汚れや湿気のせいなのか、経年変化で周囲より黒ずんでいきます。その状態を再現するため、**3**で退色させた上から今度は影を描くように塗装。塗料はタミヤアクリルの「フラットブラック」を溶剤で薄めたもの。

■アクリル塗料
フラットブラック（タミヤ）

5

4と同じ塗料を使い、面相筆で木目を描き込みます。工法上、板は横につながっているので、木目もつながるようにするのがポイント。

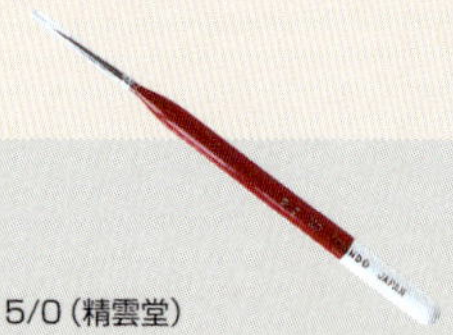

■面相筆 KS 5/0（精雲堂）

6

実際の板は、木目と木目の間がやせて凹状になっているので、間を棒ヤスリで立体的になるように擦ります。

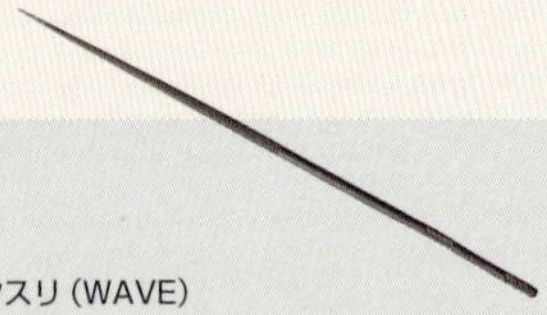

■棒ヤスリ（WAVE）

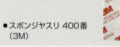

◉完成した木肌の様子

木目のパターンにリアリティを出すためには、実際にある下見板仕上げの建物の写真をじっくり観察して書き込むのがいちばんです。

塗装—屋根

戦前から昭和30年代まで流通した瓦は、一枚一枚の表情の変化が大きく、「焼きムラ」があるのが特徴です。それを塗装で再現するのが腕の見せどころ。

実際の瓦は、「焼きムラ」に想像以上の個体差があるので、思いきって変化をつけるのがいいでしょう。

実際の瓦の色は、真っ黒ではなく少々青みがかったグレーなので、調色する際に気をつけます。また、どんなに古い瓦でもツヤはそれなりに残っているので、古いからと思い込んで完全にマットにしないように注意を。調色時にクリアーを混ぜるとか、仕上げにクリアー塗装するなどして、「半ツヤ」程度に仕上げます。

屋根塗装後の仕上がりチェックでは、外に出して日光を反射させ、ツヤの程度や焼きムラ具合の確認をすることをオススメします。

1

ブラックサーフェーサーで下地塗装をくり返し（作例では5回重ね吹き）、3Dプリンター加工での荒れた表面を整えます。ラッカー塗料のグレー系の色にタン色を混ぜてから薄め、エアブラシで塗装。「焼きムラ」表現を狙い、ところどころ重点的に。

■サーフェイサー
1500 ブラック（クレオス）

2

次に、ウェザリングカラーの「サンディウォッシュ」と「マルチグレー」を1対1で混ぜて、瓦の表面全体がうっすら濡れる程度の量を塗ります。そしてすぐに、キムワイプ（※下に注釈）で表面を軽く叩くように拭い取ると、ホコリっぽい雰囲気に仕上がります。

■Mr.ウェザリングカラー
（クレオス）

3

綿棒にラッカー系の溶剤を含ませて、表面を軽く叩くようにして塗料を拭き取ります。下地である**1**の黒い色がうっすらと現れてきて、昔の瓦特有の「焼きムラ」の表現が可能です。

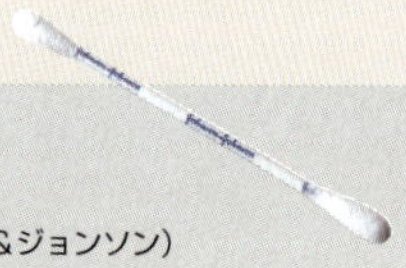

■綿棒
（ジョンソン&ジョンソン）

実景参考写真
（東京・杉並区／2018年撮影）

4

実際の瓦を観察すると、今の商品の品質基準では出荷できないと思えるほど激しく白い焼きムラがある瓦が見受けられます。ホワイトを多めに入れたグレーを、綿棒で叩くように塗装することでムラを再現。

［※キムワイプ］
化学系の実験器具の拭き取りなどに使われている、紙でできたウエス（拭き取り用の布）。同じ紙でも、ティッシュでの拭き取りとの決定的な違いは、毛羽立ちがほぼないこと。よって、プラスチックなどに細かい毛がほとんどくっつかないのです。これは、本気のモデラーにとって大変重要なポイントなのです。

■キムワイプ
（日本製紙クレシア）

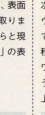

天井、階段、風呂場、襖、畳……。
和風住宅の基本を押さえてしっかり作る内装や、
駄菓子屋店内の小さな駄菓子を並べる棚、
住宅に欠かせないクーラーの制作まで。
実生活において、
ガランとした室内に少しずつ家具が整って、
生活が潤ってくる喜びを仮想体験できます。

【室　内】
SHITSU NAI
を作る

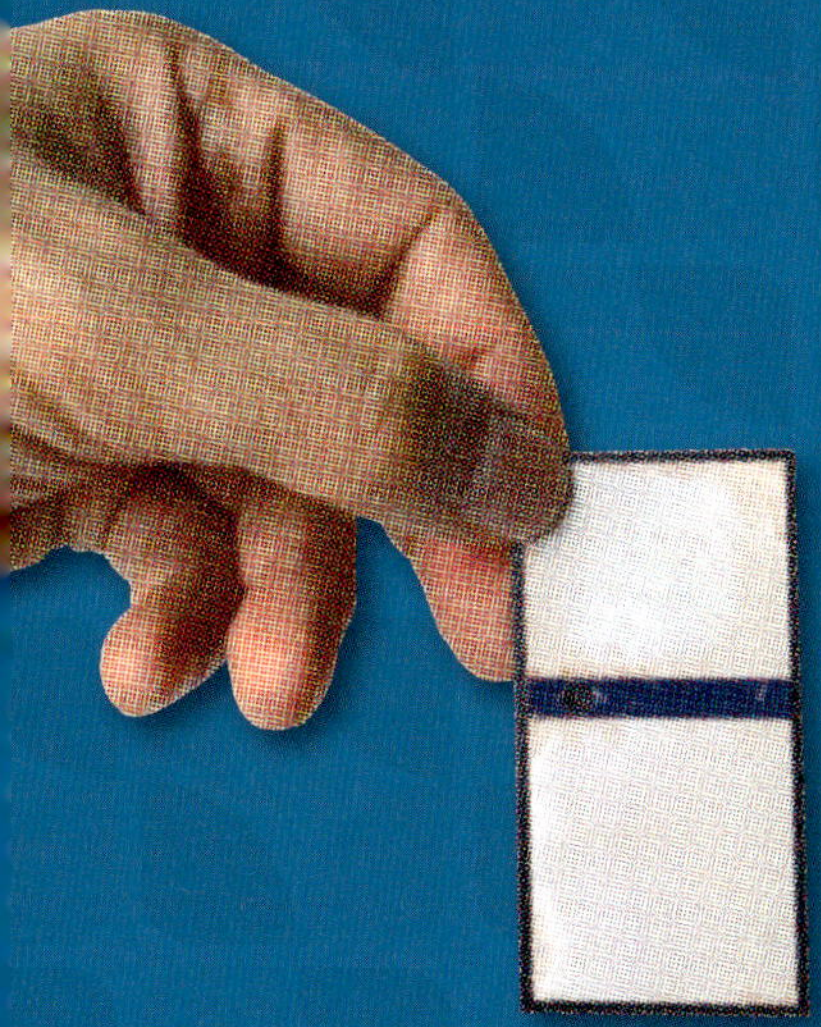

柱と壁

木造住宅の室内の特徴は、表に見えている柱の美しさにあります。経年変化でいい味わいになった木と、白い漆喰との組合せが生み出す垂直水平のバランスは、たいへん「模型映え」する箇所です。

今回の作例では、建物の構造体をアクリル板3㎜厚で作っていますので、その表面をそのまま漆喰の壁と見なし、表面に柱や長押《なげし》を貼って再現するという簡単な方法を取り入れました。

簡素な木造住宅に使われる柱は105㎜角なので、1／24では4・375㎜。少しオーバースケールになってはしまいますが、工作のしやすさからヒノキ材1㎜厚を貼って柱を再現します（より高精度を求めるならば板厚0・5㎜に）。

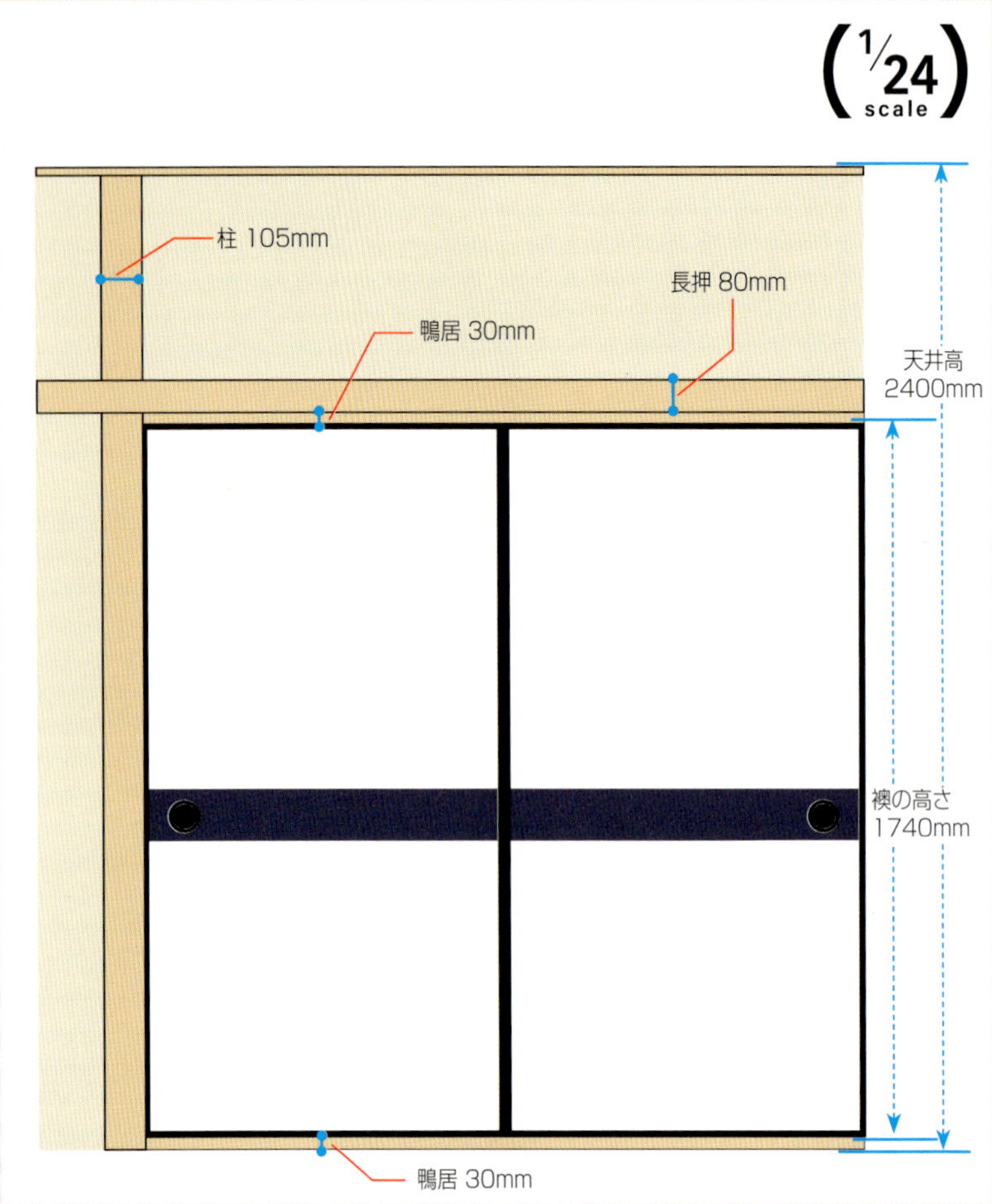

作例では、設計時点で和室部分の天井高を、低めの基準値2200mmで設定したため、長押から天井までが短くカッコ悪いのです……（失敗事例！）。ここは、2400mmのほうが美しい。襖は、黒く塗装したプラ板に、上記の襖の絵をコピーしたものを貼ってから、汚し塗装を施して仕上げていきます。

下図の柱側面が見える部分は、厚みのある板を貼ると柱が太く1本に見えなくなってしまうので、薄いペラペラの「ツキ板」（P76）を貼り、そう見えないように工夫を。

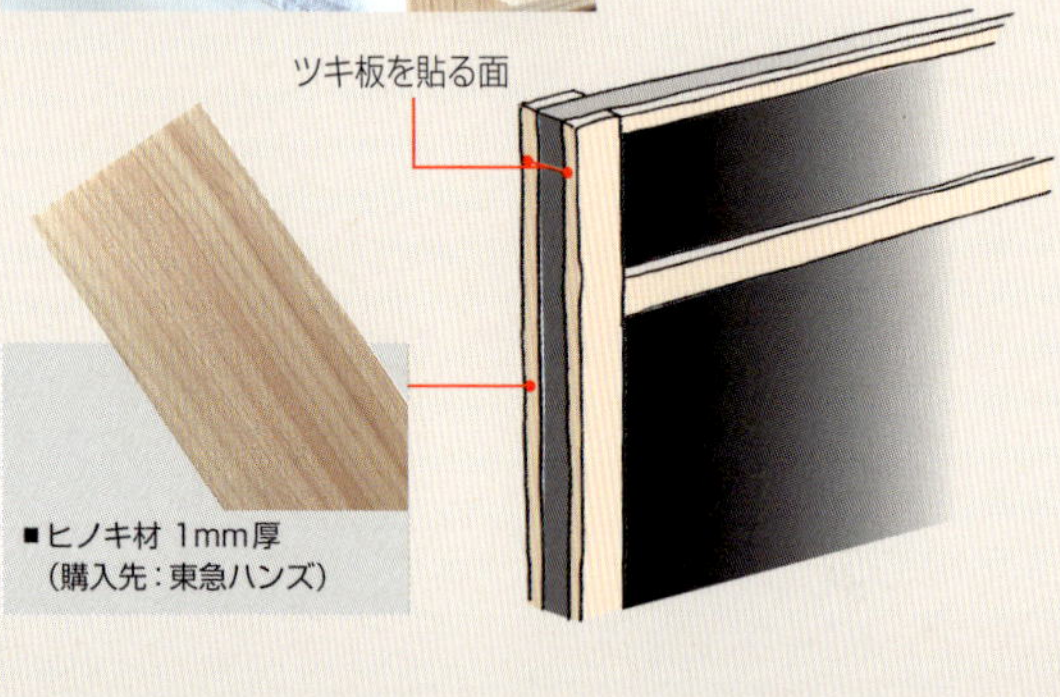

畳

和風木造住宅といえばやはり、畳の存在はなくてはなりません。ミニチュアのリアルな建物を作る際に、どうしても再現が難しい課題が「繊維」の表現。1／12スケールのドールハウスの世界では、かなり細く裂いた藁を使って実際に編み上げるミニチュア畳職人もいるそうです！

今回の作例である1／24では、もっとも簡単でリアルな畳表現として、和紙調の紙を使う制作方法を採用しています。それは、左下にある畳の絵を、凹凸のある特殊な紙にインクジェットプリンターでプリントするだけ！　使用する紙は「タントセレクトTS-1」という銘柄。東京の大手画材店の「世界堂」や、紙の専門商社「竹尾」のショップ「見本帖」（神田、青山、銀座、大阪、福岡）で売られています。また、仙台市にある文具店「青葉画荘」の通販ショップ「画材販売.jp」でも買えます。

[竹尾]（見本帖各店）
http://www.takeo.co.jp/finder/mihoncho/

画材販売.jp
022-231-4230
http://www.gazaihanbai.jp/

1

「Illustrator」で描いた畳のイラストを、凹凸のある特殊紙「タントセレクト TS-1」に印刷。実際に凹凸がある紙と、立体感がある印刷物との相乗効果でリアルさが。天然のイグサによる青がはなやぐ印象の新しい畳の状態か、経年変化で色褪せてきた古い畳かのチョイスは、「Photoshop」で写真の色調整をすれば可能。「Photoshop」がない人は、プリンターの色味調整で彩度を落として、くすんだ色（セピア）にすることで演出可能。

2

プリントしたものを畳のサイズに合わせて切り、両面テープで貼ります。畳のフチが平面的になるのが気になる場合は、わずかに内側に織り込むとエッジが微妙に盛り上がってリアルに仕上がります。畳縁は、同じ用紙を深緑に塗装したものを、木工ボンドやゼリー状瞬間接着剤で貼ります。畳縁は長手側にしか付かないのでご注意を。完成したものに、粗目の紙ヤスリで軽く擦って使用感を出したり、食べこぼしやタバコのうっかり燃え跡などを面相筆で描き込むのも楽しい作業です。

(1/24 scale)

(1/12 scale)

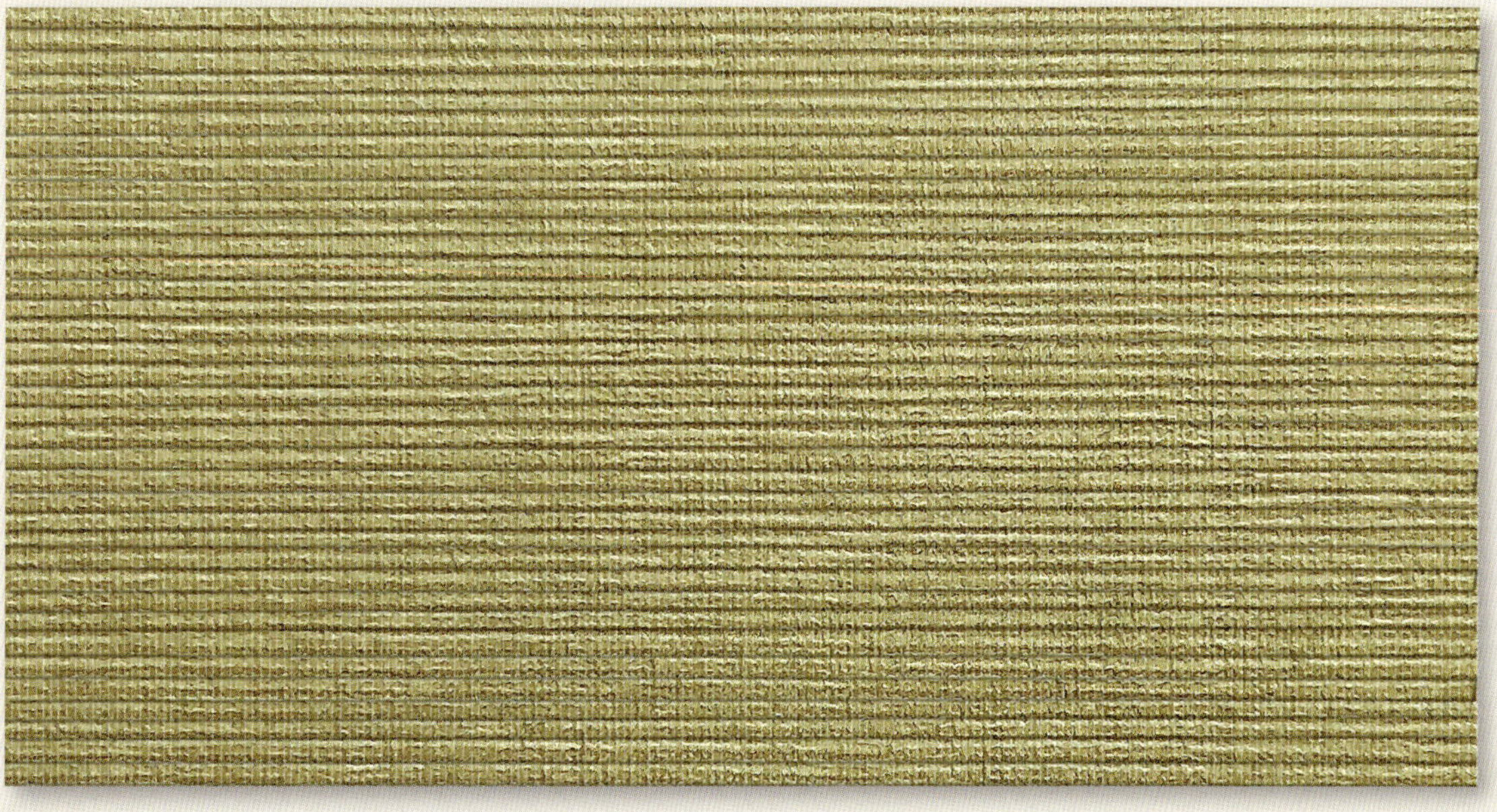

木造住宅の一般的な天井の仕上げ法である「竿縁天井《さおぶちてんじょう》」。「天井板」が、「竿縁」と呼ばれる部材と、天井端に沿う「回り縁」で押さえられ、その上に乗っているような構造の天井の張り方。天井裏にある隠れた「野縁《のぶち》」と「吊り木」によって、家自体の構造物から吊り下げられるように固定もされています。

今回の作例ジオラマでは、表層に見える部分のみを再現していますが、博物館の展示模型のように、見えない部分までわかるように、切り取られた断面から家の構造が見える作り方をするのも面白い応用です。

◉壁から野縁までの寸法&野縁の間隔

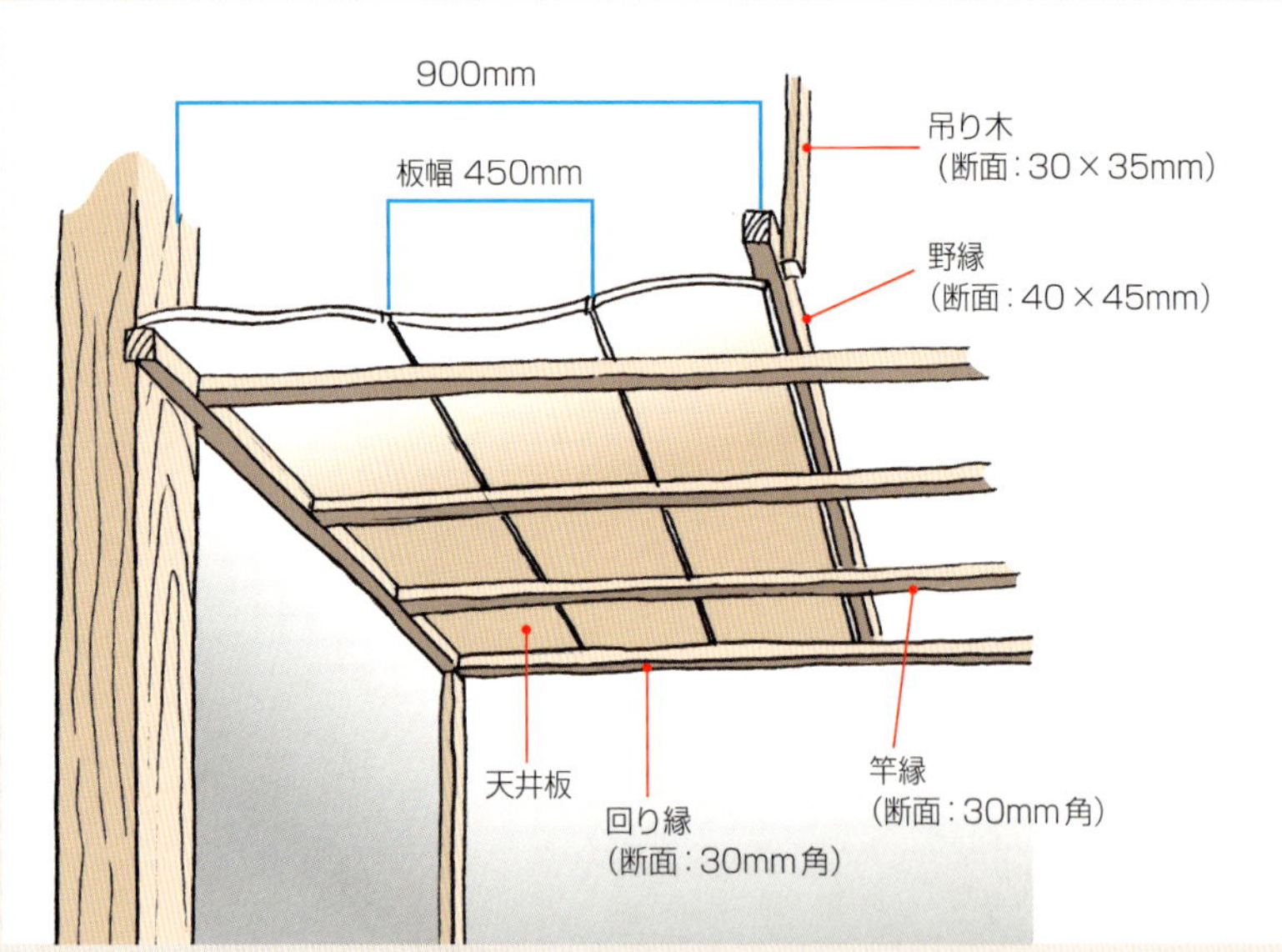

まず「竿縁」パーツのヒノキ材1.5mm角を、19mm間隔でゼリー状瞬間接着剤で接着。次に、「天井板」の材料として外観の下見板張りと同じく「ツキ板」を。こちらも接着剤で貼ります。

駄菓子屋の店舗に併設された三畳の和室。店のコンクリートの床からの立ち上がり面については、造作方法に建築的な基本ルールがあるわけではなく、大工さんのセンスと技量に応じて仕上げられたようです。駄菓子屋さんなので立派過ぎないように意識し、さらに実際にありそうな仕上げとしてデザインしてみました。

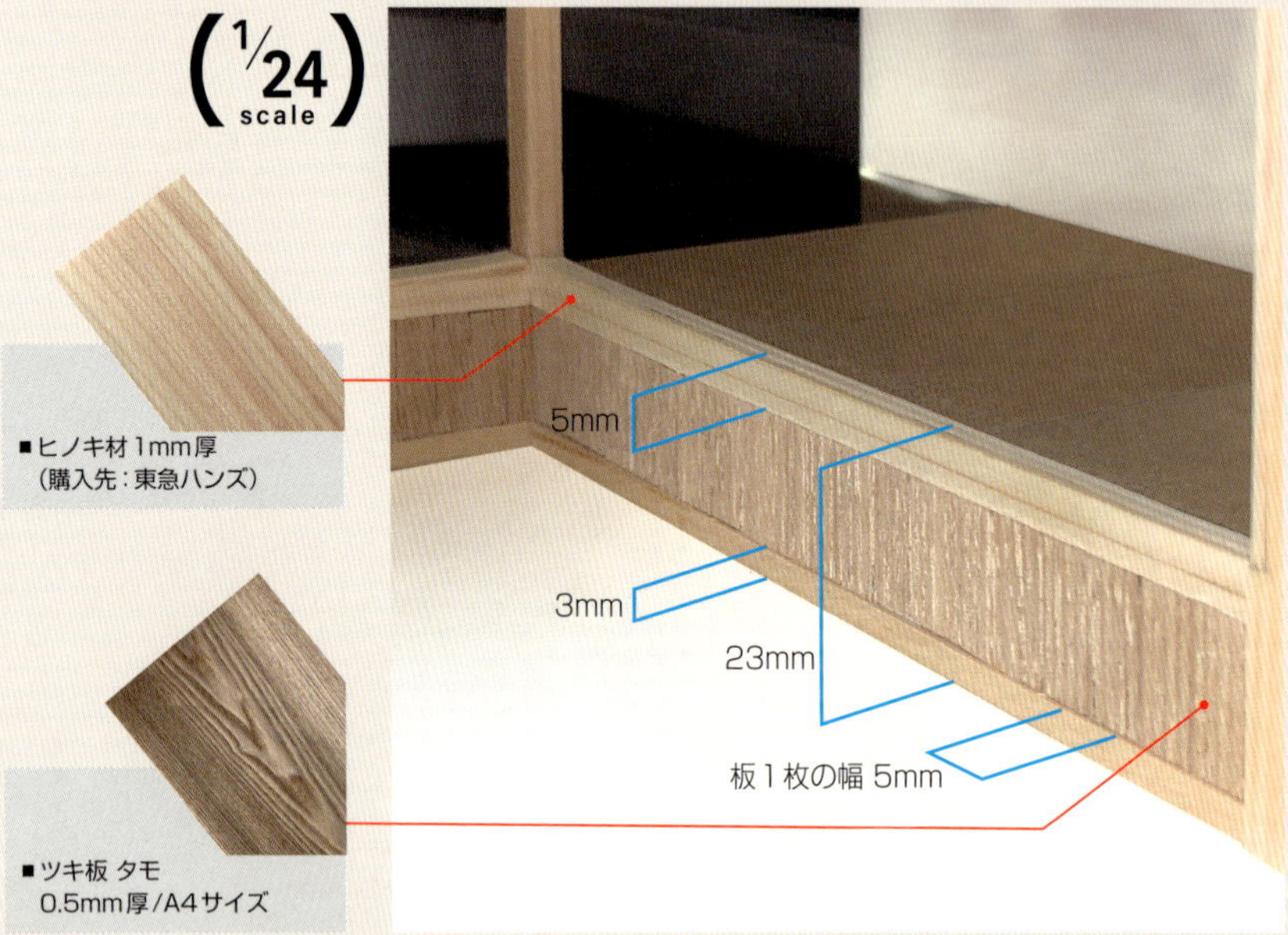

[上] 工作が終了した時点＝天井板としてのツキ板を貼る前のもの。

[下] 塗装まで終えた完成したもの。天井の塗装は、タミヤアクリルの「リノリウム甲板色」と「フラットブラック」を混色したものを筆塗り。この部分には、人の手が当たらず、ぞうきん掛けをすることもないので、あえて、擦れなどの経年変化はナシにします。天井に現れた、「人の顔に見える雨漏りのシミ」などを描き加えるのも面白いです！

室内の塗装

内装の塗装として主な作業部分は、柱と天井の木、漆喰でできた壁です。今回はアクリル板で外観の構造を制作したので、柱と天井に使用した木材との、異素材を接着させる問題が出てくるわけですが、私の場合はゼリー状の瞬間接着剤でそこを解決しています。

そして、先に壁に柱を付けてからマスキングして塗る方法としました。壁と柱を隙間なく接着し、塗装前に接着剤のハミ出し処理を行ないたいという意図からでした。実は、先に壁を塗っておき、その上から塗装済みの柱を接着したほうがマスキング作業もぐんと少なく、作業効率がいいのです。ただし、接着剤のハミ出しがあると壁の再塗装が必要になることも。そうなると、塗装された上から接着ということになり、接着力が落ちるというリスクがあるのです。

柱と壁

1

柱は、タミヤアクリルの「フラットブラウン」と「フラットブラック」を混色した色を溶剤で薄めた色で。筆で塗って乾いたらスポンジヤスリ（400番）で擦って経年変化を演出。特に手が触れる部分は色落ちが激しいです。

2

柱をマスキングで覆う根気のいる作業！入り組んだ構造の間を縫って隅々までテープを貼るのは至難の業。タミヤの調色スティックをヘラ代わりにして、テープに圧をかけながら、建物との間に隙間ができないように貼るのがコツです。

3

漆喰の色として、ラッカー系の「タン」「フラットホワイト」「フラットブラック」を混色します。こちらはエアブラシ塗装。この行程では、筆でもエアブラシでも、壁を外せないとほぼ不可能。工作の段階でここを見据えて、壁を外せるようにしておくことがとても重要です。

4

マスキングを外して、塗装のハミ出しを面相筆で修正してから、壁のエイジング塗装に入ります。1階は商店街に面した店舗で常に戸を開けて営業していますから、土ぼこりや排気ガスなどで長年の汚れが蓄積している想定。ということで、汚しは強めに行ないます。
塗料はタミヤアクリルの「フラットブラック」に少量の「フラットブラウン」を加え、アクリル専用溶剤でかなり稀釈。幅広の平筆で壁全体を濡らすようにソフトに塗ります。乾ききらないうちに、キムワイプ（P92）やティッシュで軽く叩くようにして拭き取ります。この作業をくり返して、うっすらと付いた壁のシミを表現します。
店舗の壁は、このあと駄菓子の棚で隠れてしまうので、途中経過を楽しむぐらいの余裕で止めておきます。

After　←　Befor

窓　枠

窓枠の塗料は、外壁と同じタミヤアクリルの「リノリウム甲板色」と「フラットブラック」を1対1で混色した塗料を面相筆で塗ります。よく乾燥させてから、溶剤をしみ込ませた綿棒で塗料を拭き取り、木が経年変化で退色した演出を加えます。この際に使う綿棒は、100円ショップで買える安いものではなく、ちょっとだけ高価なジョンソン＆ジョンソン製を使います。毛羽たちが少なく部材に毛が付きません。スポンジヤスリを使うと、ガラス面にした透明アクリルが傷付くので、この方法で。

作例のジオラマの木製窓一覧

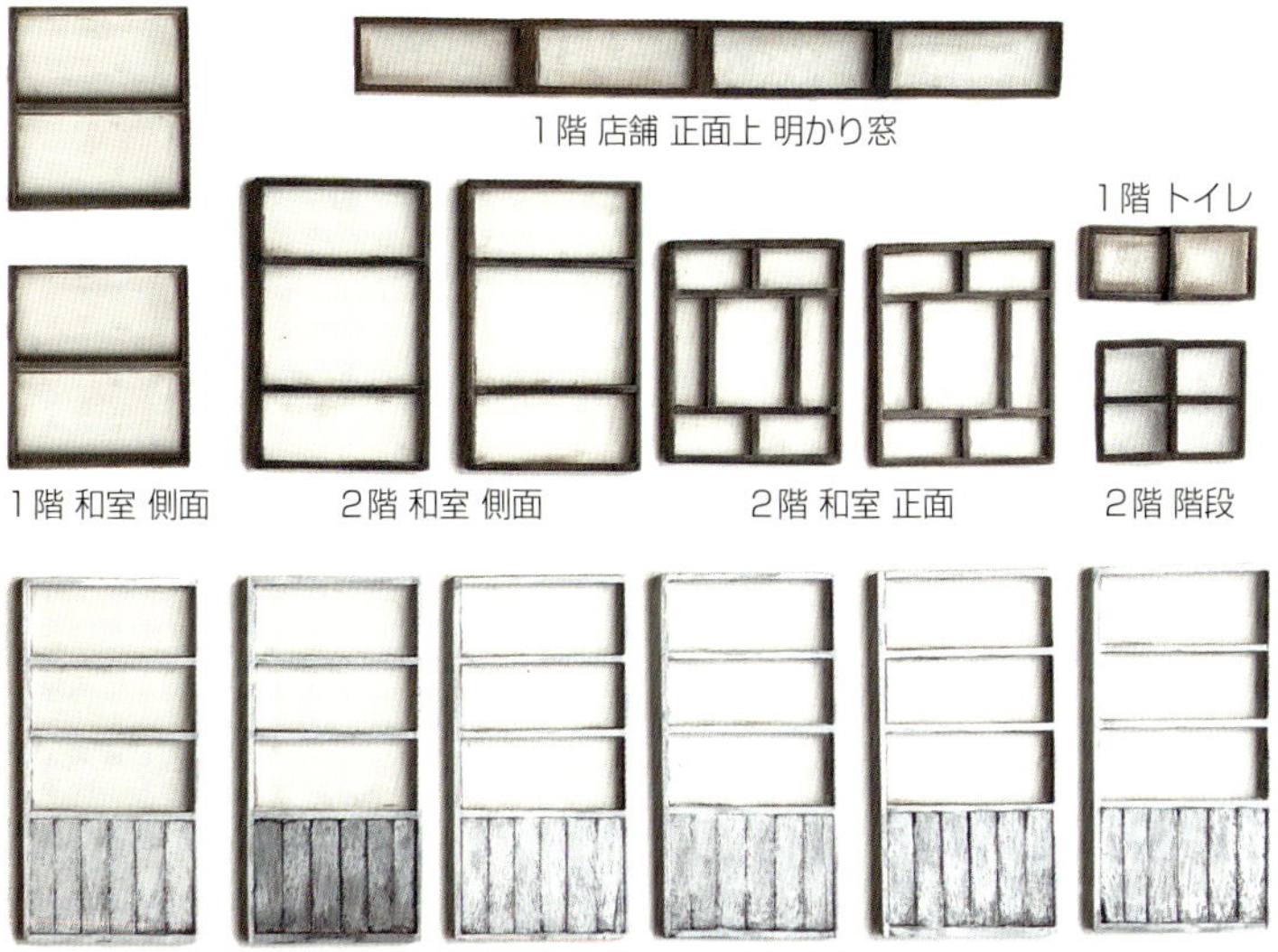

1階店舗の窓枠は、他の窓と異なりペンキ仕上げという想定。経年変化でペンキが薄くなった様子を再現します。タミヤエナメルの「フラットホワイト」を塗装皿に出してしばらく放置。溶剤が揮発して飛びトロ味が出てきたら、粗いタッチで筆塗りします。

5

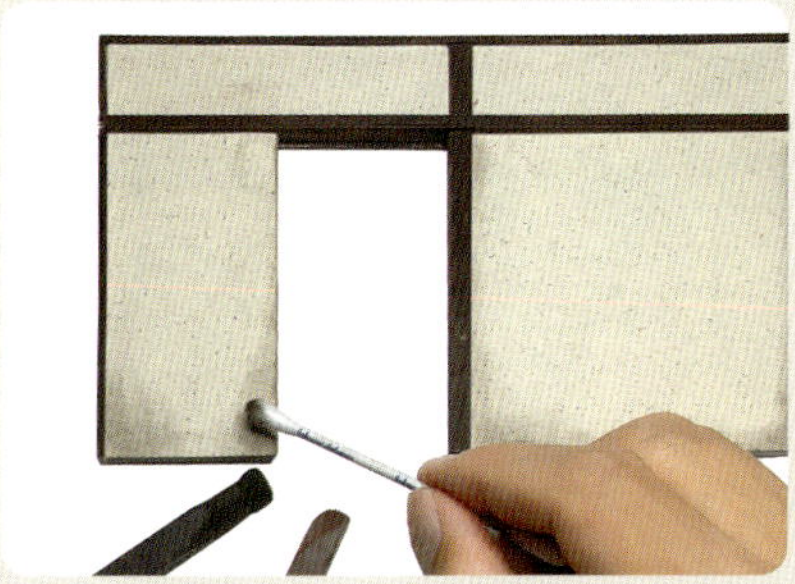

2階和室の壁は1階店舗と趣を変えて、漆喰ではなく砂壁と設定しました。壁面に、細かい繊維が入った和紙を貼ります。接着剤はセメダインのスーパーX。和紙は、大きな文具店や紙の通販サイト（P95）にあります。エイジング塗装にはパステルを使います。壁面の下部を中心に、綿棒で汚しを少量加えます。

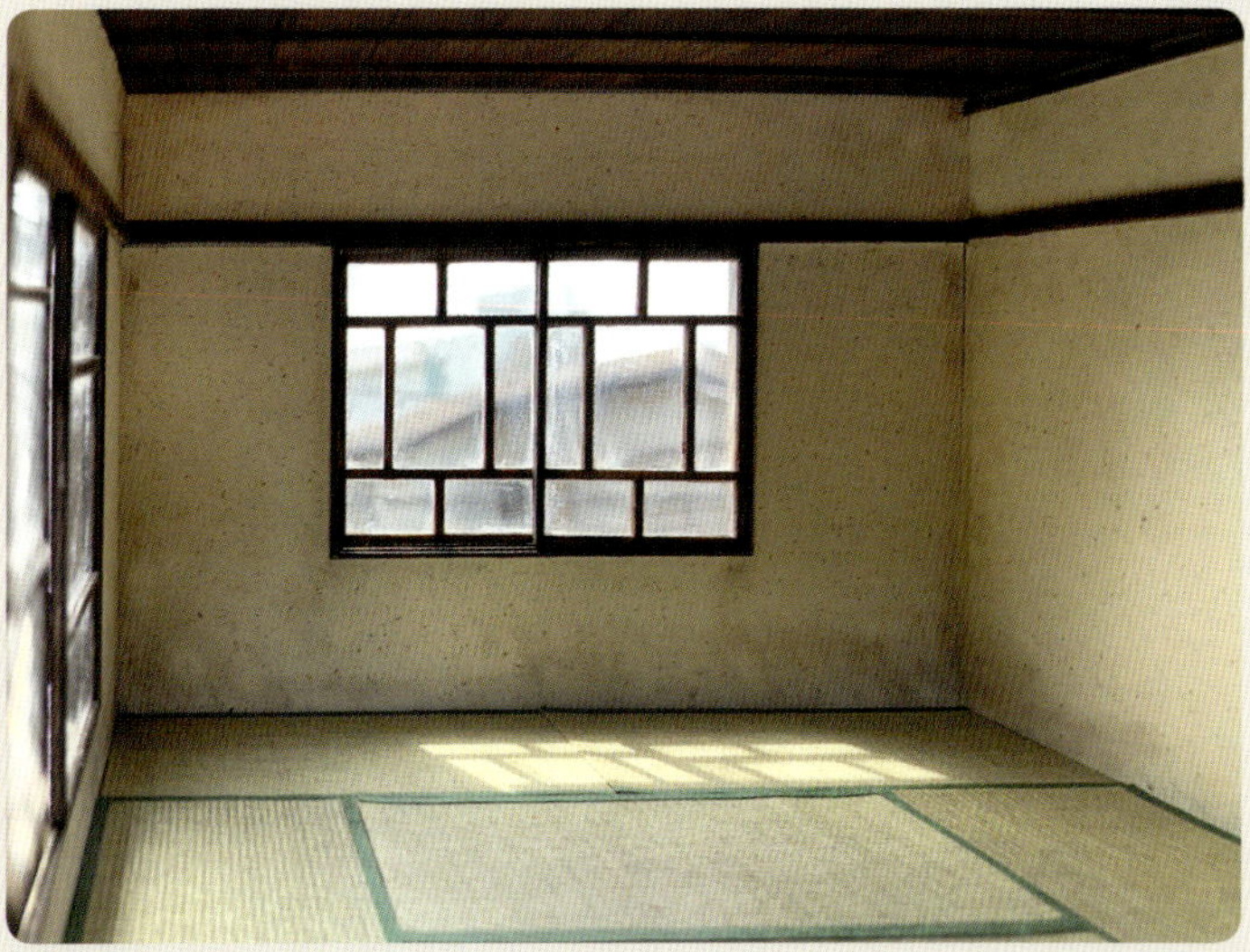

階段

戦前の建物の特徴として、階段の「急な勾配」があります。現在では幅も広く、勾配も緩やかです。作ろうとイメージした建物が建てられた年代に合わせて、段数や幅を変えるとリアルに。

現在の建築基準法では、「蹴《け》上《あ》げ」（1段の高さ）230㎜以下、「踏み幅」150㎜以上と決まっています。段数は14段が標準であり、「蹴上げ」の高さも昔より低くなっています。作例では13段として、勾配も比較的急な懐かしい階段の設計でまとめました。

階段の工作はとても厄介なので苦労を楽しみに思えるぐらいの覚悟が必要です！ 特に作図をしっかりと行なわねばならず、寸法を間違えると「踏み段」がキレイに収まらなくなるのです。最後の段が長過ぎたり短かったりとかカッコ悪い仕上がりになると、あとからごまかせません。

しかし、しっかり計算して正確に部品を切り出して工作すれば、ジオラマに緻密な印象を与える見所にもなるのです。ハードルの高さを感じる人は、建物をカットして見せる箇所を、階段のない場所にして全体を設計すればいいでしょう。

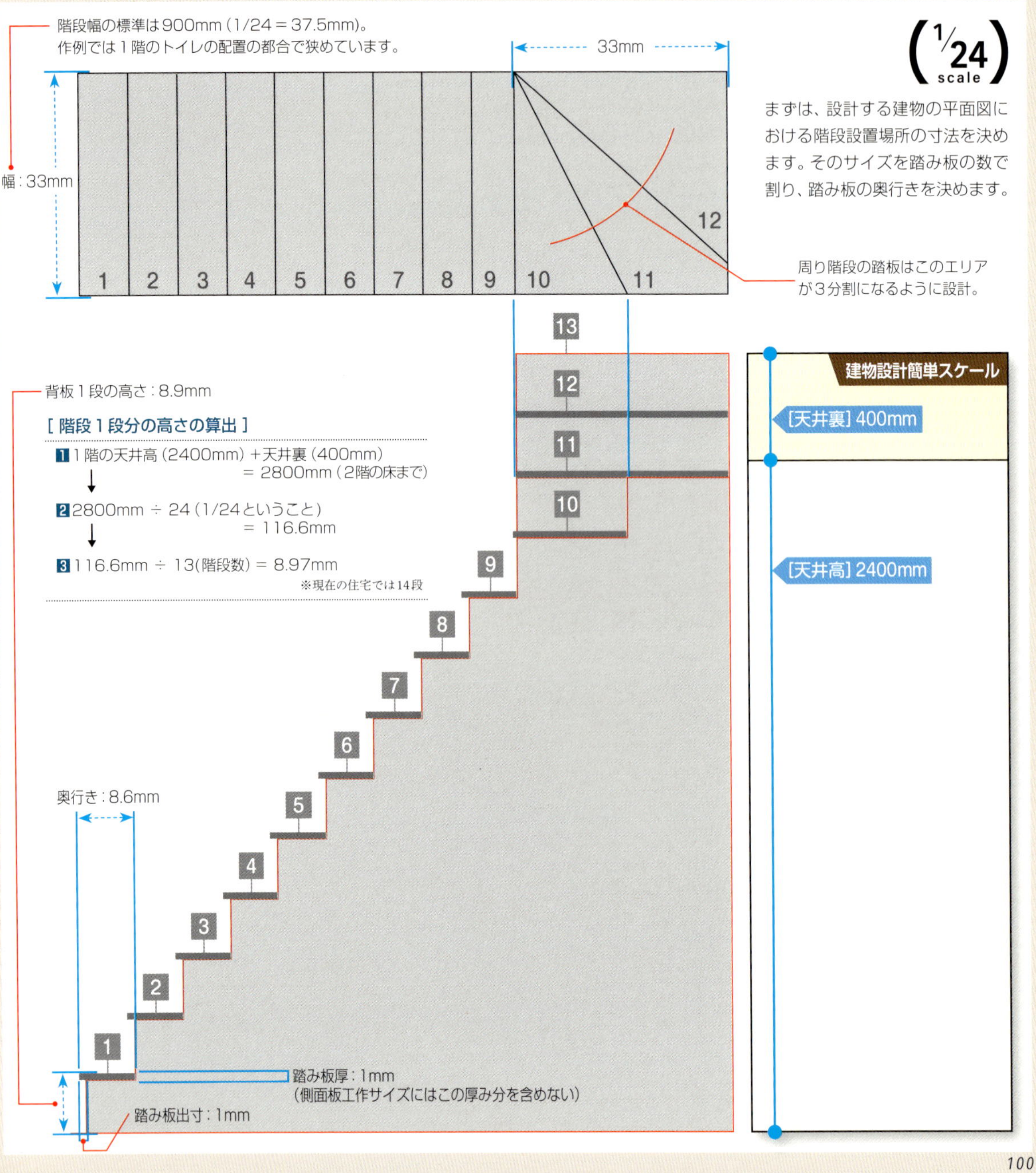

階段幅の標準は900mm（1/24＝37.5mm）。
作例では1階のトイレの配置の都合で狭めています。
33mm
幅：33mm
1 2 3 4 5 6 7 8 9 10 11 12
1/24 scale
周り階段の踏板はこのエリアが3分割になるように設計。
背板1段の高さ：8.9mm
[階段1段分の高さの算出]
1 1階の天井高（2400mm）＋天井裏（400mm）＝2800mm（2階の床まで）
2 2800mm ÷ 24（1/24ということ）＝116.6mm
3 116.6mm ÷ 13(階段数) ＝ 8.97mm
※現在の住宅では14段
建物設計簡単スケール
[天井裏] 400mm
[天井高] 2400mm
13 12 11 10 9 8 7 6 5 4 3 2 1
奥行き：8.6mm
踏み板厚：1mm
（側面板工作サイズにはこの厚み分を含めない）
踏み板出寸：1mm

まずは、設計する建物の平面図における階段設置場所の寸法を決めます。そのサイズを踏み板の数で割り、踏み板の奥行きを決めます。

【室　内】を作る

1

右ページの図をもとに、メインの構造体用のアクリル板3mm厚をジクザクにカットします。それを土台のようにして踏み板を乗せていきます。ヒノキ材1mm厚をていねいに切断したもの。それをゼリー状瞬間接着剤で背板と固定。あとの塗装で取り外せるように、踏み板と背板のみを直角に接着して、土台には接着しないのが重要です。

■ヒノキ材 1mm厚
（購入先：東急ハンズ）

2

実際の踏み板の手前には、滑り止めとしての溝が彫られています。それを再現するために、丸棒ヤスリを押して擦りつけるように彫刻します。このスケールでの再現は、ほとんどわからないほどの細かさですが、完成したあとに写真を撮ると、わずかな光の反射で浮かび上がってきて「工作しておいてよかった！」と喜びに変わるはずです。

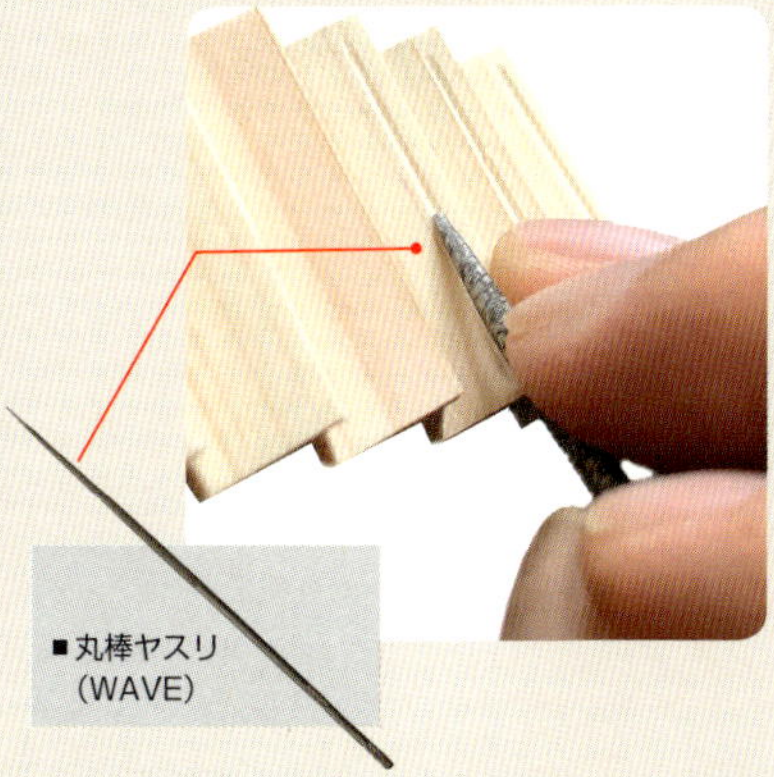

■丸棒ヤスリ
（WAVE）

3

回り階段の工作です。右ページの図どおりに材料をいきなりカットするのではなく、まずは厚紙で一度、試作することをオススメします。微妙に寸法が足りないだけでも隙間が出るので慎重を期して。試作した厚紙をもとに、次にヒノキ材1mm厚を切り出します。この際にも若干大きめにカットして、段差に合わせて少しずつヤスリで整えながら作業を進めます。

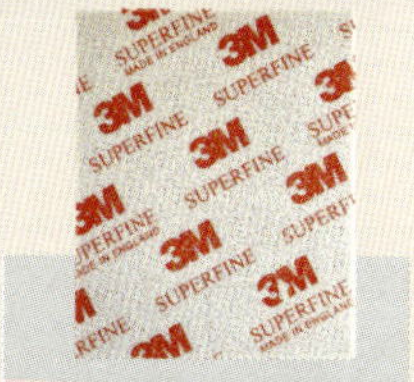

■スポンジヤスリ（3M）

4

最後に、切り出した踏み板、回り階段の踏み板、背板を接着し、階段状パーツの完成。このあとの塗装を考えて、この部材と側面の部材とは付けずにおきます。建物の工作全般に言えることですが、塗装時の塗り分けやすさ、他の工作中の邪魔になる、壊れる危険性がある、などまで考慮して、部材を外せるようにして進めるのもテクニックの1つです。

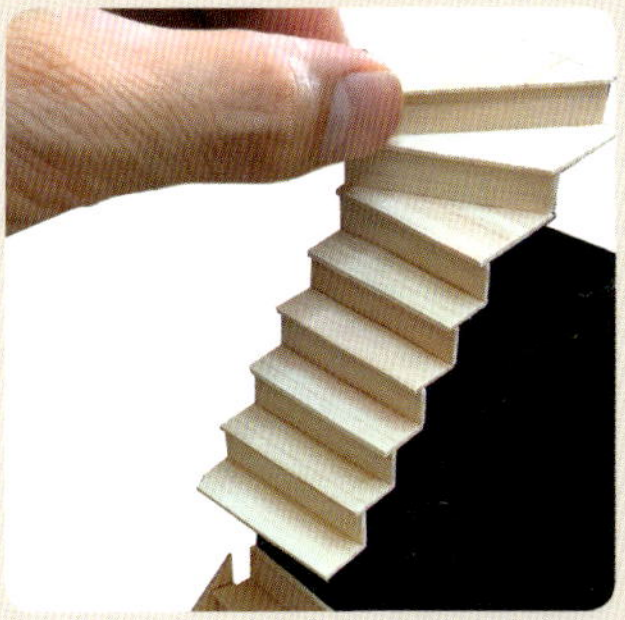

階段の塗装は、タミヤアクリルの「リノリウム甲板色」と「フラットブラック」と溶剤を、比率＝6対3対1程度にし、筆塗りで仕上げます。多少ムラになっても大丈夫です。よく乾燥させてから、階段のエイジング加工に入ります。長年にわたって使われ、ツヤが出たり下地の板が見えてきている様子を演出するため、スポンジヤスリで擦り、下地の木のテクスチャーを出します。一般家庭なので、旅館や小学校のように激しく剥げてはいないわけで、擦り過ぎに注意してください。ツヤ感は、表面をティッシュで擦るだけで、ほどよい具合のツヤが出ます。

風呂場

今回の作例では、建物の一部を断面にして、室内が見えるように設計しました。そこに、店舗や2階の和室とは異なる雰囲気も入れ込みたくて選んだのが「風呂場」。建物は戦前の建築という設定なので、もともとカマド炊きだったお風呂を、昭和30年代に改装したということにして、その時代に流行った「豆タイル」を使った風呂場に。ジオラマ断面の手前に入り口と湯船があるという設定で、床と壁面のタイルを制作し、シャワーも再現しました。解説のポイントとしては、タイルの「プラ板に彫刻する手法」です。

豆タイルの床がある風呂場の参考写真（写真提供：アトリエ長谷川匠）

豆タイルの制作

1

プラ板1mm厚に豆タイルをシャープペンで描きます。写真資料を参考に、大小のタイルに変化をつけ、単調な模様にならないように注意して。

■プラ板 1mm厚（タミヤ）

2

1で描いた線に沿って、ピンバイスの軸に太めの縫い針を差した自作の「けがき道具」で引っ掻くようにして彫刻。何度もなぞりながら彫りを深くしていきます。

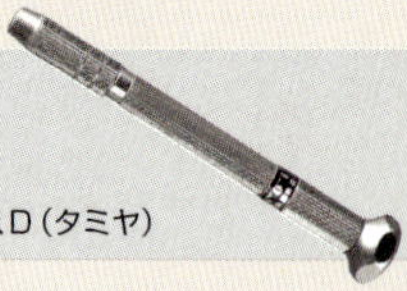

■精密ピンバイスD（タミヤ）

3

2で彫刻した溝を、先端の細い棒ヤスリでなぞり、タイル独特の角が丸くなった様子を再現。根気のいる作業が続きます……。

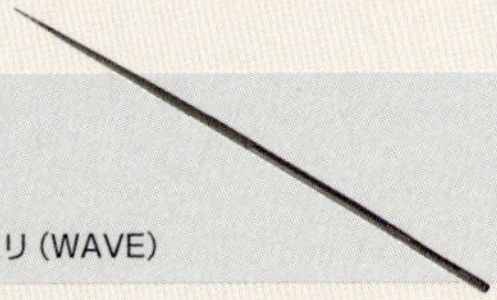

■棒ヤスリ（WAVE）

4

3で出た彫刻カスを取り除くために、溝を竹串で強くなぞります。これによって、毛羽立っていた溝のフチも磨かれて丸くなり、タイル特有のソフトな風合いのエッジに。

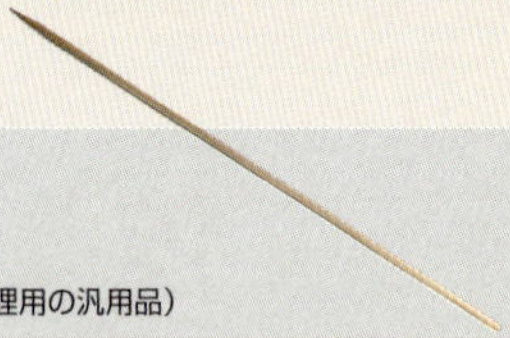

■竹串（料理用の汎用品）

5

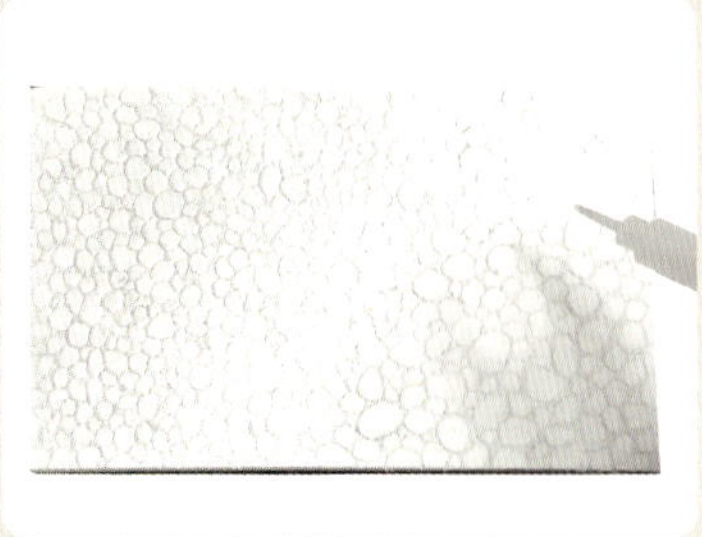

流し込みタイプ接着剤を使って彫刻溝を溶かし、タイルの丸みを際立たせます。その後、ホワイトサーフェーサーで下地塗装をして、その仕上がりチェックまで進みます。

■タミヤセメント
流し込みタイプ（タミヤ）

6

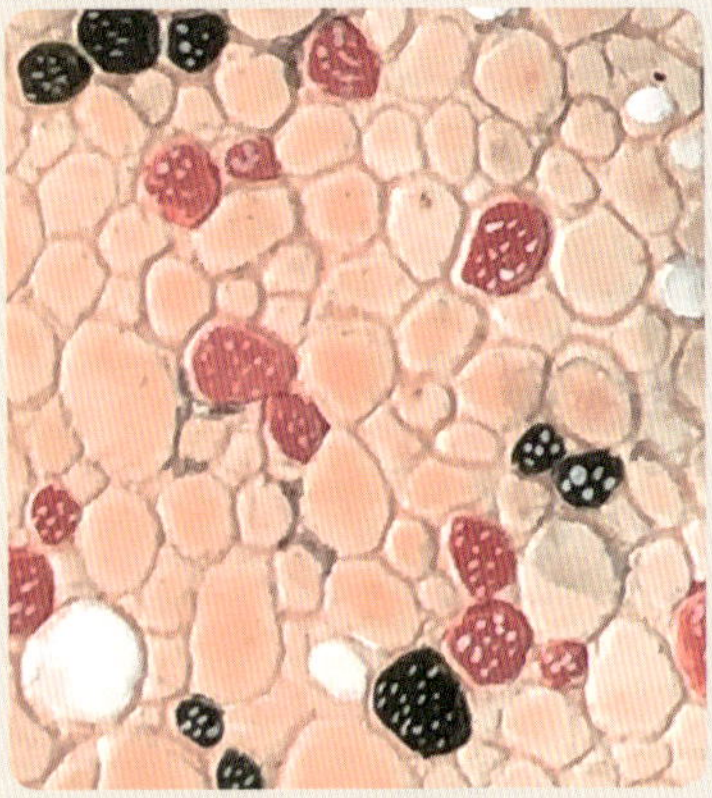

本塗装の塗料は、タミヤアクリルの「レッド」「ホワイト」「タン」を混色して、タイル独自の透明感のある色を作ります。それを溶剤で薄め、タイル全面に筆で塗装。ゴマ模様のタイルは、中の点々まで面相筆で細かく塗り分けて完成です。

水栓金具とシャワーは、針金とタミヤのエポキシパテで制作し、ホースは電気コードを使いました。

スノコの制作

ヒノキ材1mm厚で簡単に工作できるスノコ。これは実際の製品もヒノキ製なので、木地をそのまま活かし、使用感を演出する塗装を施します。タミヤアクリルの「フラットブラック」を溶剤で薄め塗布し、苔やシミを再現。

※寸法は実際のスノコのもの

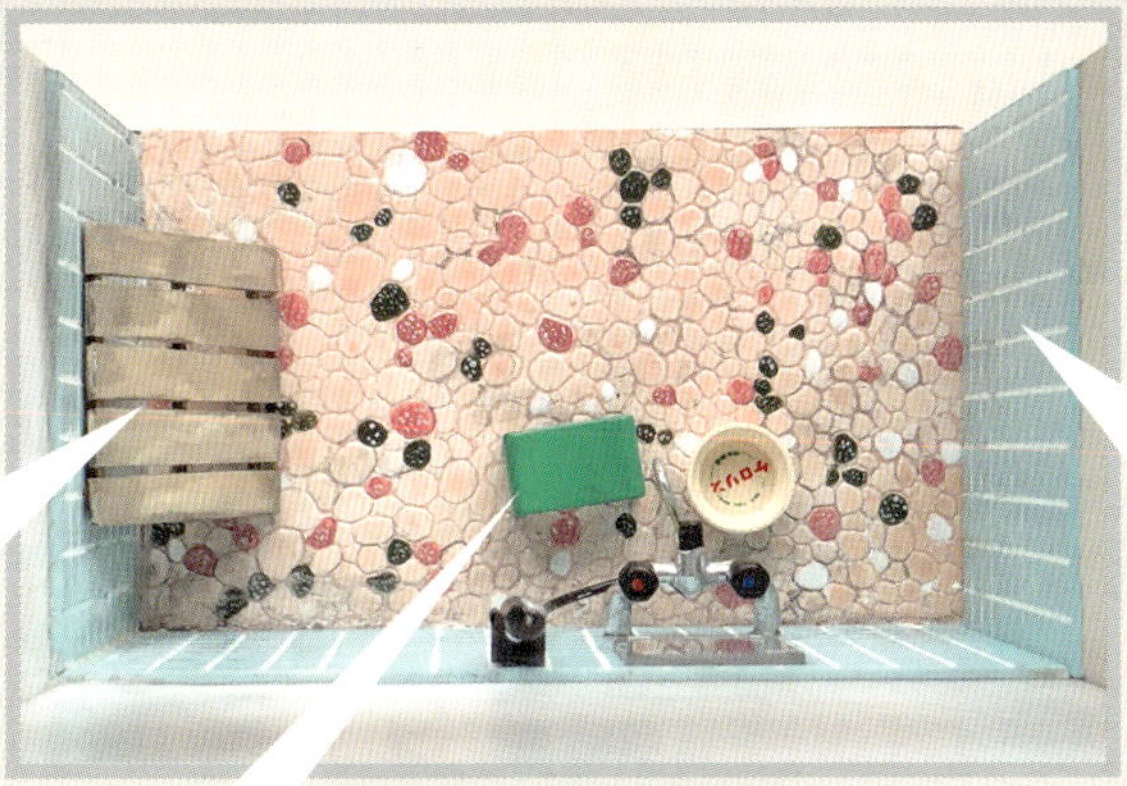

壁面タイルの制作

壁面のタイルは、まさにタイル状のプラ板（エバーグリーン製）を使用。それを昭和のタイルでありそうな光沢のブルーで塗装し、さらに、コンパウンドを目地に入るように指で塗り込みます。十分乾燥するとコンパウンドが白く乾燥して固まり、キレイな目地ができあがります（レンガの目地でも使えるテクニック）。

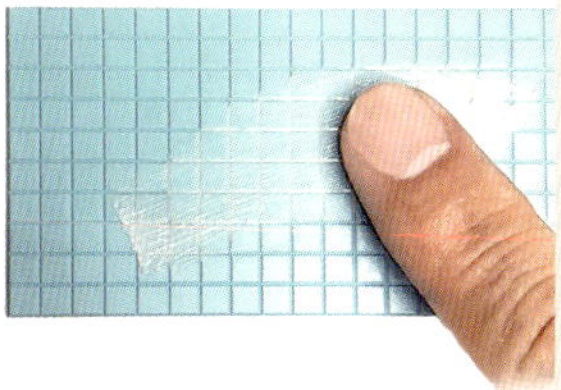

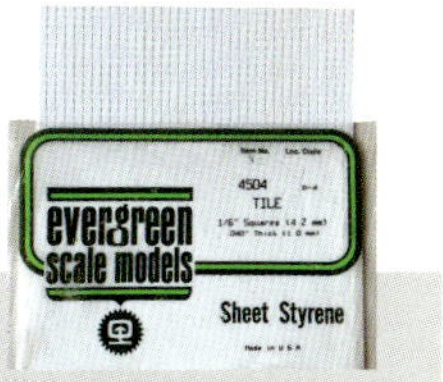

■タイル状プラ板（エバーグリーン）

小物の再現

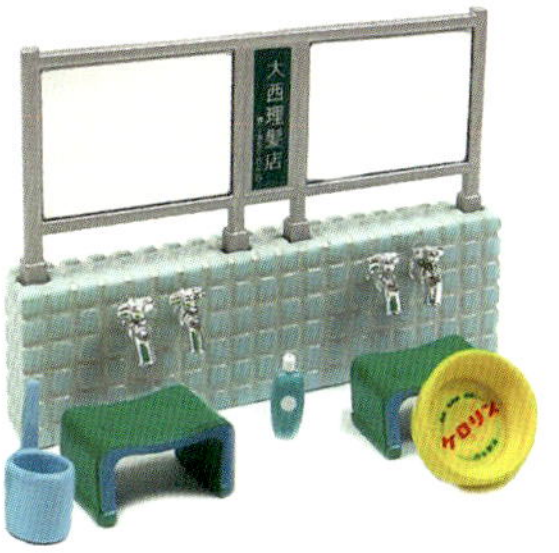

2003年にタカラから発売されていた食玩「昭和おもひで銭湯」のオマケを使用。ちょうど1/24にピッタリな大きさ。ヤフオクやメルカリなどのサイトでもまだ入手可能です。こういうオマケはマメに探してストックしておくのがいいでしょう。

棚／机

ヒノキの棒材と板材がメインの材料。平台の「腰板」の表に使ったのは、建物の下見板と同じ（P76）タモの「ツキ板」。

商品棚

駄菓子屋の店舗内の什器《じゅうき》。一般的店なのは、壁に固定された作りなのですが、あとで制作する細かい駄菓子を棚に配置する繊細な作業を考えて独立した棚としました。子どもが駄菓子を選びやすい低めの平台を基本として、その上に棚を配置した什器をデザイン。塗装は、タミヤアクリルの「リノリウム甲板色」と「フラットブラック」を1対1で混色したものを筆塗り。乾いたら紙ヤスリで擦り使用感を演出（詳細は下に）。

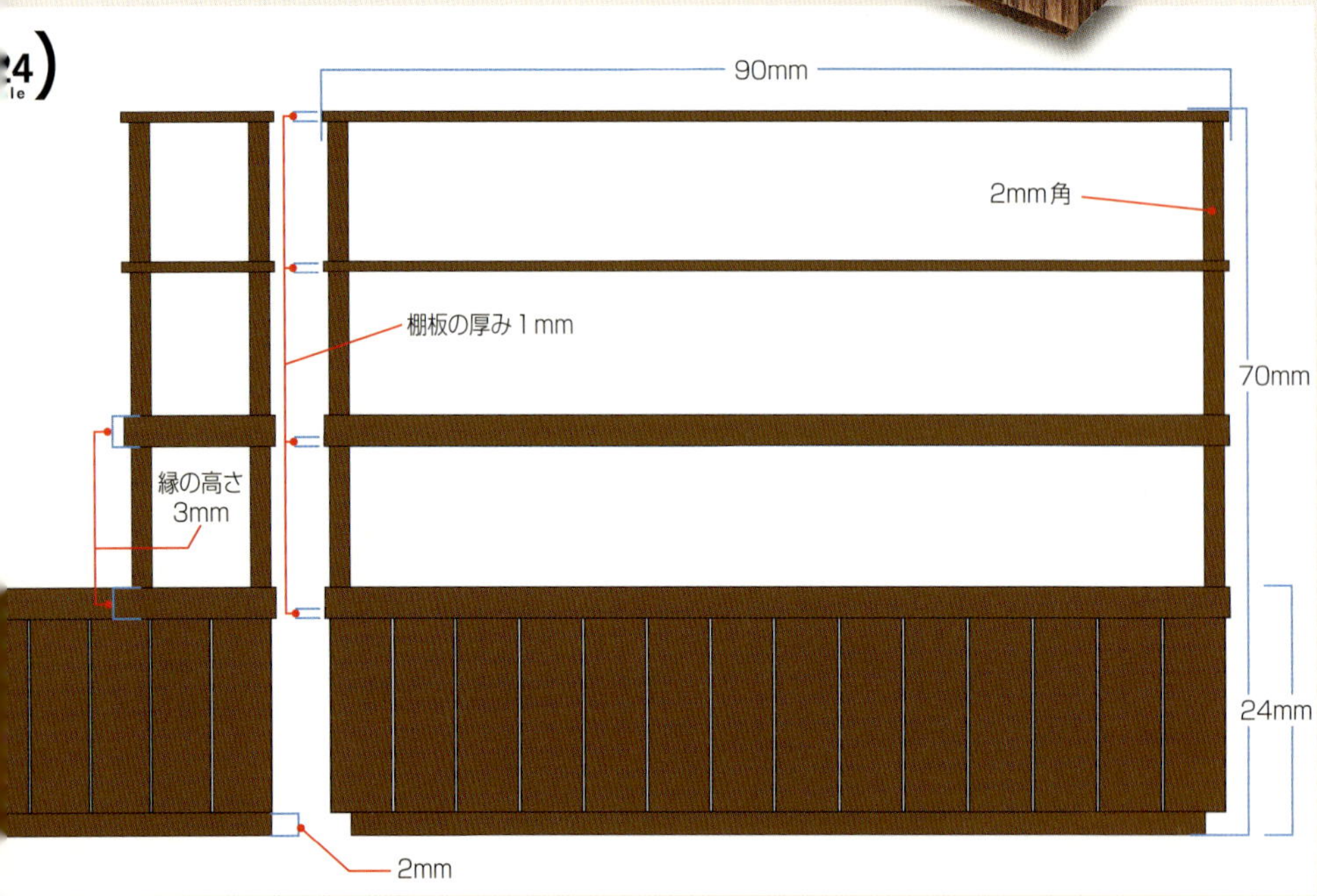

開口部へ駄菓子の商品ダンボールがストックされている様子。箱の作り方は（P40）に。

商品台

店舗中央にある平台の商品台。構造は上の棚の平台部と同じ。実際も作例も、台の奥側は開いていて、補充用の商品が入れられる仕組みになっています。

塗装は棚とまったく同じ。そのあと、80番の紙ヤスリで軽く擦り傷を再現。さらに、400番のスポンジヤスリでうっすらと木地が出るようにやすり、布で表面を強く擦ると、使用感のあるツヤが出ます。家具を木で作る利点はこれです。

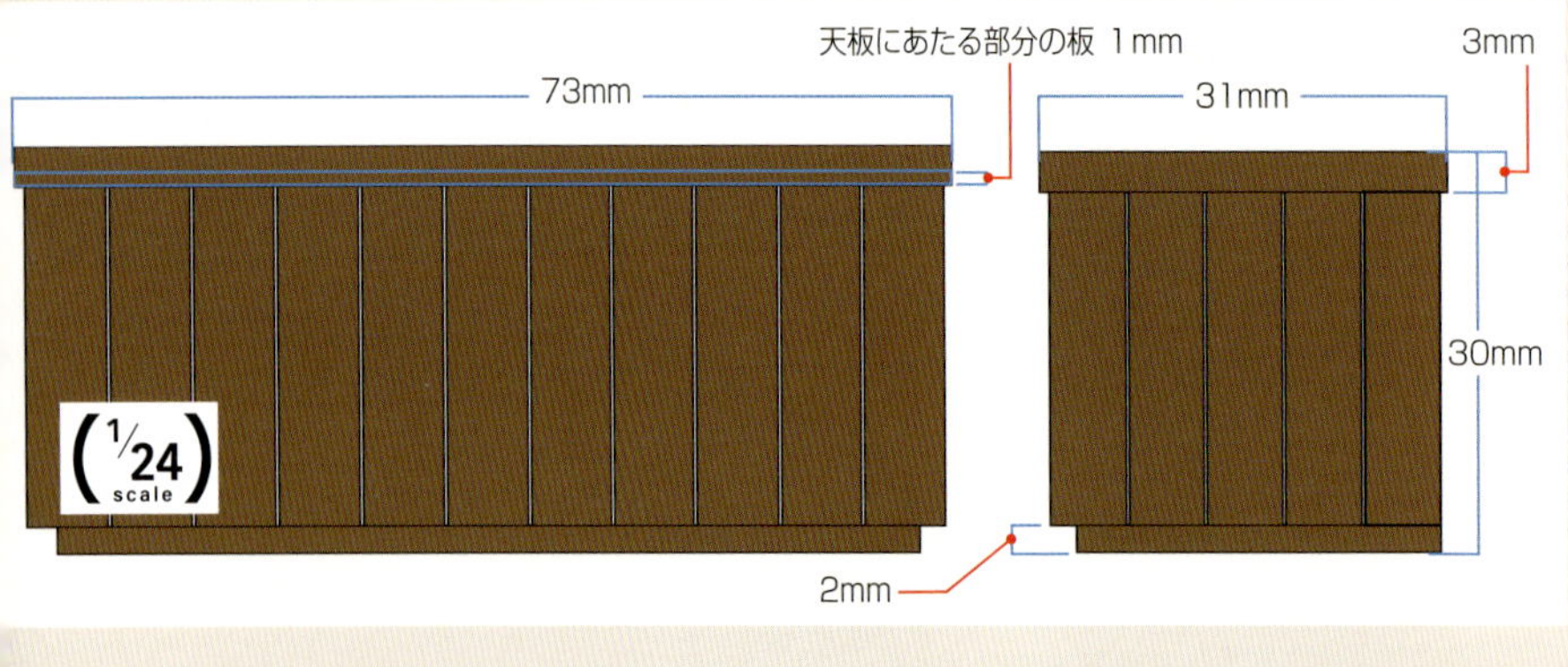

おばちゃんの机とイス

店の中央に置いてある小さな木の机。店主の息子さんが小学校の時に使っていた机を、店で転用しているという「ありそうな設定」です。こちらも棚同様にヒノキ材の組み合わせで作られています。使い込まれて、いたる所に使用感がある仕上げは店舗の木の棚と同様。しかし、こちらは室内で使っていたので、使用の傷ではなく、「掃除のたびに雑巾で拭かれて表面のニスが剥がれてきた」という時間経過を想定しながら、スポンジヤスリで軽く擦って仕上げました。

塗装は、棚と同じタミヤのアクリルカラーの「リノリウム甲板色」にフラットブラックを少量入れた色で。商品棚よりも明るめの茶色の仕上げです。

それに組み合わせた丸椅子は、実は我が家で実際に使っているビンテージのイスがモチーフ。戦前～昭和30年代ぐらいの家具が好きで、集めているコレクションの1つです。レッドブラウンで塗装して、家具の仕上げに変化を持たせました。

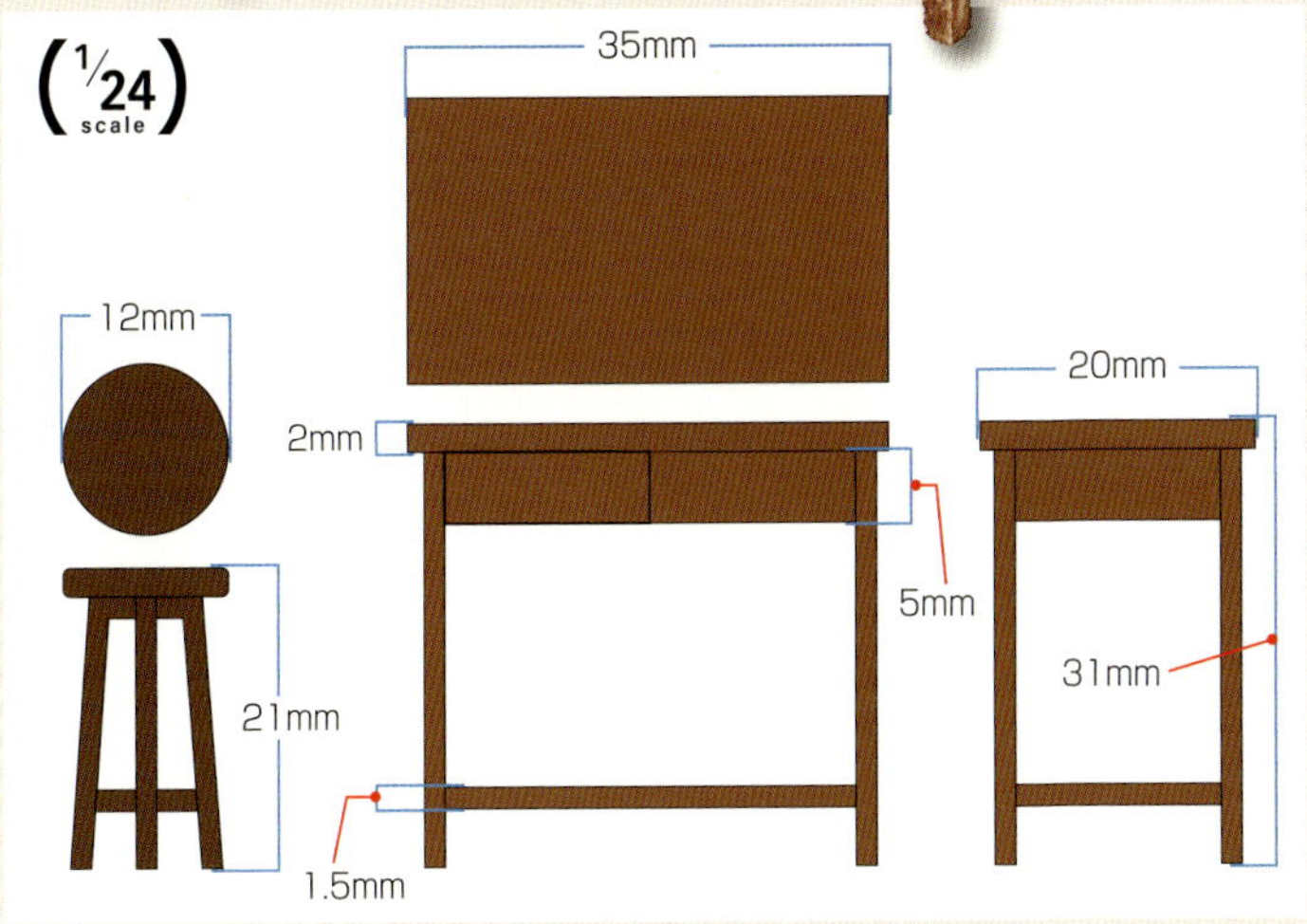

スチール棚

安価でたくさんの物を置けるスチール棚は、2階の子供部屋にあるという想定です。穴開きの支柱は、ケント紙をレーザーカッターで加工したものを使っています。このような細かい穴開きの部品は、ジオラマに緻密感を醸し出します。

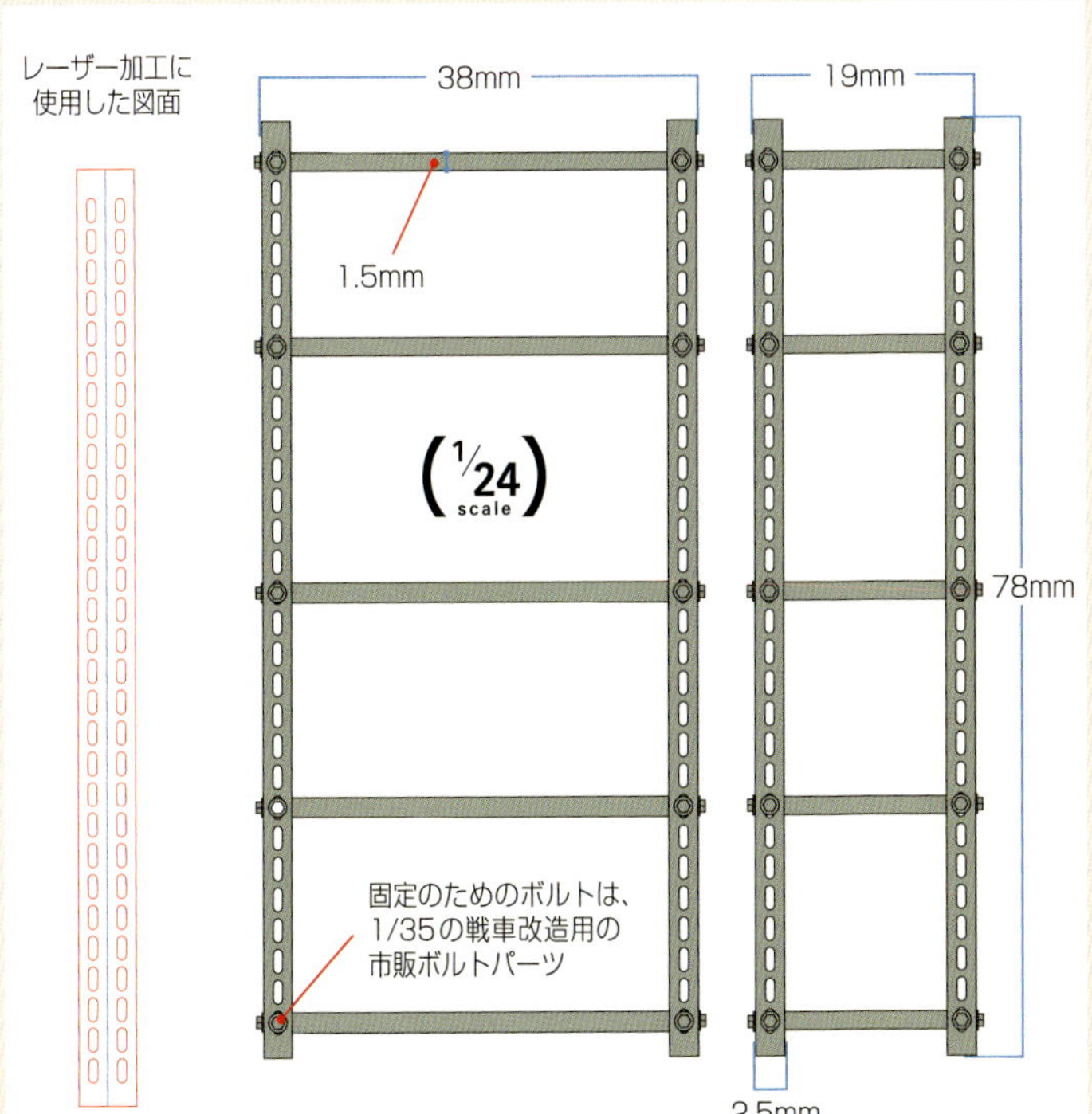

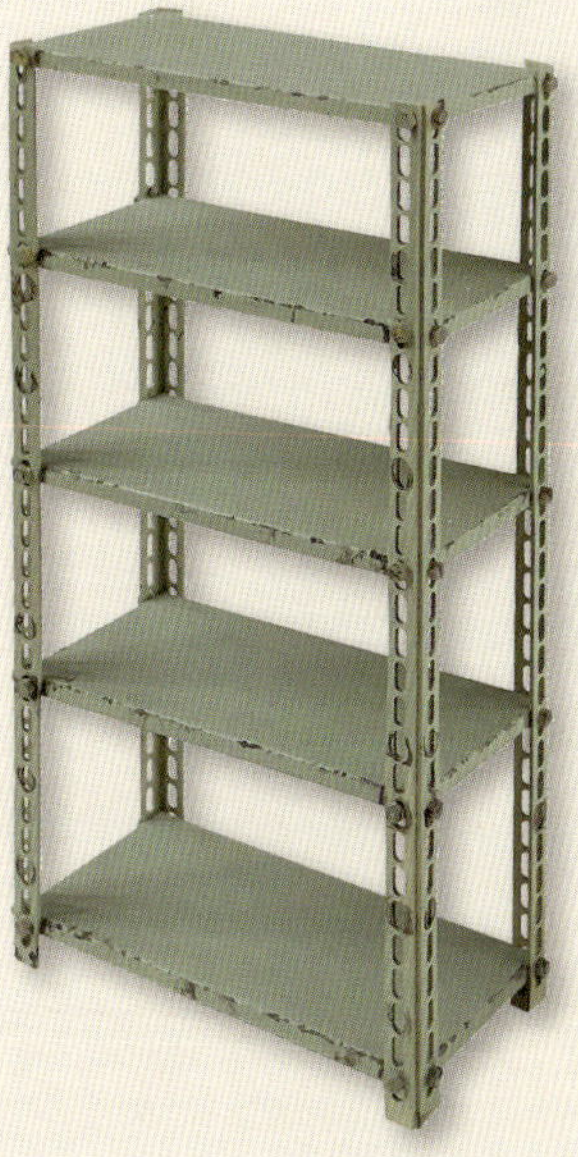

※これらのレーザーカット部品は、(P75)の「T2*CRAFT」で、依頼についてのこまやかな相談ができます。

クーラー

現代の家庭にはなくてはならないクーラー。室内と室外に設置された機器は、ジオラマを緻密に見せる格好のアイテムとなります。設置された年代により、デザインはかなり違います。今回は昭和50年代の設定でデザインをまとめました。

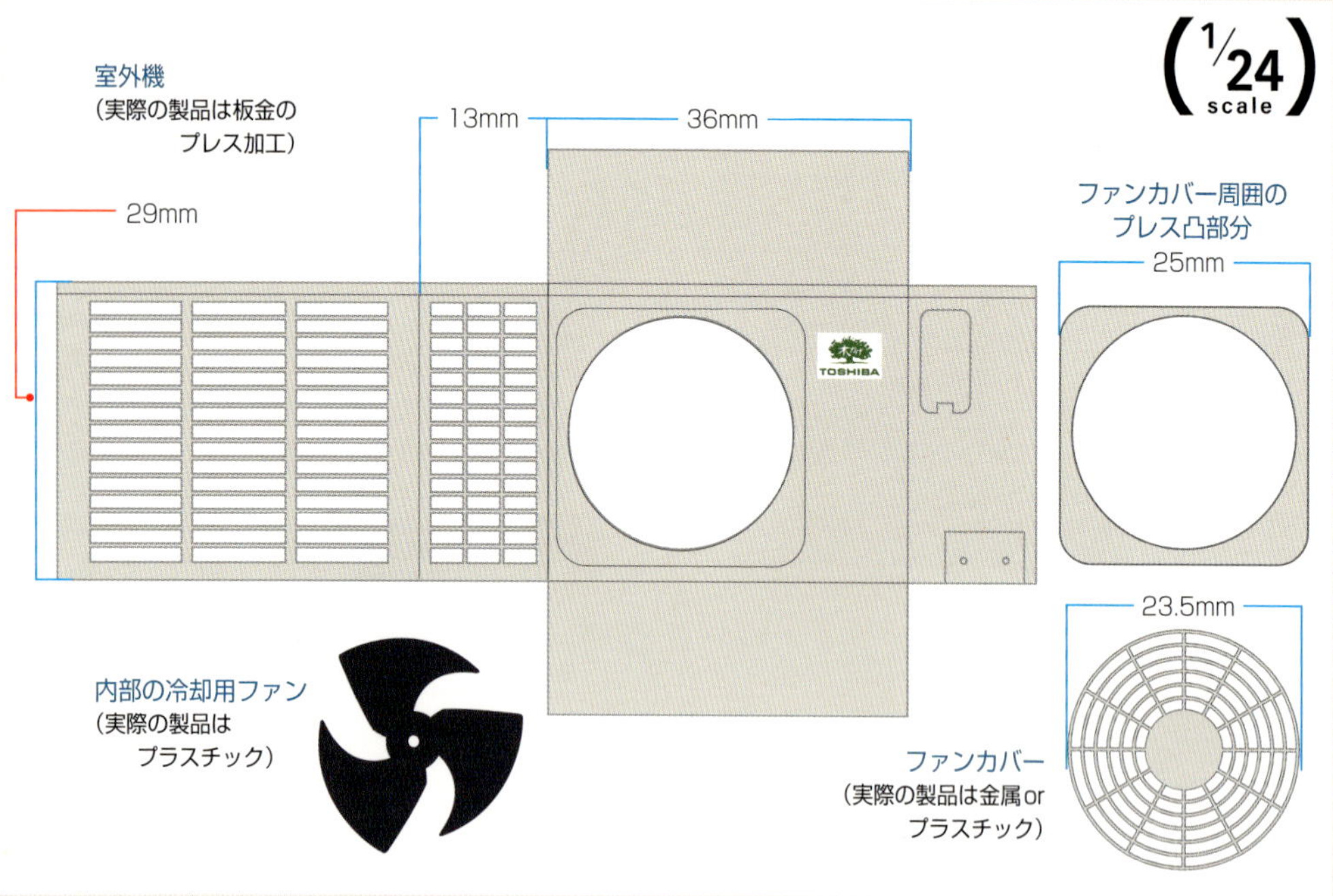

1

上の「Illustrator」で描いた展開図を、レーザーカッター使用にて加工。細かいスリットが多い造形は、手で正確にカットするのは非常に手間がかかるので、有効な方法です。ゼリー状の瞬間接着剤で組み上げたら、角を丸くやすってプレス加工で作ったような曲線に仕上げます。

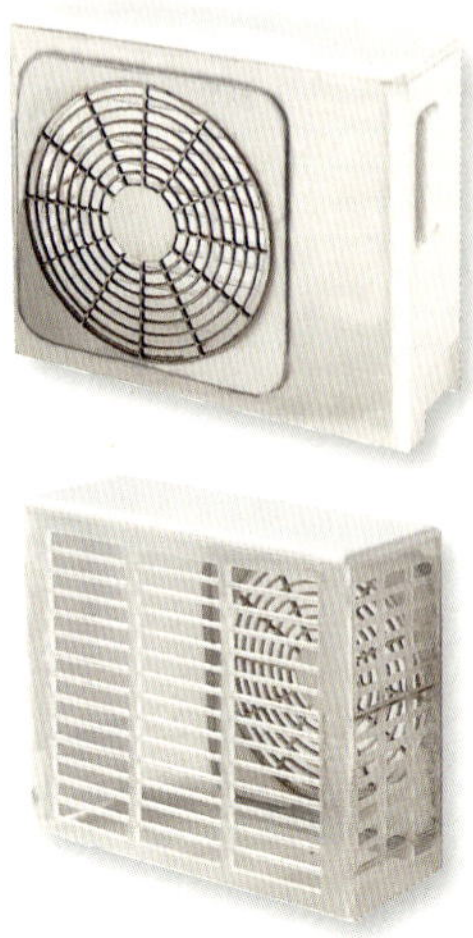

レーザーカットした部品の中で、ファンカバーだけはスリット部分が細く、アクリル板が溶けてしまって何度もトライしたものの失敗……。ケント紙を使ったところ、かなりの細さ(0.3mm幅)で成功しました。

2

外装は実物を参考にして、薄いベージュ系を調色してラッカー塗料で塗装します。ファンカバーのスリットの隙間から内部が少し見えるので、実際の構造で中にある「熱変換器」となるように、波板状のプラ板をシルバーに塗って貼ります。さらに、黒く塗装したファンの部品を、プラ棒を使って少し浮かした状態で接着します。

ファンは、図面をもとに厚紙をカットして、ツヤ消しブラックで塗装。乾いたら羽を指で曲げて形状を整えます。ファンの形にしたら裏板に接着します。

■波板状のプラ板
コルゲートサイディング
PS-25 1/32
(プラストラクト)

3

エアコンの配管を作ります。実際の配管は「太い銅管(吸気)」「細い銅管(液体排出)」「電器配線」「排水ドレン」の4本をテープで巻いた構造となっています。作例では、2本のコードが並列に付いた模型用の平行コードと針金の3本を、2mm幅にカットしたマスキングテープで巻いて工作。ツヤ消しホワイトで塗装して仕上げました。

マステを巻く際には下から上へ巻きます。実際の施工で、テープの隙間から雨水が侵入しにくく工夫しているのと同じにして、リアリティを追求します。

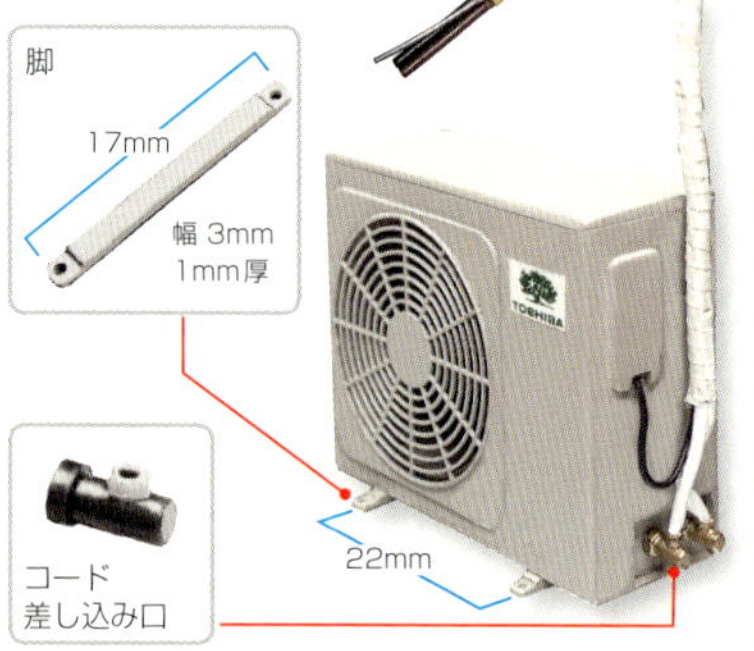

電気コード再現のための針金のおかげで、配管が自由に曲げられます。配管接続部分のコックは、プラモデルの部品を組み合わせて作り、コードを接着。最後に、プラ板から作った脚を本体裏面に付けて完成！

■針金0.5mmΦ
(市販の汎用品)

■模型用平行コード
(市販の汎用品)

※これらのレーザーカット部品は、(P75)の「T2*CRAFT」で、依頼についてのこまやかな相談ができます。

【室　内】を作る

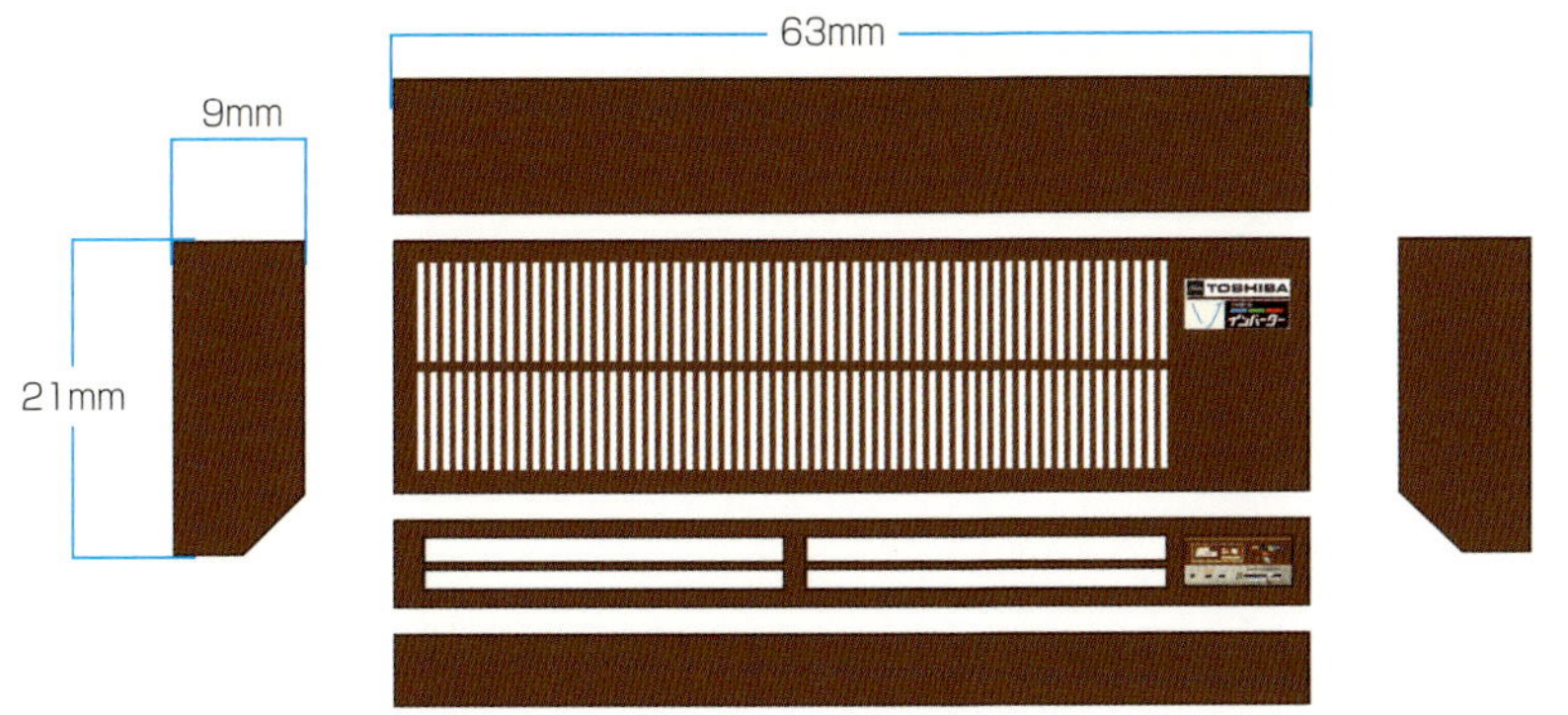

昭和40～50年代に流行した家具調家電。具体的な商品を再現したのではなく、当時の全体的な特徴を表したデザインとしています。現在の一般的なクーラーと異なり、厚みがなく、高さがあるのが特徴です。

1

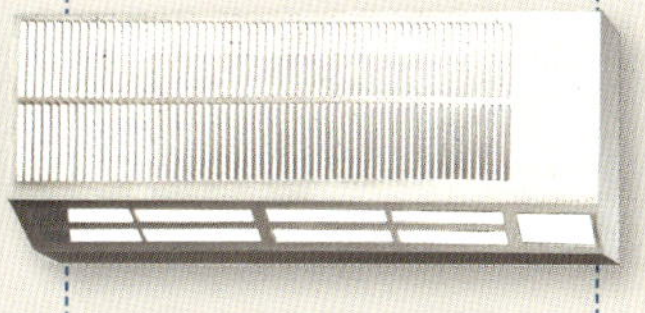

上の「Illustrator」で描いた展開図を、レーザーカッター使用にて加工。これだけ細いスリットがカットできることに感動します。

2

仕上げにクリアーを厚めに塗装して、乾燥後にコンパウンドで磨きます。

ラッカー塗料を調色してオレンジ系の茶色として、全体に塗ります。乾燥後にタミヤアクリルの「フラットブラック」を溶剤で薄め、面相筆で木目の横筋を書き入れます。一度筋を描いたら、すぐまた溶剤だけを含ませた筆で筋をなぞってにじませると、リアルな木目が描けます。

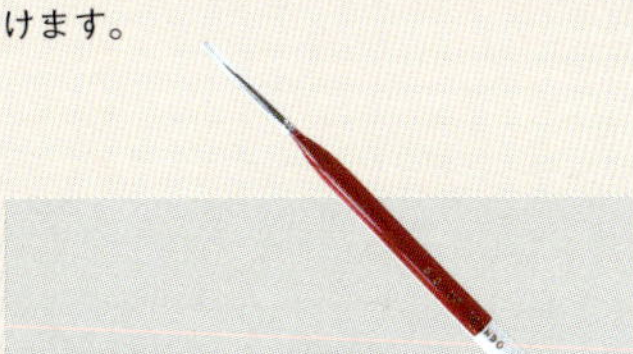

■面相筆 KS 5/0（精雲堂）

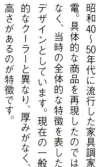

■透明アクリル板 0.5mm厚（光栄堂）

3

コントロールパネルと商品シールは、インクジェットプリンターの光沢紙に印刷し貼り付けます。

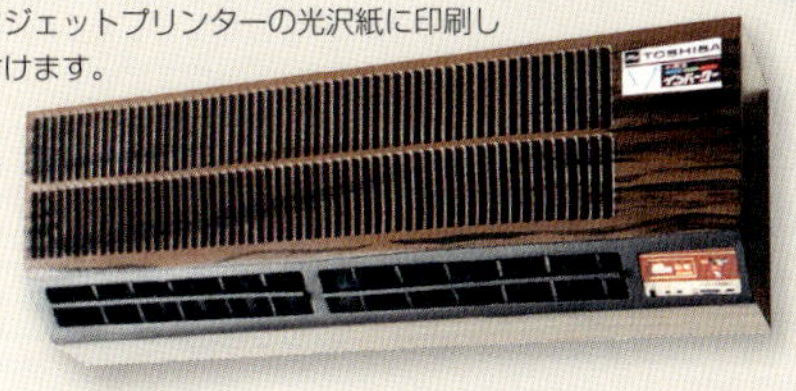

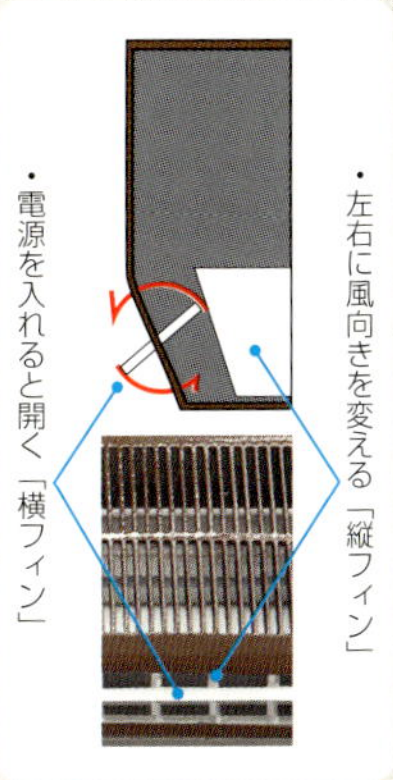

下部吹き出し口、ルーバーの工作です。2のままでも雰囲気十分ですが、さらに作り込んだのが作例です。吹き出し口の左右2本のタテの支柱を切り取ります。プラ板0.3mm厚で「横フィン」（電源を切ると閉じる部分）を切り出して、端の芯の部分をゼリー状瞬間接着剤で固定。その奥に、風向きを左右に変える「縦フィン」を3mm間隔で接着し、フラットブラックで塗装して完成です。

作例での室内機の設置。鴨居と天井の間に接着（または両面テープ）。リモコンがない時代で、ON/OFFを紐で操作！　吹き出し口に紙を付けるのも、昭和のお約束！

作例での室外機の設置。屋根に取り付ける際には、専用の金具や木材で勾配を調整するのでそこも工作します。Googleの画像検索で事例を探してリアルな方法を選択しました。

⊙昭和レトロデザインの直管型蛍光灯

小型LEDのおかげで、模型に電飾を施してリアルな室内を生み出すことが容易になりました。特に、白く発光する「ホワイトLED」で乳白色の蛍光管が再現でき、また、ゴマ粒大しかない極小の「チップLED」はすごく狭い場所にも設置可能。

小型LEDは、今までは無理だった「蛍光灯」のような照明器機も実現できる、夢のような発明品です。一見難しそうな電飾加工ですが、基本的には+と−を電池につなぐだけで光りますし、配線済みのチップLEDも、通販サイトで安く手に入るので、チャレンジのハードルは下がりました。

部屋の中に照明が灯るだけで一気に本物感が溢れます。夜に部屋を暗くして、明かりを灯したジオラマをニヤニヤしながら眺めるのは至福のひとときです。

蛍光灯は、点灯していなくても緻密感はぐんとアップするので、電飾ナシで外形を作るだけでもいいと思います！

詳しく電飾を習得したければ、模型の電飾マスターである友人の、どろぼうひげさんの『電飾しましょっ！』がオススメです。基本的な電飾テクが身につけられますよ。

『電飾しましょっ！』
どろぼうひげ／著
(大日本絵画) 3000円

直管型蛍光灯の制作

蛍光管は、透明アクリルの丸棒2㎜φで。光を拡散させる目的で、表面には光沢ホワイトとクリアー（ラッカー系）を3対7の割合で混色した「乳白色」を塗装します。この方法以外に、トレーシングペーパーを貼る、紙ヤスリでツヤ消しにする、など実験した結果、実物の蛍光灯に近い乳白色での塗装がもっとも本物っぽい光り方となりました。

チップLEDとゴマ粒の大きさ比較（原寸大）

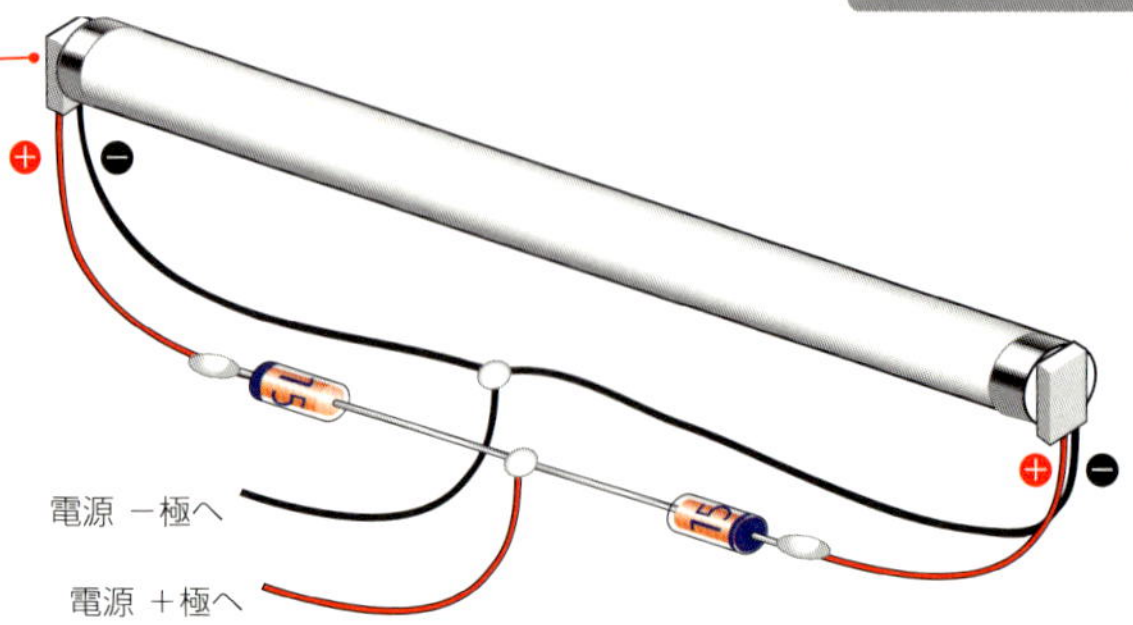

市販の、配線済みのチップLED（白発光）3V～4.5Vを、両端に瞬間接着剤で貼り付けます。点灯させると、どうしても丸棒の左右真ん中あたりが光量不足になりますが、それがまた、使用感たっぷりの蛍光管の雰囲気で光ってくれ、かえって効果的となるわけです。

長時間の点灯を可能にするため容量のある9Vのボックス型電池を使うとか、家庭用電源から12Vのアダプターで供給するとか、そんな場合には「CRD」の登場です。面倒な抵抗値を計算する必要もなく、LED発光に最適な15mAにしてくれる便利なダイオードです。向きは、青い部分がLED側ということをを間違えないように！　E-153タイプがオススメで、Amazon等の通販サイトで購入できます。

定電流ダイオード「CRD」型番E-153

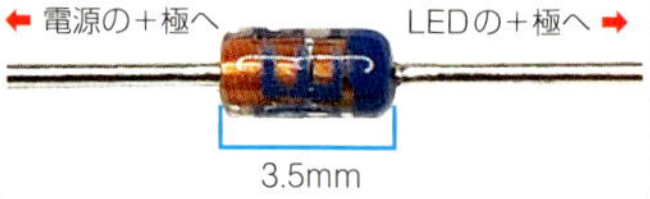

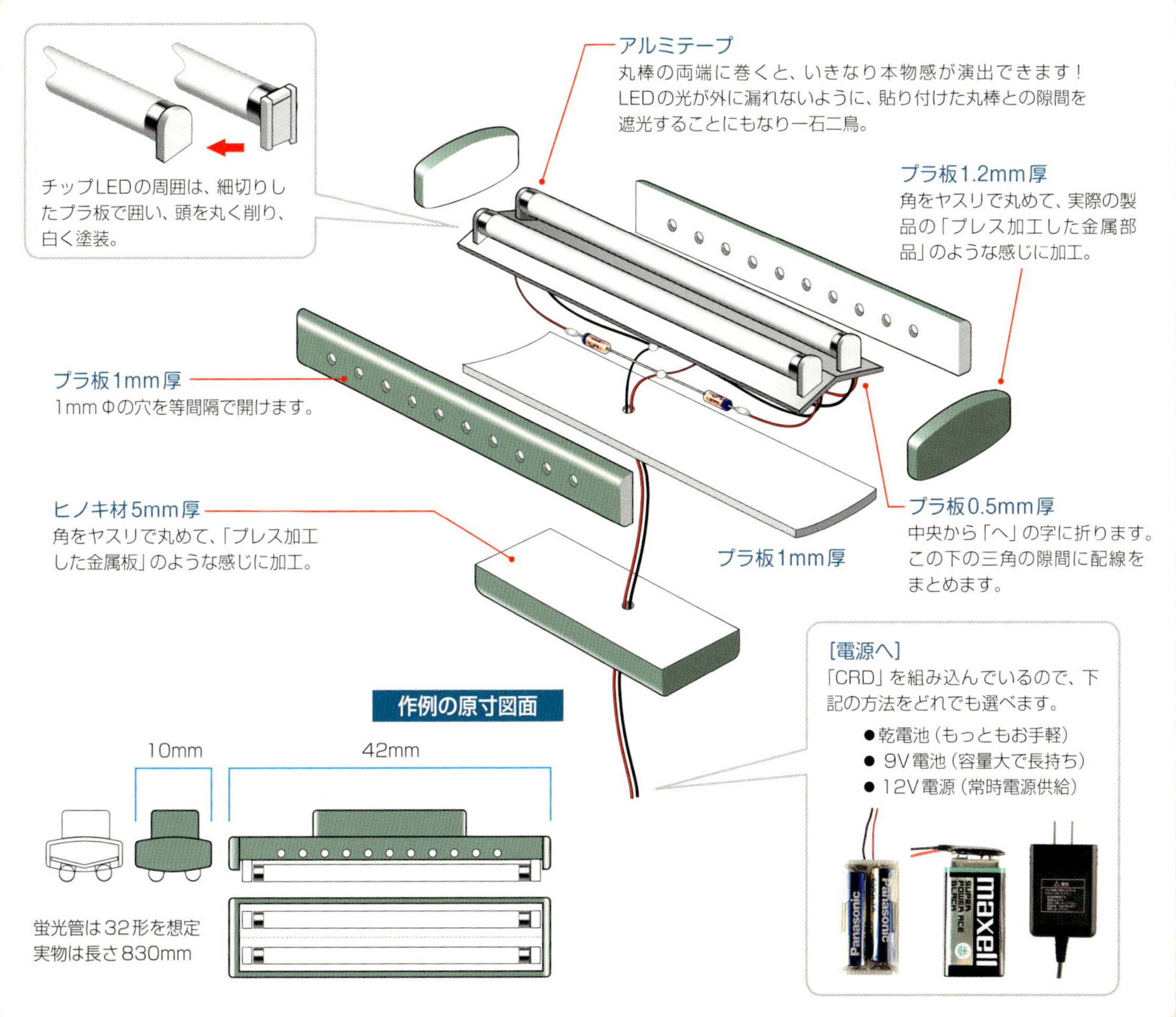
アルミテープ
丸棒の両端に巻くと、いきなり本物感が演出できます！
LEDの光が外に漏れないように、貼り付けた丸棒との隙間を
遮光することにもなり一石二鳥。
チップLEDの周囲は、細切りし
たプラ板で囲い、頭を丸く削り、
白く塗装。
プラ板1.2mm厚
角をヤスリで丸めて、実際の製
品の「プレス加工した金属部
品」のような感じに加工。
プラ板1mm厚
1mmΦの穴を等間隔で開けます。
ヒノキ材5mm厚
角をヤスリで丸めて、「プレス加工
した金属板」のような感じに加工。
プラ板1mm厚
プラ板0.5mm厚
中央から「へ」の字に折ります。
この下の三角の隙間に配線を
まとめます。
［電源へ］
「CRD」を組み込んでいるので、下
記の方法をどれでも選べます。
●乾電池（もっともお手軽）
● 9V電池（容量大で長持ち）
● 12V電源（常時電源供給）
作例の原寸図面
10mm
42mm
蛍光管は32形を想定
実物は長さ830mm

⊙和風デザインのサークル型蛍光灯

1階と2階の和室用として、サークル型の和風デザインの蛍光灯を制作。蛍光管は2㎜Φの透明ビニールチューブを円形に巻いて接着し、細くカットした鉛板でフックを接着。円形の電源ボックスは、プラモデルの自動車のホイール部品を流用しました。0・2㎜の針金でコードと紐式のスイッチを再現。今回は外観だけの再現ですが、チップLEDでの点灯に挑戦してみるのもありでしょう。

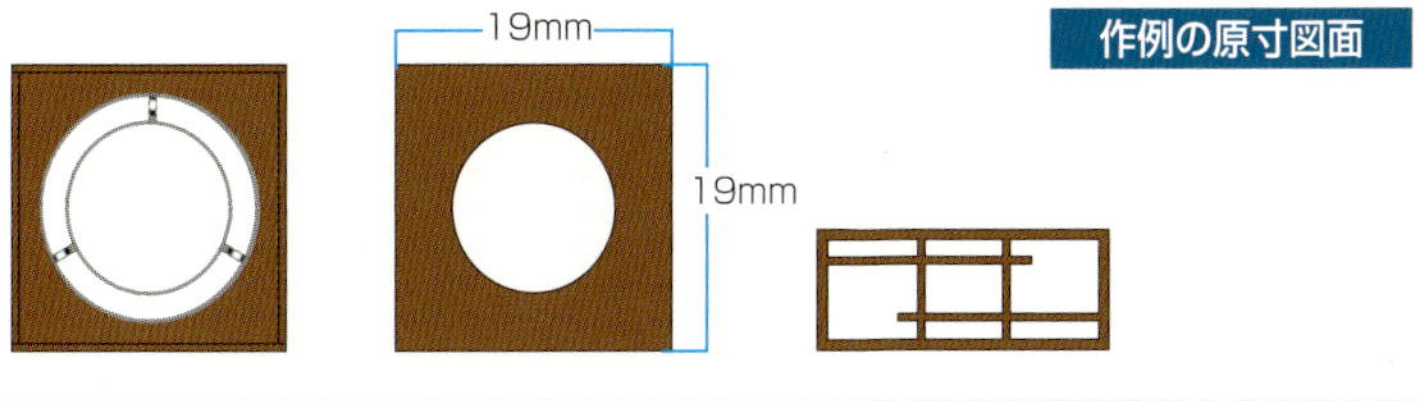
作例の原寸図面
19mm
19mm

玄関の各種プレート

古い住宅や店舗の入り口付近には、まるで勲章のような（！）各種プレートが貼られています。それらは、シールタイプから、アルミをプレスした金属製のものまで様々。作例の1／24で再現するとゴマ粒よりも小さくなりますが、それでも存在感のあるディテールとして際立ちます！ここでは、「古い住宅あるある」の重要なファクターとして、都内で調査・採集したプレートの一部を並べてみます。

制作したジオラマでの再現

実景参考写真（東京・杉並区／2018年撮影）

近所の神社のお札を貼っているのも、古い家のお約束です。

狂犬病の予防接種受診の通称「犬シール」。地域や年代により、色やデザインが異なります。

NHK受信料契約の確認証。現在はシールタイプ（右）ですが、その前はアルミ製（左）。

東京都下水道局証。昔、自前で下水を整備した際に、認証されことの証として。

東京瓦斯の契約プレート。ガスを敷いていることがステイタスだった時代！

日本赤十字社の募金に参加するともらえる会員証シール。何度も募金すると枚数が増えていく！

家を新築する際に、固定資産税の計算等で調査が入ったことを示すアルミ製プレート。

水道を敷いた際に、管理用に割り振られた個別認識番号が書かれたアルミ製プレート。

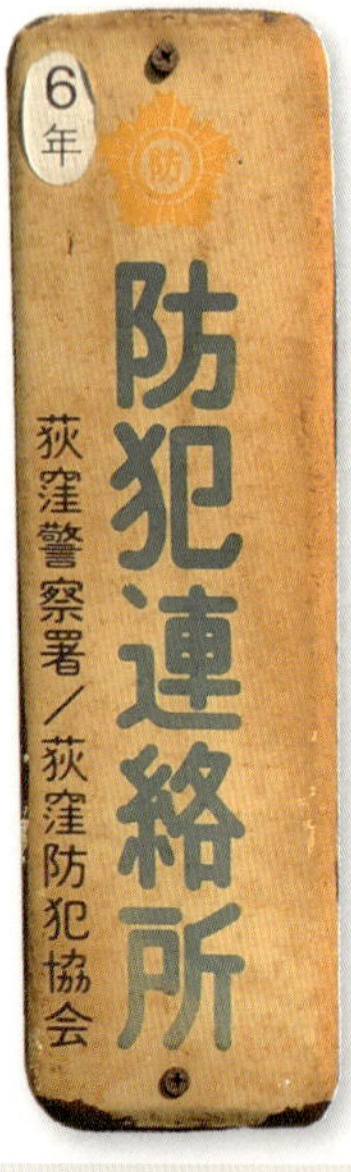

警察や地域の防犯協会から、その地域の防犯連絡担当に選ばれた家に掲げられていたプレート。地域活動に積極的な、町内の中心的な存在の家庭であることが多いよう。実際の高さは300mmほど。

町内会の会員証でアルミ製。戦前表記の特徴、右からの横書きと旧漢字。

使途ははっきりわからないながら、住所表示と思われる杉並区のアルミ製プレート。横書きは左から右ですが、旧字体なのでおそらく戦前のもの。

完成した駄菓子屋をより魅力的に、
そしてリアルに再現する、建物周囲の工作。
アスファルト道路、ブロック塀、木の塀の工作は、
「駄菓子屋」を作らなくても、
車やバイクんなどを飾るジオラマ作品にも役立つ、
ジオラマベースの制作テクニックです。

【周　囲】
SYUU I
を作る

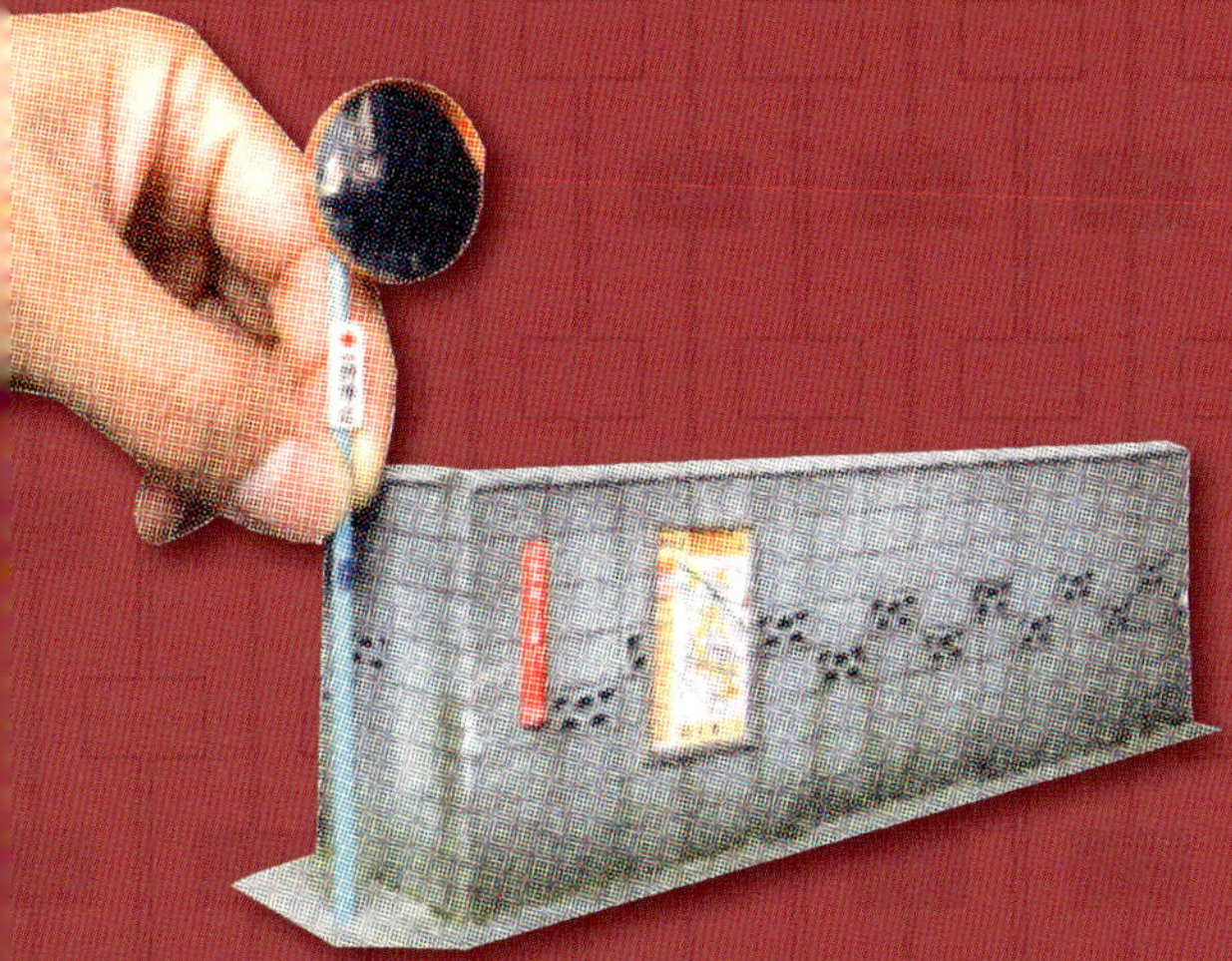

ブロック塀

かつての日本の伝統的な住宅にあった、木材でできた板塀、漆喰壁、垣根で仕切られた塀などが、ブロック塀に移行したのは戦後以降。安価で施工できて防犯性も高いことが理由でした。街並が少し味気なくなってしまいましたが、よく見ると、風通しのために開けられた穴の空いたブロック＝「透かしブロック」の意匠には、江戸時代からの伝統的な江戸小紋の文様があり、日本らしさが感じられてとても好きなポイントです。さりげない光景をしっかり作ると、かなりリアルな風景を演出できます。

参考実景写真（東京・杉並区／2018年撮影）

1

内部に鉄筋を入れていない時代の「透かしブロック」の配置を再現

ブロック塀の制作には、建物同様、レーザーカッターを使用して、一度に彫刻と切り出しを行なう方法を選択し、渋谷の「FabCafe Tokyo」（P75）で加工しました。「Illustrator」で描いた下のブロック塀の図で、赤い縁取りが「カット」のラインで、青い線は切断しない彫刻として色分けしたデータを制作。建物と同じアクリル板3mm厚を2枚合わせて6mm厚に。実物の寸法としては6×24＝144mmで、約150mm厚のブロックという想定です。透かし彫りのブロックの加工はレーザーならではの精緻さが出ます。

2

カットされたアクリル板2枚を面同士で接着し、6mm厚の板部品に。平滑な表面を粗いコンクリートの質感にするために、「タミヤパテ」を使います。毛のコシが強い平筆の先端をカットした道具を作り、筆先に少量のパテを乗せて、アクリル板の表面を叩くように塗布します。これをくり返してコンクリートの表情を再現。よく乾燥させたあとに、スポンジヤスリで表面を軽くやすり、仕上げにスプレータイプのサーフェイサーを塗って下地が完成です。

テクスチャー用の筆として平筆の先端をカット

今回制作したブロック塀の図面

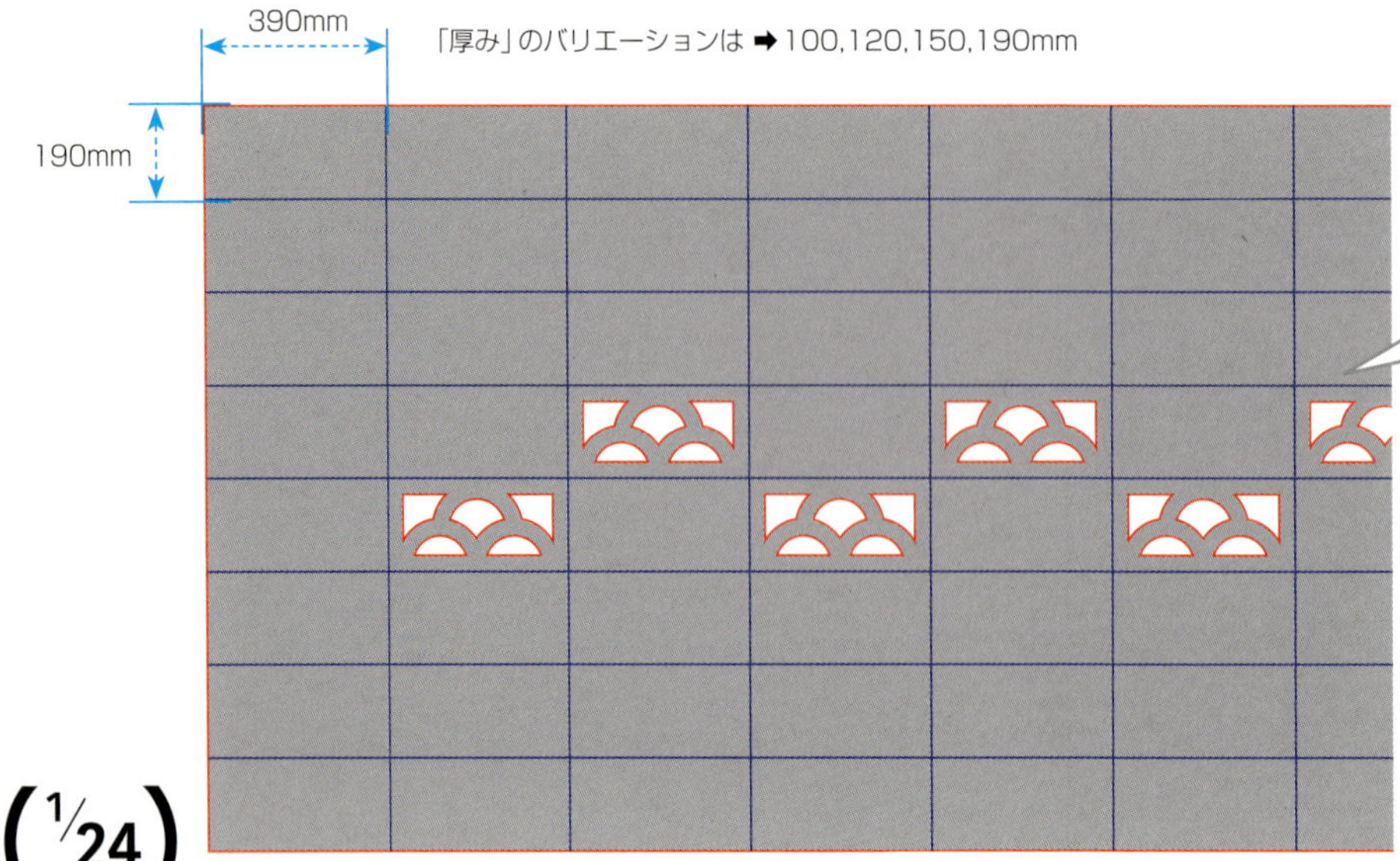

江戸小紋をモチーフにした「透かしブロック」のバリエーション例

（1/24 scale）

※寸法は実際の建物のサイズ

【周　囲】を作る

3

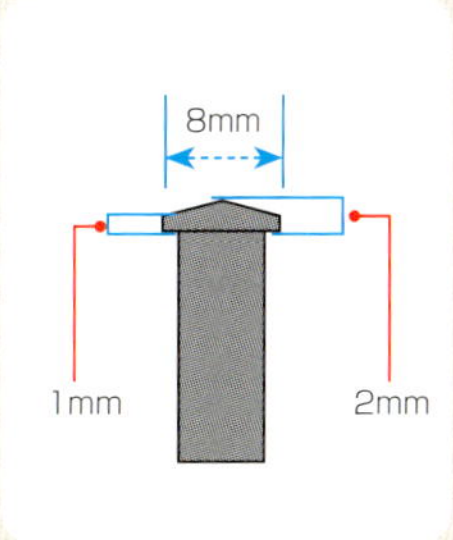

タミヤのスチレンボード2mm厚を使い、ブロック塀最上部の庇を作ります。屋根の勾配がつくようにやすりで削り、モデリングペーストを叩きつけるように塗布して、ブロック塀同様のテクスチャーを付けます。

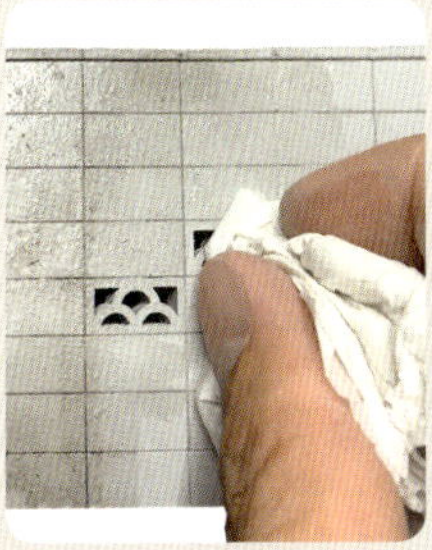

ブロック塀の塗装です。タミヤのアクリル塗料の「リノリウム甲板色」と「フラットブラック」を1対1で混色し、アクリル専用溶剤で薄めます。ブロック塀の表面を「濡らす」ようにして塗料を筆塗りします。乾ききらないうちに、キムワイプ（P92）、なければティッシュを使い、表面をポンポンと軽く叩くようにして、塗った塗料を軽く拭き取ります。右ページの実景写真を参考に、上方からの雨だれ、湿気による下部のムラを意識しながら、「塗料で濡らし〜拭き取る」をくり返します。

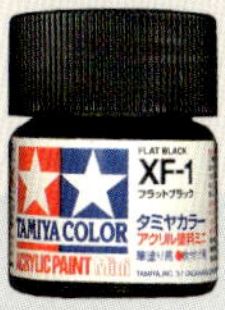

■アクリル塗料
フラットブラック（タミヤ）

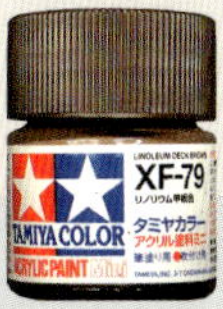

■アクリル塗料
リノリウム甲板色（タミヤ）

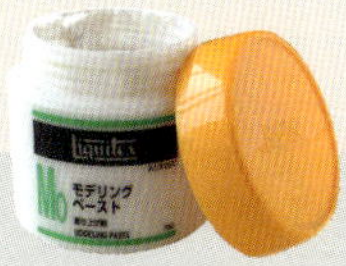

■モデリングペースト
（リキテックス）

4

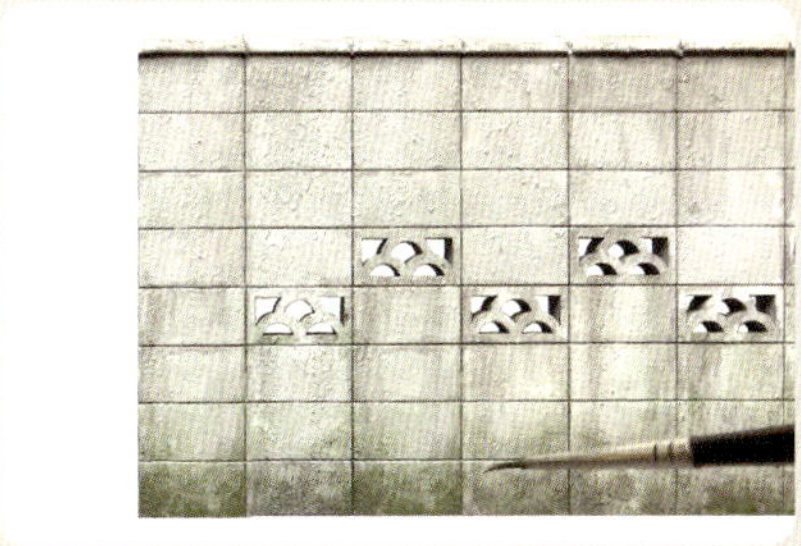

「流し込み塗装」を行って凹凸を強調させます。「フラットブラック」を専用溶剤で薄めてブロックの間の溝に流し込みます。ブロックの間や透かし彫りに溜まった雨水が流れて雨だれができる様子も書き加えます。色が濃くなり過ぎたら、溶剤を含ませた綿棒で、上から下へ雨水が流れる様子を意識しながら拭き取るといいでしょう。仕上げに、苔の表現として、前出の薄めた「フラットブラック」に「ディープグリーン」を足し、ムラになるように乗せていきます。湿気が溜まる底面から、苔がジワジワと上に育つようなイメージで、筆先を細かく震わせながら塗装します。

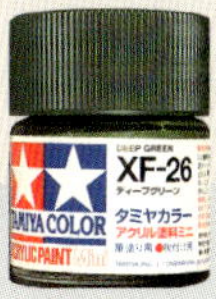

■アクリル塗料
ディープグリーン（タミヤ）

角のほどよい高さに、車がこすった傷をつけるなど、いかにもありそうな「あるある」を加味するとさらにリアルに！

※これらのレーザーカット部品は、（P75）の「T2*CRAFT」で、依頼についてのこまやかな相談ができます。

大和《やまと》塀《べい》

昭和の「下見板張り」（P62）の木造住宅とよくマッチする板張りの塀。薄い板を表と裏に交互に1枚ずつ張り、遮蔽と風通しをうまく両立させた「大和塀」。特に厳密な寸法が決まっているわけでなく、調査した場所によって寸法にバリエーションがあることがわかりました。ここでは、東京に今なお現存する「大和塀」を、実測した寸法から制作し、そのプロセスを解説します。

参考実景写真（東京・杉並区／2018年撮影）

1

■ツキ板ータモ
（ツキ板屋／坂商会）

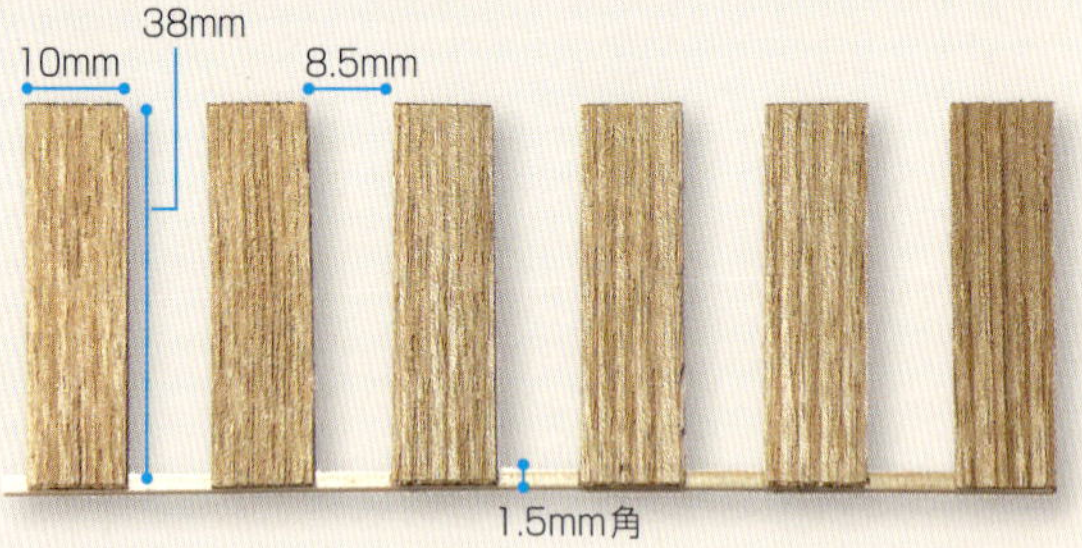

「板壁」の項（P76）で使用したタモの「ツキ板」を、寸法を出した塀の長さ、枚数で切り出します。ヒノキ棒1.5mm角に、その「ツキ板」を8.5mm間隔で接着します。木工用ボンド、ゼリー状瞬間接着剤、どちらでもOKです。

2

■ヒノキ棒 1.5mm角
（購入先：東急ハンズ）

1でできた塀を裏返して置き、ヒノキ棒1.5mm角を、上辺と中央に横断するよう貼ります。そして、「ツキ板」を1の板と表裏で互い違いになるように貼っていきます。板幅が10mmで、板と板の間隔が8.5mmなので、わずかに重なる部分が出るわけですが、そのどれもが均等になるように慎重に作業しましょう。

3

■ヒノキ棒 5mm角
（購入先：東急ハンズ）

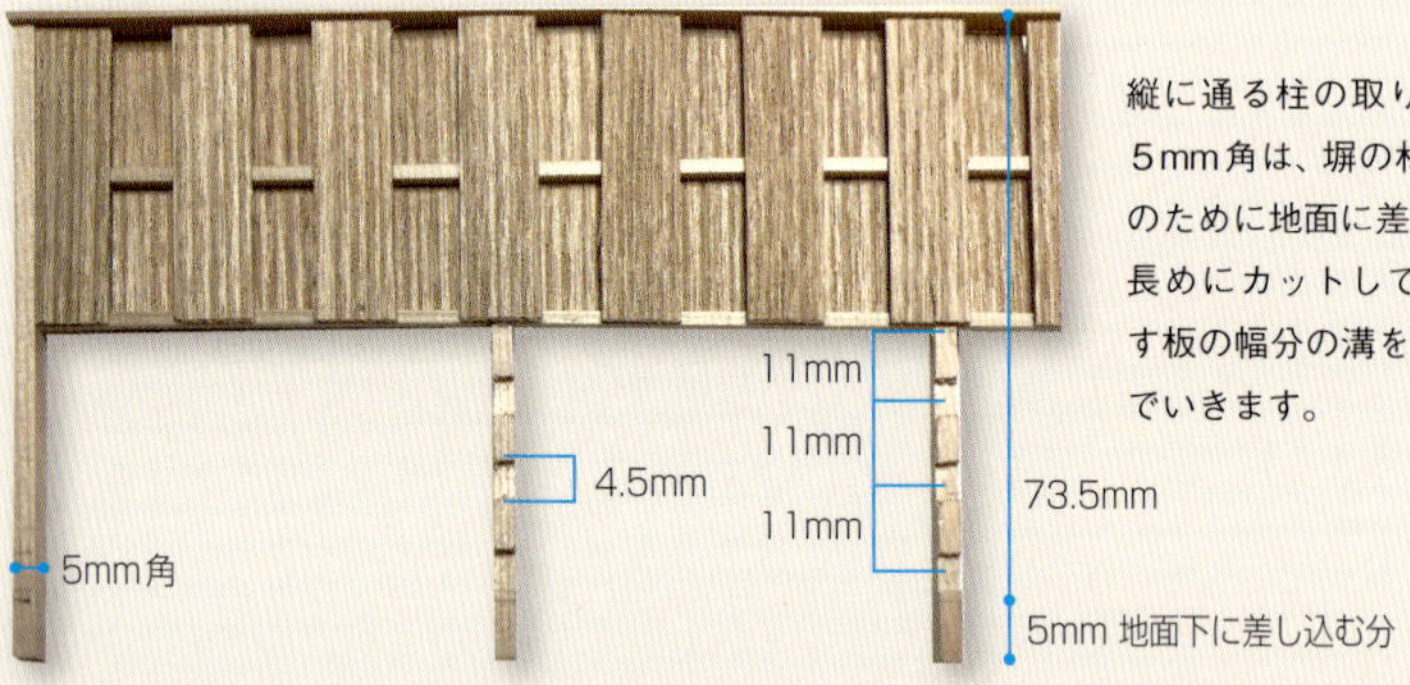

縦に通る柱の取り付けです。ヒノキ棒5mm角は、塀の材料に貼り付け、固定のために地面に差し込む分を考慮して、長めにカットしておきます。横にわたす板の幅分の溝を3本、1mm凹分刻んでいきます。

【周　囲】を作る

4

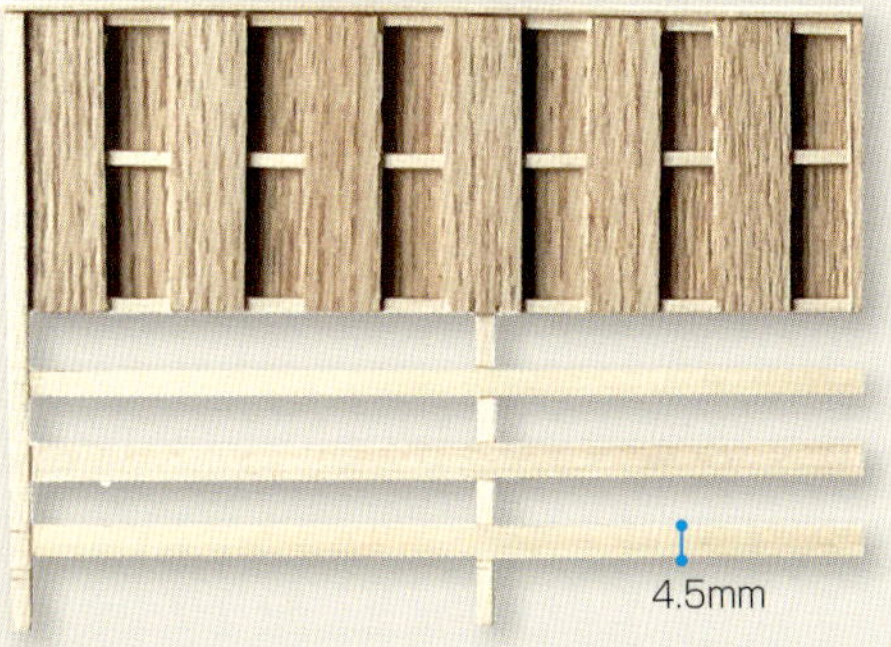

家の外からの目隠し部である、下段の横板の工作です。ヒノキ材1mm厚を幅4.5mmにカットし、柱に刻んだ凹溝《おうこう》に合わせてゼリー状瞬間接着剤で固定。塀の最上段には、同じ幅のヒノキ材を屋根のように貼り付けます。これでベーシックな大和塀が完成です。ここまでの工作はすべて木材を使っているので、大工さんの疑似体験をしている気分に浸れますよ。

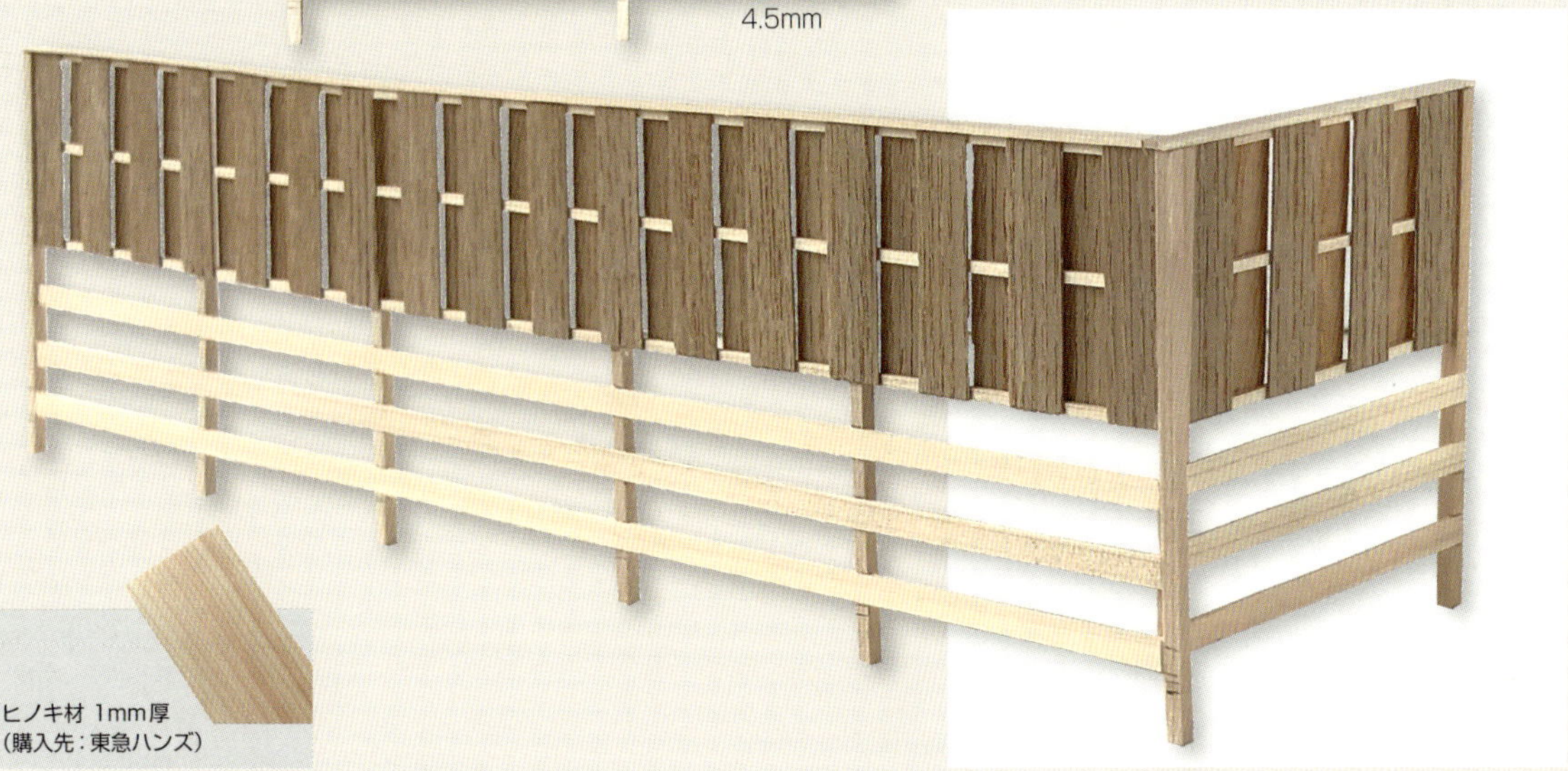

■ヒノキ材 1mm厚
（購入先：東急ハンズ）

5

大和塀の塗装は、右ページの参考実景写真のように、防腐剤入りの木工ニスで塗装される場合が最近の定番ですが、戦前〜戦後しばらくにおいては、板素材そのままの仕上げが多く見られます。経年変化で木の表面が白く変色し、やがては苔色に染まっていく様子を再現するため、タミヤアクリルの「バフ」「フラットブラック」を1対1で混色し、溶剤で薄めた色で壁全体を筆で塗ります。その上から、「フラットブラック」の混色比率を上げた色で部分的に「墨入れ」して凹凸を際立たせ、よく乾燥させます。その後さらに、塀の基部を中心に、「ディープグリーン」を溶剤で薄めた色を、染めるようにしてジワジワと筆で乗せて塗装。雨水と地面からの湿気で苔が広がる様子を再現します。

■アクリル塗料
ディープグリーン
（タミヤ）

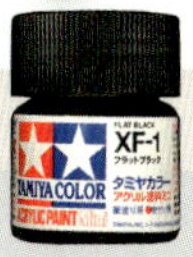

■アクリル塗料
フラットブラック
（タミヤ）

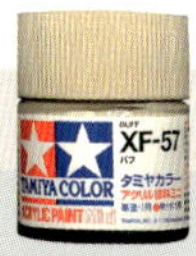

■アクリル塗料
バフ
（タミヤ）

道路のベース

1

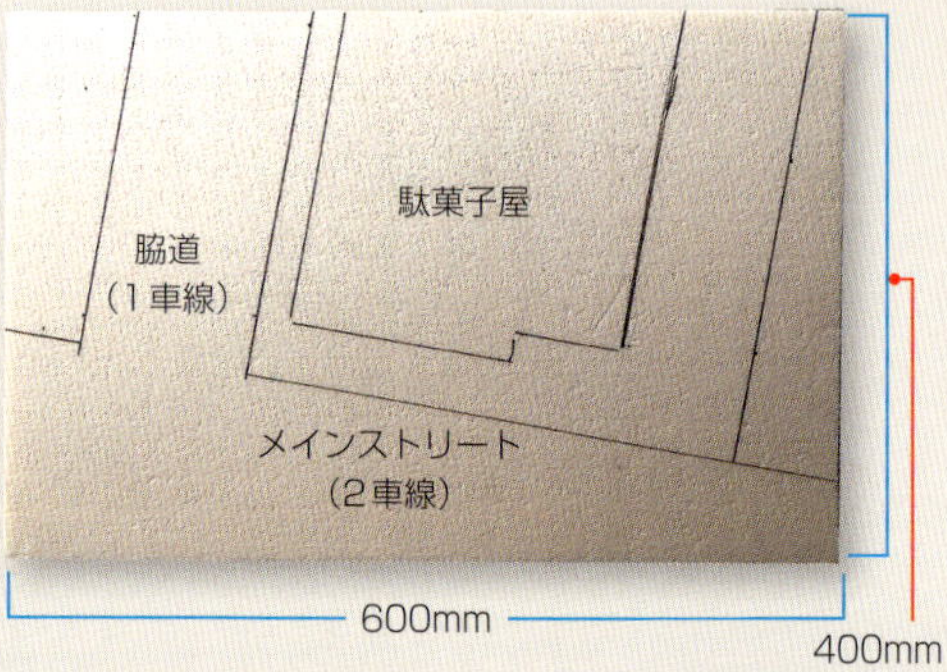

道路のベースは、20mm厚のスタイロフォームを使用。建築用の断熱材として使われている発泡スチロールで、軽くて丈夫なのでジオラマのベースとして重宝しています。作例では、本書の撮影もあるため建物の周囲を広めにとり、600×400mmとしています。

■スタイロフォーム
（カネカ）

2

建物の周囲はコンクリート仕上げ。道路面から立ち上がった歩道のような部分は、スチレンボード3mm厚を貼り、その表面にモデリングペーストを、毛の短い筆を使ってトントンと叩く用に塗布します。

■スチレンボード3mm厚
（タミヤ）

3

アスファルトの再現です。小さなベースの場合、たんに布ヤスリ（80番）を貼るだけという、簡単なわりにリアルに仕上がる方法がありますが、今回はさらに緻密な表現として「疑似アスファルト」を試してみました。以下を混ぜて、お好み焼きのタネぐらいのやわらかさの状態にして、道路表面に流すのです。

- モデリングペースト
- 鉄道模型用のバラスト
  （線路に敷く細かい石粒）
- 砂（海岸で採取したごく普通の砂）
- アクリル塗料（フラットブラック）
- 少量の水

■会津バラストL
（ポポンデッタ）

道路は、水はけのために中央部分が膨らんで施工されているので、ジオラマでもそこを意識し、同様の微妙な勾配に仕上げる。

仕上げる道具はいろいろ試した結果、T定規にマスキングテープを貼って保護したものを使うと均一に広げることができました。グランドをならずレーキ、野球部的言い方ではトンボのような形ということです。バラストの石粒は少量でも十分のようです（作例ではタネ全体の50%程度含有）。乾燥は半日ほどかかります。強制的にドライヤーで乾かすと、内部に溜まった水分が抜けて表面にクラックが入る場合も。しかしこれを逆手にとってリアルなひび割れとしてしまうテクニックもあります。ただし、狙った場所にできるわけではないので、偶然の産物として期待するしかないのですが。

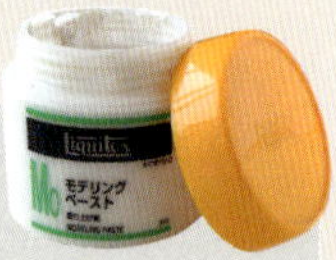

■モデリングペースト
（リキテックス）

4

アスファルト道路のいいアクセントになるマンホールの存在。近所で撮影した写真をもとに「Illustrator」で作図し厚紙にプリント。レーザーカッターで切り出してプラ板1mm厚に貼り付けて制作しました。3のアスファルトが生乾きのうちに、カッターを使って設置のための凹みを彫るといいでしょう（乾ききると相当固いので困難に）。このマンホールは、誰でも使えるように、私と「T2*CRAFT」の共同開発で、紙をレーザーカットしたキットを発売することになりましたので、それを使えれば簡単に再現できます（詳細はP75）。

5

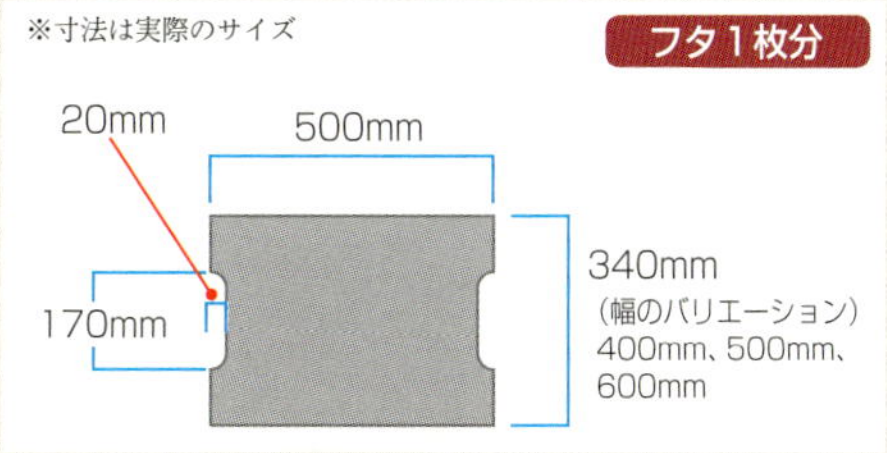

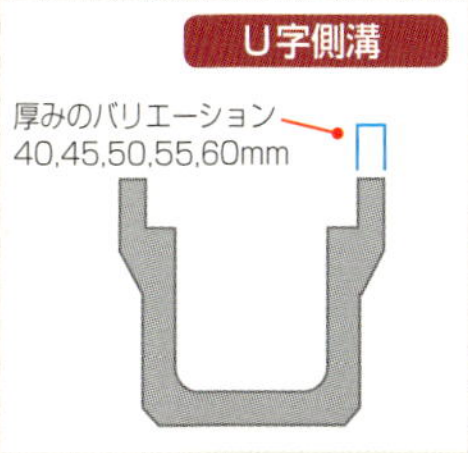

モデリングペーストを、毛足の短いコシの強い筆を使ってトントンと叩くように塗布します。プラスチックの表面でもしっかりと食いつきます。

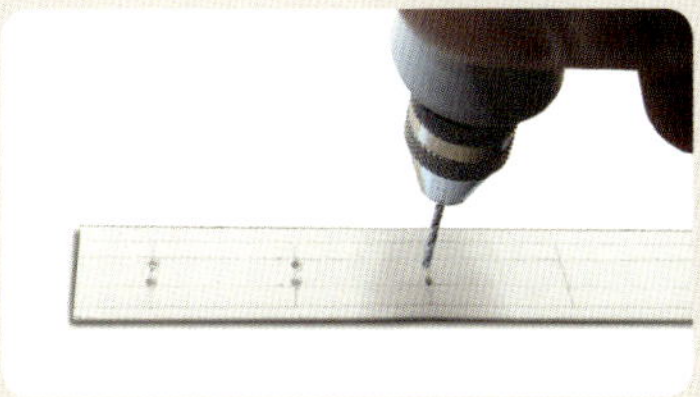

アスファルト道路のサイドにある溝の工作。タミヤのプラバン1mm厚に、溝フタと側溝のフチを鉛筆でけがき、Pカッターを使って彫刻。フタには、ドリルで2つの穴を開け、それがつながってオーバル（トラック楕円）の形になるようにカッターで切って仕上げます。

■プラ板1mm厚
（タミヤ）

6

彫刻して作った溝のフタは、そのままではいかにも機械的にただ彫っただけの板に見えてしまいます。そこで、フタ1枚ごとに特徴を出すため、マイクロナイフを使用して、角が欠けた様子や、亀裂、隙間を深く彫るなどの加工を施します。コンクリート製のフタのディテールは、近所にある実物をよく観察するといいでしょう。これらの作業は、3のアスファルトの流し込みをする前に終わらせ、アスファルトの素材がまだやわらかいうちに、フタが収まる凹みの加工を行ないます。

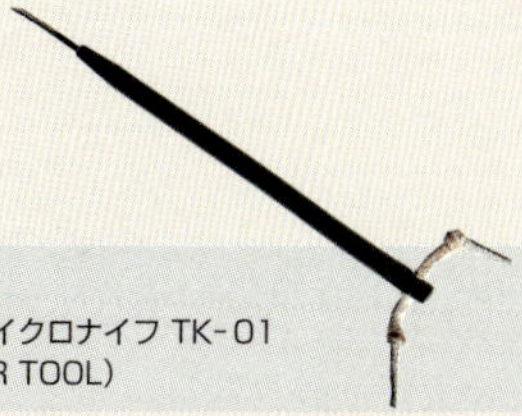

■細密マイクロナイフ TK-01
（EIGER TOOL）

7

さらに、仕上げに布ヤスリ（80番）を使って整えます。写真のように色味はいい感じのグレーとなり、工事から年月が経ったアスファルト道路のように。3の素材混ぜ合わせの際に、バラストを増やすとゴツゴツ感がリアルになりますが、加工は大変。バラストはナシで、実物の砂の量を多めにしてもいい感じに仕上がります。
最初に入れたアクリルの黒の量は、たっぷり入れても、乾燥すると思いのほか白っぽく仕上がります。少量で混ぜものの配合を調節しつつ、ベストな状態を模索するのもジオラマ作りの楽しみの1つ。

アスファルトの仕上げ作業です。3で流した素材が完全に硬化すると、本物のアスファルトのように固くて頑丈であることがわかります。しかし、表面が平滑になっていない部分もあるので整える必要があります。木工用の広面のヤスリ、NTドレッサー（荒目）で表面を削ります。本物の石粒であるバラストが入っているので、ガリガリという高音のすごい音がするので、加工場所が限られます（私は風呂場で）。NTドレッサーは、広い面を削るのに重宝し、削り面の板が交換可能。ジオラマを作る方ならぜひ購入をオススメする道具の1つです。

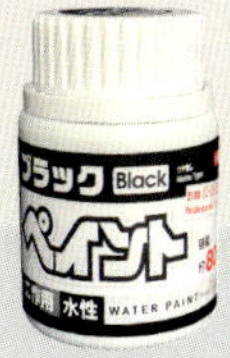

■工業用水性ペイント ブラック
（ダイソー）

■NTドレッサー
（NTカッター）

道路の仕上げ

1

※「ピグメント」は各社から販売されていますが、流通数が少ないので手に入らない場合も多いため、具体的な商品は紹介せずにおきます。ない場合は代わりに、パステルで独自に調合するのもいい方法です。

前のページで制作したアスファルト道路の仕上げに進みます。生地に黒い塗料を混ぜ込む方法を解説しましたが、完全に乾燥すると色味が白っぽく変化していき、色味のコンロトールが難しい。そこで、あとからの塗装で解決しましょう。まず、道の表面に、アクリル塗料のツヤ消しブラックをエアブラシで塗装して、全体を暗くします。乾燥後に、表面を粗目（80～120番）の布ヤスリで擦りながら色を明るくしていく。次に、市販のピグメント（パステル系の粉の顔料）の土色をアクリル溶剤で薄めたものを全体に塗り、凹部分に土ぼこりがこびりついた様子を再現します。乾燥したら、また布ヤスリで擦って色を最終調整。この行程は、まるでアスファルト工事直後の新品の状態から、次第に汚れがついてくる時間経過を一気に体験しているような感覚に浸れます。

2

実際の道路表面には、ガス、水道などの工事による、パッチワーク状の補修跡が、いたる所にあります。**1**までできた地面の表面に、カッターで筋を刻んで段差をつけ、マスキングテープで囲ってから、溶剤で薄めたツヤ消しブラックをエアブラシで塗装します。ちょっとした加工ですが、リアルさが一気にアップします。

参考実景写真（2018年撮影）

3

ベースに含まれる素材のモデリングペーストは、粘りがあるので、細かいひび割れの彫刻をしても崩れないのが利点です。石膏だと、表層がポロポロと崩れてしまうのです。

道路をよく観察すると、クモの巣状の亀裂が見受けられます。自動車の重量、気温による収縮、などによる経年変化です。実景を参考に、カッターでガリガリと引っかきながら彫刻を施しました。マニアック過ぎる再現ですが、これによりかなりリアルに引き立ってくるのです。

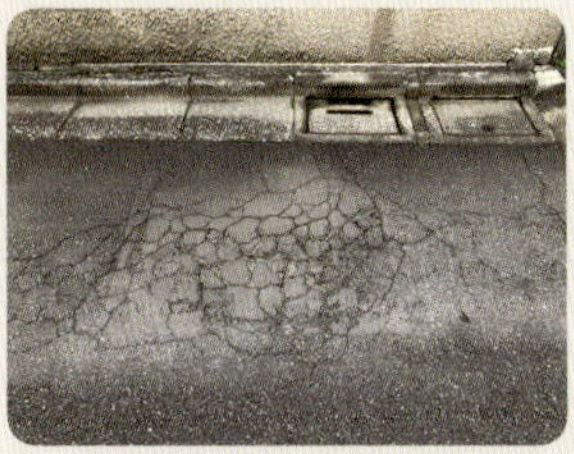

参考実景写真（2018年撮影）

4

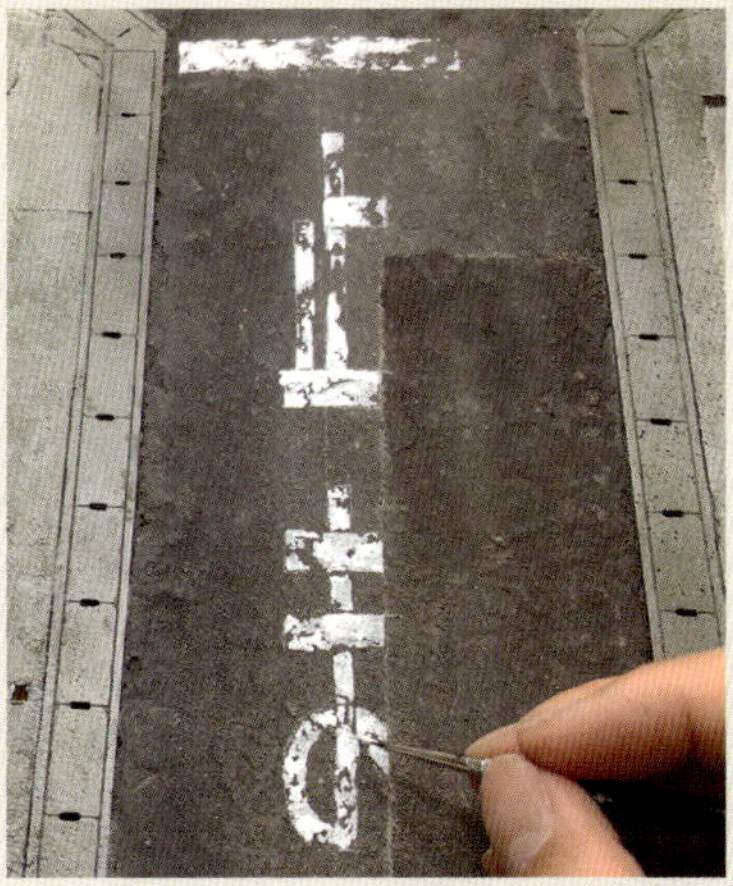

道路標示は、塗料がかなり擦れているほうがリアルになります。まず、左下の図を2倍でコピーして切り抜いた紙をガイドに、白鉛筆で「止まれ」文字のアウトラインを写しとります。そして、実景を参考にラッカー塗料のツヤ消しホワイトで、擦れた様子を筆で塗装。

参考実景写真（2018年撮影）

※2倍の1/24にして使用

5

マンホールの塗装は、ラッカー塗料の黒鉄色《こくてつしょく》、レッドブラウンを調色して筆塗りです。凹んだ部分に、サビの色として、オレンジ＋レッドブラウンを混色し溶剤で薄めた色を流し込み塗装します。仕上げに、鉛筆を擦りつけて味わいを出します。タイヤで摩耗して光沢が出た金属が再現できます。

参考実景写真（2018年撮影）

6

最後の仕上げは、道路標識などのサインです。これらのパーツはフジミ模型から発売されているプラモデルを使用します。1/24でジオラマを作る利点は、このような市販のプラモデルの部品を応用できることです。カーブミラーはとても存在感があり、ジオラマにリアルさを加味してくれます。実際のものを観察すると、事故で破損した時の連絡や清掃管理用として、個体番号が書かれたシールが貼られています。近所にあるカーブミラーを撮影し、縮小プリントしたものを貼るとさらにリアルになります。

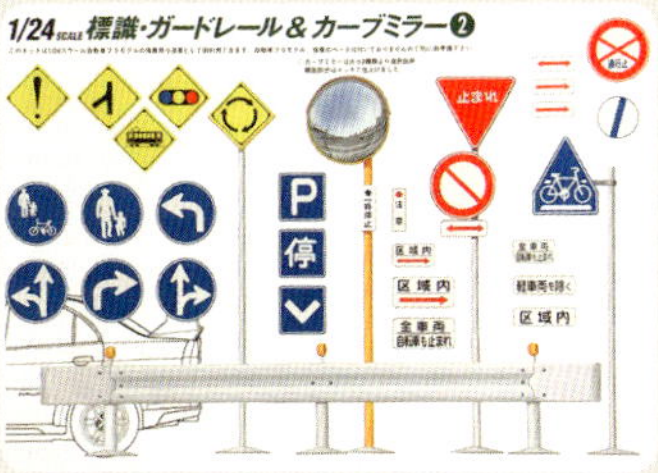

参考実景写真（2018年撮影）

味わい小物

駄菓子屋周辺の作り込みは、必須のブロック塀、大和塀、道路ときて、大事なポイントとなるカーブミラーまで制作。ここでさらにコクを出す味付けに入ります。ひと手間かけて作りたいアイテムとして、ここでは、電力メーター（正式には電力量計）、郵便ポスト、ツバメの巣、カラス除けネット、竹ぼうき、捕虫網について解説します。

郵便ポスト

（郵政省準規格品）

(1/12 scale)
※作例の倍寸

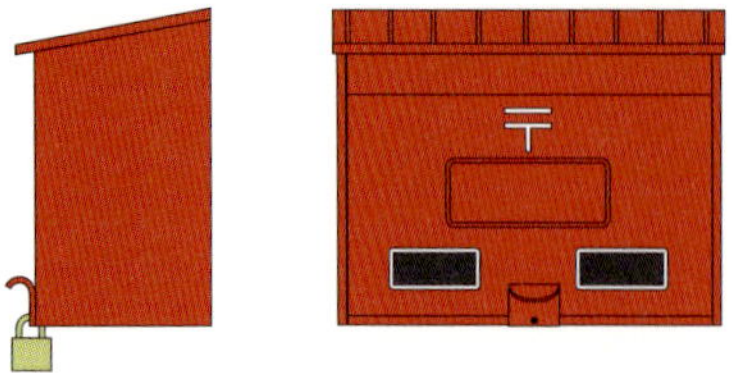

実物の寸法
[D] 55mm　[W] 320mm　[H] 145mm

プラ板0.5mm厚で制作

電力メーター

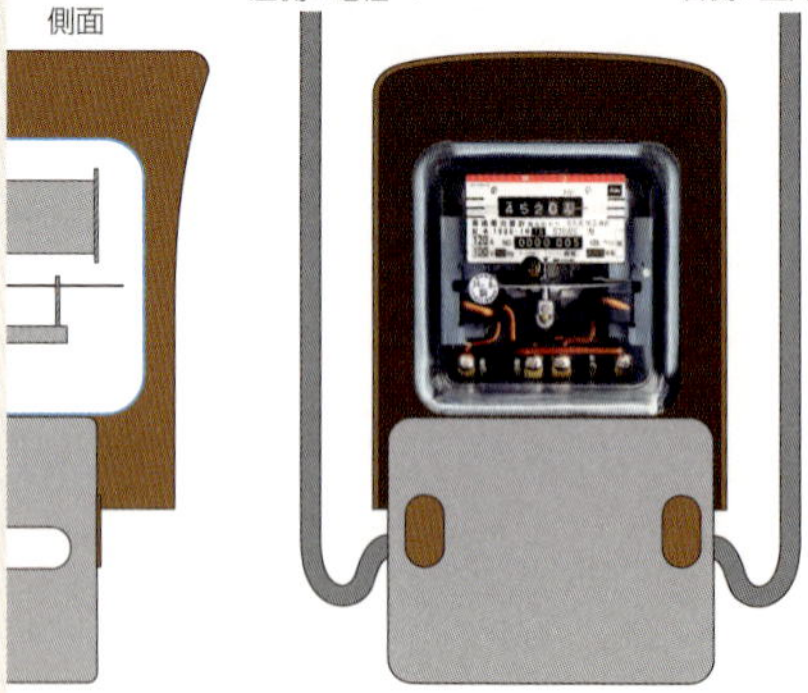

フード状のカバーはケント紙で。指でクセを付けながら曲げて工作。メーター下のコードカバーはプラ板で。

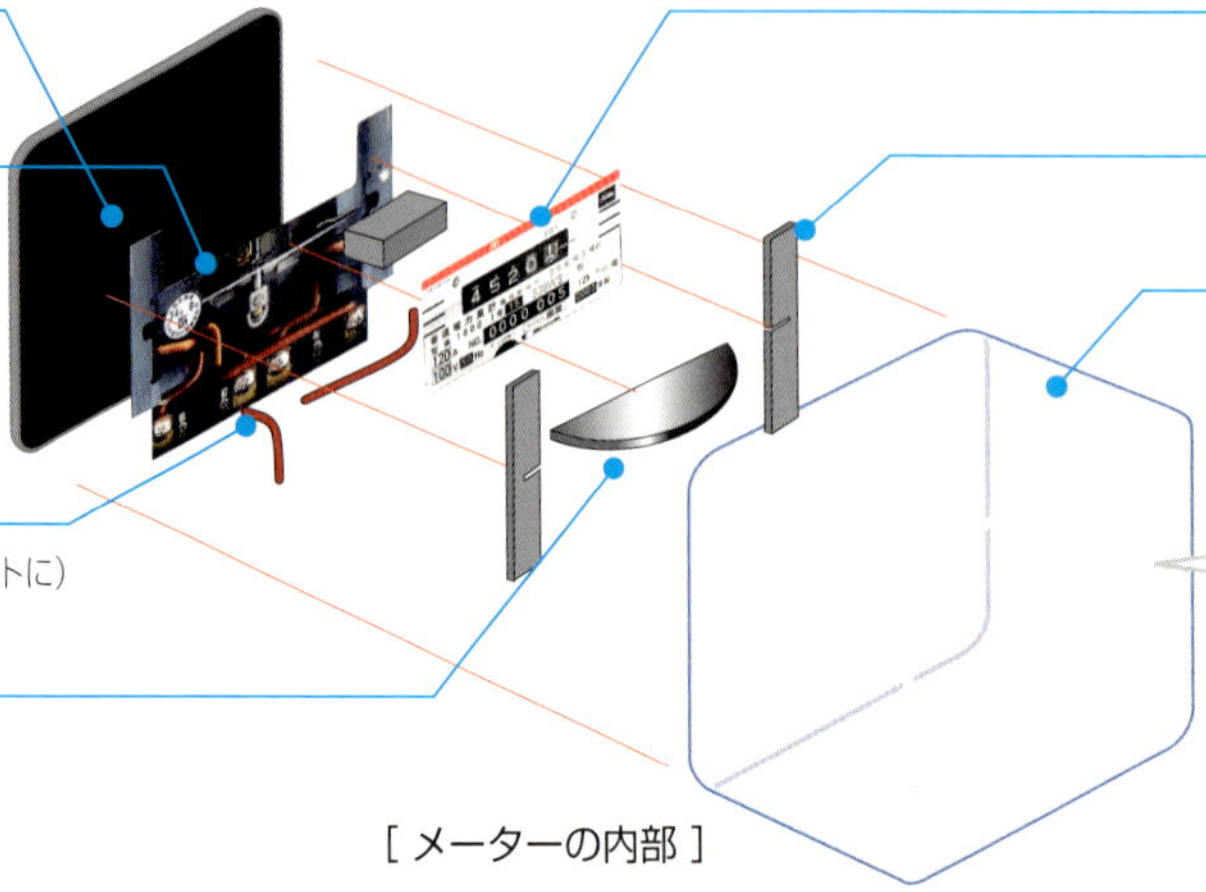

★木を削って作った原型にコンロで熱した塩ビ板を押し付けて制作。

［ メーターの内部 ］

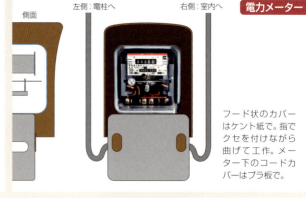

ツバメは外敵から身を守るため、人通りが多い商店街などによく巣を作ります。

ツバメの巣

1
「ほうき草」を使った卓上ほうきを100円ショップで購入。細かい藁状の材料としてジオラマ作りにはなにかと重宝します。

2
穂先を5cmほどカットして指でつかんでまとめ、ゼリー状瞬間接着剤で、ボウル状になるよう接着。固まったらタテ半分にカットします。

3
実際の巣は、ツバメが藁などの枯れ草に泥と唾液を混ぜて少しずつ固めて作られています。その再現として、モデリングペーストを筆に少量付けて点を描くようにのせます。

捕虫網

カラス除けネット／竹ぼうき

捕虫網を見ると駄菓子屋を思い出すほどマッチしたアイテムですね。100円ショップで購入したストッキングタイプの水切りネット（右の写真）を使います。まずは、真鍮線0.3mmΦをパテのキャップに巻き付けて輪にします（左の写真）。次に、切ったネットをゼリー状接着剤で輪に固定。竹の柄は、竹串を使用。節の部分が盛り上がるように削り、塗料で節を描きました。またこのネットを青い塗料に浸けて染めれば、ゴミ置き場のカラス除けネットにも！（右下の写真）竹ぼうきは、ツバメの巣で使った卓上ほうきと捕虫網で使った竹串を組み合わせて制作。どれもが、100円ショップのアイテムで作られています。

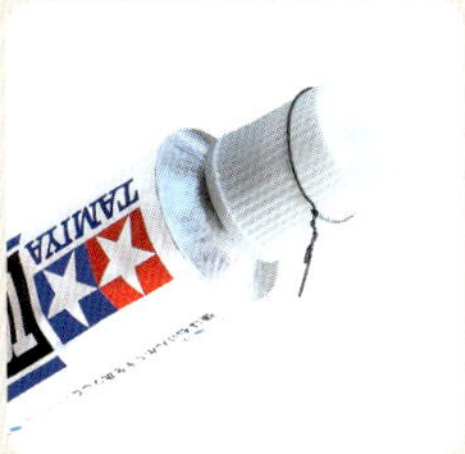

ポリバケツ／各種ケース

最近のジオラマ制作には、徐々に3Dプリントが浸透しつつあります。作業の省力化だけでなく、手作りではどうしても再現不可能な、緻密で反復性がある造形などに向いています。また一度データを作れば、プリントする際のスケール設定を変えるだけで、どんなサイズのジオラマにも対応可能。また、3Dプリンターが、自宅でも使えるサイズと、現実的に購入可能な価格になったことで、自分がメーカーになれる可能性も生まれます。しかし、データ作成自体にハードルを感じる人には、それらのデータを気楽に買える「DMM.make」が便利。様々なクリエーターがオリジナルの3Dデータをアップしており、探しているアイテムが見つかるかも。

ポリバケツは、店先にあるゴミ箱として置く以外に、他のジオラマ作品内で共同のゴミ捨て場用にする手もあります。精度の高いミニチュアを置くだけで、全体のリアリティがぐっとアップします。

1 ポリバケツは、友人にデータ作成を依頼し、「DMM.make」に出品中のもの（下に詳細）。精度の高いアクリル（Xtreme Mode）で出力。3Dプリント造形品につきものの、うっすらと見える木目のような積層跡を、紙ヤスリやスポンジヤスリで根気よく消します。

2 サーフェーサーを塗り、仕上げチェックをしてから、ラッカー塗料で基本色を塗装します。

3 使用感溢れるエイジング塗装は、アクリル塗料を使用。ポリ製品で見られるフタの割れなども、厚みのないアクリル製なので容易に再現可能。コンビニのレジ袋の一部をカットしてフタの間からハミ出させて完成！

⦿作例で使用した3Dプリント品はこちらのサイトで購入できます

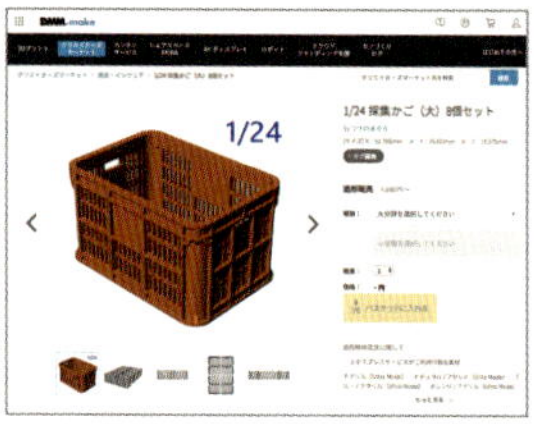

1/24 採集かご（大）
8個セット
4860円（Ultra Mode）
8100円（Xtreme Mode）

https://make.dmm.com/item/696320/

1/24,1/32,1/35
ゴミ箱2個セット
2993円（Ultra Mode）
3999円（Xtreme Mode）

https://make.dmm.com/item/698376/

1/24 ラムネ瓶＆ケース
3240円（Ultra Mode）
4320円（Xtreme Mode）

https://make.dmm.com/item/697120/

1/24 ビールケース
4個セット
3240円（Ultra Mode）

https://make.dmm.com/item/627594/

DMM.make

https://make.dmm.com/market/

瓦屋根の項（P80）で紹介した1/24の日本瓦も、「DMM.make」にデータをアップしています。こちらは、直接、出力品を購入できる以外にも、実際に使った3Dデータを無料でダウンロード可能としています。自宅に3Dプリンターをお持ちの方は出力して作れます！

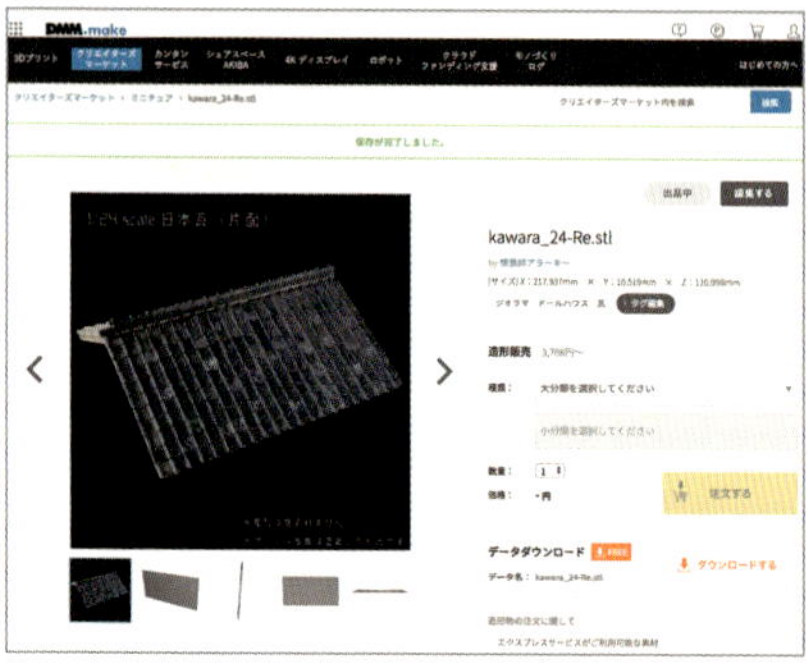

https://make.dmm.com/item/878939/

各種看板

現代の街をリアルに表現するための様々な看板を盛り込みたくて、近所を歩いて、よく見かけるグラフィックを撮り貯めています。ここでは、私の住む街にあった看板を紹介しています（表示は架空都市としての表記に変更）。みなさんも、近所で看板ハンティングをするのも面白いと思います。出力時に歪みが出ないように、真正面から撮影してください。家庭用のインクジェットプリンターで写真光沢紙にプリント。切り取ったあとに、紙を薄く剥いでスケールに合わせて薄くします。

どこかにありそうな街角という設定でジオラマ制作（1/24）。

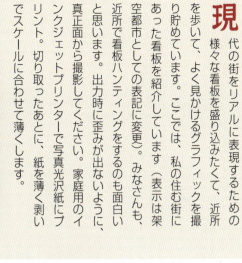

看板を変えるだけで駄菓子屋がバイク屋に！

看板と店先のアイテムを変えるだけで、全然別のものを扱う商店が誕生！

この本で登場した家屋を応用して、多種多様なバリエーションのお店の作品を作ることができるのです。

▼私の頭の中にオープンした（！）、様々なロボットが並ぶ、近未来の雰囲気漂う不思議な中古ロボット店です。本当にあったらすぐにかけつけますね！　各種ロボットは完成済みのオモチャを、仕様感溢れる中古品に仕上げるよう、塗装してディテールアップしました。

▶ちょっとレトロな雰囲気が漂うHONDAのバイクショップ。実在する店の写真をもとにして看板を作りました。各種琺瑯看板やポスターも、写真をインクジェットプリンターで光沢紙に印刷して制作し、効果的な演出となってます。1/24のバイクは、カプセルトイや食玩（P72）を改造したものです。

駄菓子＆プラモデルを深掘りするためのサイト

トレジャーハンティン部、部長のブログ

http://blog.livedoor.jp/divajoanne/

駄菓子屋で発売されていた玩具やカプセルトイ、食玩、UFOキャッチャーの玩具まで、すさまじい物量を収集し、細かく解説している駄菓子屋トイコレクターさんのブログ。袋から出して遊ぶ様子も必見です。吊るし菓子の画像提供でも協力して頂きました。

駄菓子辞典

https://dagashijiten.com/

「辞典」の名前に偽りナシ！　駄菓子の製造先から成分表示まで、非常に細かいレポートが掲載されている良質HP。サイトのデザインも洗礼されています。ミニチュアでどの駄菓子を作りたいかを吟味するには、まずはこのサイトを最初に見ることをオススメします。

ノスタルジックヒーローズ

http://www.nostalgic-heroes.com/

絶版となったプラモデルやブリキのオモチャの販売を行なっている、静岡の老舗ビンテージトイショップ。販売されているプラモデルの箱も詳細写真が掲載されていて、箱の展開写真制作の参考になりました。プラモデルの箱の画像提供でも協力して頂きました。

松屋町玩具問屋 まいど！タツヤブログです♪

http://tatsuyatoys.osakazine.net/

最新の駄菓子屋玩具を、写真付きでていねいに解説している、玩具総合商社「龍屋」さんのブログ。入荷した商品を開封して、見どころや遊び方をあますところなく説明していて、見ているだけで買った気分に浸れる文章も素敵です。吊るし菓子の画像提供でも協力して頂きました。

名古屋ミルキー　～明治・大正・昭和のアンティーク専門店

http://www.nagoya-milky.com/

映画やドラマに使われる戦前～戦後の琺瑯看板は、ほぼここからの貸し出しと思って間違いない、知る人ぞ知るアンティーク専門店。店内は「昭和の看板博物館」のような雰囲気で、HPもマメに更新され、各種看板の資料的存在として大変意義深いお店です。

(有)トチギヤ福島 ～イベント用品・激安おもちゃ・格安おもちゃ仕入れサイト

http://event-k.com/SHOP/bd-216.html

駄菓子屋で扱う商品はすべて扱っている問屋さんのHP。駄菓子屋ジオラマを作るにあたり、最初に検索で見つけて眺めていたら、その取り扱いアイテムの膨大さに時間を忘れて夢中で見てしまいました。吊るし玩具の画像提供でも協力して頂きました。

井ノ口商店

http://www.inokuchi.net/

駄菓子屋で扱う商品はすべて扱っている問屋さんのHP。掲載されている商品写真は、独自に真正面から撮影された写真で、資料的価値が高いものです。吊るし玩具の画像提供でも協力して頂きました。

ツバメ玩具製作所

https://wetwing.com/tsubametoy/index.html

初代が昭和25年に木製グライダー作りを始め、その後起業してソフトグライダーを出し続けてきたツバメ玩具製作所のHP。現在二代目から三代目へと引き続き継がれていますが、今でも駄菓子屋トイの定番です。ソフトグライダーの画像掲載を許可して頂きました。

【 掲載許可協力 】

- ⊙ コナミアミューズメント（株）［10円ゲーム／ピカデリーサーカス］ https://www.konami.com/amusement/
- ⊙ サントリー食品インターナショナル（株）［セブンアップ］ https://www.suntory.co.jp/softdrink/company/
- ⊙（株）ロッテ［ロッテの看板］ https://www.lotte.co.jp/
- ⊙ 東豊製菓（株）［TOHOのポテトフライ］ http://www.toho-seika.co.jp/index.php
- ⊙ オリオン（株）［ココアシガレット］ https://orionstar.co.jp/
- ⊙（株）おやつカンパニー［ベビースターラーメン］ https://www.oyatsu.co.jp/
- ⊙ 丸川製菓（株）［マルカワのフーセンガム］ http://www.marukawagum.com/
- ⊙ 敷島産業（株）［しきしまのふーちゃん］ http://ofu.co.jp/
- ⊙（株）やおきん［うまい棒］ http://www.yaokin.com/
- ⊙ サンヨー製菓（株）［モロッコフルーツヨーグル］ http://www.yogul.co.jp/
- ⊙（株）菓道［キャベツ太郎］
- ⊙ ジャック製菓（株）［ヤッター！めん］
- ⊙（株）リリー［野球盤ガム］
- ⊙ フジミ模型（株）［プラモデルの箱］ http://www.fujimimokei.com/
- ⊙（株）童友社［プラモデルの箱］ http://www.doyusha-model.com/

【 画像提供協力 】

- ⊙ 古川トーイ［コスモスのガチャガチャ台紙］

【おわりに】

街中のなにげない風景が興味深く見えてくる そんな知的好奇心を共有したい

「駄菓子屋のジオラマを作り、その作り方の本をまとめる！」というこの本の刊行が決定し、私が作例ジオラマ作りに着手したのは 2018 の２月でした。しかし、この企画につながるきっかけは 2017 年のこと。少年漫画誌に連載されていた「駄菓子屋の漫画」に登場する店舗を、イベント展示用にリアルなジオラマで制作したいという依頼が、大手出版社からあったのです。

以前から作ってみたかった駄菓子屋！　仕事としてはもちろん完成度を高めたうえに、個人的な思い入れもたっぷりで、かなりの意気込みで制作したそのジオラマは、完成後には引き渡すのが惜しくなってしまったほど。制作中の写真をいつもの習慣で細かく撮り貯めていたので、せめてそれらの写真をもとに、HOW TO 本として手元に置いておければ！　そう思い立ち、すでに私の本を２冊、プロデュース・編集して頂いていた、著述家・編集者の石黒謙吾さんも大乗り気となり、私から漫画誌の版元に提案したところ、原作者も快諾で順調に話が進み始めました。が、版権がある漫画をモチーフにしたジオラマはハードルが高く断念。しかし、本の題材としては面白いし意義深いし、相当もったいない。そこで、「ならばゼロから新たな駄菓子屋ジオラマを作って本にしよう！」すごい労力とわかっていつつそう決意し、石黒さんが企画書にまとめて刊行へスタートを切りました。

漫画モチーフの際には設定通り忠実に作ればよかったので制作はスムーズでした。なので、再度の制作になる今回は「楽勝！」のはず……。しかし、実物さながらのリアルさで駄菓子屋という日本家屋の設計・制作を行ない、それを読者にわかりやすく解説した HOW TO 本にする。その流れをイメージしつつジオラマの設計図を熟考しところ、大きな壁に突き当たりました。今まで作っていた建物の様々な寸法や作り方を、いざ文章と写真で解説しようとすると……。「これぐらいの寸法だろう？」と目分量と勘で作っていたので、基本的な建築知識についてはは知らないことばかりだったのです。

「これは、日本建築の基礎から調べ直さないとダメだ……」駄菓子屋に関する本なのに、まずは建築について勉強し直し、地道な調査も行いました。そして、具体的な本の構成にまとめ始めると、まるで木造建築の教科書みたいな内容に！　ここで再度咀嚼して内容がカタくなり過ぎないように全体を再構成。その作業と平行してジオラマ作りも進めつつ、同時に、駄菓子屋さんの取材や、駄菓子メーカーに掲載の許可取りまで、ほぼすべて自分でやっているうちに１年があっと言う間に過ぎてしまいました。

これだけどっぷりと駄菓子屋に向き合った１年は、私にとっても幸せに満ちた日々でした。この本は私の「駄菓子屋ジオラマ体験記」のような意味合いも含まれている、ドキュメント本ともいえそうです。

現存している駄菓子屋にとどまらず、古い木造の商店、街中のごく普通のブロック塀など、日常のなにげない風景が、この本を読んだあとには興味深く見えてくるのではないでしょうか。知的好奇心がそそられる喜びを感じていただければ、その気持ちを共有できる著者として、とても嬉しく思います。

2019 年３月　情景師アラーキー

PROFILE

情景師アラーキー
荒木 智（あらき・さとし）

ジオラマ作家
1969年東京生まれ、東京都在住。
幼少の頃に母親に教わった「箱庭づくり」と特撮映画の影響で模型に興味を持ち、
プラモデル三昧の少年時代を過ごす。
中学時代に手にした模型雑誌から手法を習得し、本格的にジオラマ作りを開始、
各種模型コンテストに出品し腕を磨く。
ものづくりの楽しさを生業とすることを決心し、大学で工業デザインを学び、1993年、東芝にプロダクトデザイナーとして入社。
以降、趣味としてジオラマ制作を続け、30代前半、模型コンテストの受賞をきっかけに、各種模型雑誌からの依頼を受け、
ジオラマ作品を多数発表。サラリーマンをしながら、ジオラマ作家として二足のわらじで活動を続ける。
2014年にネットで拡散した作品が、「リアルすぎるジオラマ」としてテレビなどメディアで大きな反響を呼ぶ。
2015年、ジオラマ作家として独立。
2016年、『作る！超リアルなジオラマ』（誠文堂新光社）上梓。
2018年、『凄い！ ジオラマ［改］』（誠文堂新光社）上梓。
CM用、博物館用、イベント用ジオラマの制作、おもちゃメーカーのコンサルティングなど、ミニチュア界にて広く活躍中。

▶ジオラマ制作Blog［情景師アラーキーのジオラマでショー］
http://arakichi.blog.fc2.com/

Staff

■ジオラマ・撮影・文／荒木 智（情景師アラーキー）
■プロデュース・構成・編集／石黒謙吾
■デザイン／穴田淳子（a more design）
■編集／渡会拓哉（誠文堂新光社）
■制作／ブルー・オレンジ・スタジアム

［協力］
■駄菓子屋「上川口屋」内山さん
■駄菓子屋「高橋商店」高橋さん
■駄菓子屋「ぎふや」土屋さん
■古川トーイ・阿部さん

［スペシャルサンクス］
この本の出版を楽しみにしていた、
故・荒木 基に捧げます。

お父さん、いい本ができたよ！

駄《だ》菓《が》子《し》屋《や》の［超《ちょう》リアル］ジオラマ
懐《なつ》かしアイテムと日《に》本《ほん》家《か》屋《おく》の完全制作《かんぜんせいさく》テクニック
NDC507.9

2019年4月20日　発　行
2019年5月20日　第2刷

著　者　情景《じょうけい》師《し》アラーキー
発行者　小川雄一
発行所　株式会社 誠文堂新光社
〒113-0033　東京都文京区本郷3-3-11
（編集）電話03-5800-3614
（販売）電話03-5800-5780
http://www.seibundo-shinkosha.net/

印刷所　株式会社 大熊整美堂
製本所　和光堂 株式会社

ISBN978-4-416-61789-2